ex C: p220
ex A: p236.
Live 227, 228

COLLAGE

COLLAGE 5ᵉ
ÉDITION

RÉVISION DE GRAMMAIRE

LUCIA F. BAKER
Professor Emeritus
University of Colorado, Boulder

RUTH ALLEN BLEUZÉ
Prudential Relocation Intercultural Services

LAURA L. B. BORDER
University of Colorado, Boulder

CARMEN GRACE
University of Colorado, Boulder

JANICE BERTRAND OWEN
University of Colorado, Boulder

ANN WILLIAMS-GASCON
Metropolitan State College, Denver

Boston   Burr Ridge, IL   Dubuque, IA   Madison, WI   New York   San Francisco   St. Louis
Bangkok   Bogotá   Caracas   Lisbon   London   Madrid
Mexico City   Milan   New Delhi   Seoul   Singapore   Sydney   Taipei   Toronto

McGraw-Hill Higher Education

A Division of The **McGraw-Hill** Companies

This is an FBI book.

Collage: Révision de grammaire

Published by McGraw-Hill, an imprint of The McGraw-Hill Companies, Inc., 1221 Avenue of the Americas, New York, NY 10020. Copyright © 2001, 1996, 1990, 1985, 1981 by The McGraw-Hill Companies, Inc. All rights reserved. No part of this publication may be reproduced or distributed in any form or by any means, or stored in a database or retrieval system, without the prior written consent of The McGraw-Hill Companies, Inc., including, but not limited to, in any network or other electronic storage or transmission, or broadcast for distance learning.

This book is printed on acid-free paper.

7 8 9 0 DOC DOC 0 9 8 7 6 5

ISBN 0-07-234398-2

Editor-in-chief: *Thalia Dorwick*
Senior sponsoring editor: *Leslie Hines*
Development editor: *Myrna Bell Rochester*
Senior marketing manager: *Nick Agnew*
Project manager: *David M. Staloch*
Senior production supervisor: *Pam Augspurger*
Coordinator of freelance design: *Michelle D. Whitaker*
Freelance cover designer: *Amanda Kavanagh/Ark Design*
Freelance interior designer: *Andrew Ogus/Ogus Design*
Cover image: *© 2000 Succession H. Matisse, Paris / Artists Rights Society (ARS), New York*
Art editor: *Nora Agbayani*
Compositor: *York Graphic Services, Inc.*
Supplements coordinator: *Louis Swaim*
Typeface: *10.75/12 Adobe Garamond*
Printer and binder: *RR Donnelly & Sons*

Because this page cannot legibly accommodate all the copyright notices, credits are listed after the index and constitute an extension of the copyright page.

Library of Congress Cataloging-in-Publication Data

Collage: Révision de grammaire / Lucia F. Baker . . . [et al.].—5th ed.
    p. cm
  Includes index.
  ISBN 0-07-234398-2
French language—Grammar. 2. French language—Textbooks for foreign speakers—English.
I. Title: Révision de grammaire. II. Baker, Lucia F.

PC2112.C658 2001
468.2'421—dc21
              00-063800

http://www.mhhe.com

Table des matières

General Preface to the Fifth Edition

THE *COLLAGE* SERIES

The *Collage* series is intended for use in second-year French programs. The three books of the series—a core grammar textbook, a literary reader, and a cultural reader—share a grammatical and thematic organization. Across all three components, a given chapter emphasizes the same structures and related lexical items and has a similar thematic focus. The component structure of the series offers instructors a program with greater coherence and clarity—and with more flexibility and variety—than are possible with a single textbook (whether or not it is supplemented by a reader).

The *Collage* series aims to help students develop communicative language ability while strengthening their skills in each of the four traditional areas: listening, speaking, reading, and writing. It is sufficiently flexible to allow the instructors to express their individuality and creativity in the classroom. Each book in the series can be used alone; however, used together, the three books give students diverse models of language use, ranging from colloquial to literary, and expose students to varying points of view on culture and civilization.

The series consists of:

Révision de grammaire   The pivotal element of the program, this 12-chapter all-French textbook reviews essential first-year grammar, introduces structures and vocabulary that will be new for second-year students, and encourages students to express their own ideas while using new material. Used with the *Cahier d'exercices oraux et écrits,* it provides many opportunities for speaking and writing in real-life contexts.

Each chapter contains:

- an opening photo or work of art accompanied by a "springboard" communicative activity;
- a list of communicative functions and related grammar structures (**Nous allons...** and **Points de repère**) covered in the chapter;
- intermediate-level vocabulary (**Mots et expressions**), with exercises that help students use the new words quickly and meaningfully. A short student-centered activity/discussion question (**Discutons...**) encourages self-expression and promotes critical thinking in French;

- **Que savez-vous déjà?,** brief activities designed to reactivate knowledge of first-year structures;
- **Structures,** grammar sections that teach students how to form and use grammatical structures according to intermediate-level functions (describing, comparing, evaluating, narrating, etc.);
- **Mise au point,** oral and written single-answer exercises that aim for accuracy and prepare students for communication;
- **Mise en pratique,** open-ended activities that encourage communication and self-expression. Icons identify activities designed for pair or various types of group interaction.

 Pairs/Partners

 Small group

 Sondage Student surveys and discussion

 Jeu d'équipe Skill reinforcement through games

 Trouvez quelqu'un qui... Matching classmates to given criteria;

- **Pour vous aider,** marginal inserts and sidebars that highlight important grammatical details and give tips to increase understanding of intermediate grammar;
- **Reprise,** a variety of review activities designed to reinforce chapter vocabulary and structures;
- **Le français au bout des doigts,** a World Wide Web–based activity at the end of each chapter to guide students in using French and Francophone Websites related to the chapter theme for classroom discussion.

Lectures littéraires   Created with the abilities of the intermediate French student in mind, this anthology presents poetry, short stories, and excerpts from dramatic works taken from a variety of periods and both French and Francophone regions. In the fifth edition, six of the readings are new. All were chosen in the hope that students will find them thought-provoking and enjoyable.

Each chapter contains:

- two literary texts (Chapter 12 has a single selection);
- a section devoted to reading skills, called **Lire en français,** in Chapters 1–6; in Chapters 7–12 this section is devoted to understanding literacy conventions and is called **Lire la littérature;**
- a list of key words and expressions from the readings (**Mots et expressions**) with reinforcement activities;

- brief pre-reading tasks (**Mise en route**) designed to link an aspect of the reading to students' own experiences;
- comprehension and discussion questions in **Avez-vous compris?** and **Commentaire du texte;**
- **De la littérature à la vie,** topics to help students discuss or write about the chapter themes and ideas;
- a World Wide Web–based enrichment activity (**Le français au bout des doigts**) that accompanies each literary text.

Variétés culturelles   A rich collection of authentic readings from magazines, newspapers, and books, *Variétés culturelles* invites students to explore the culture, history, and traditions of France and the Francophone world. In the fifth edition, fourteen of the readings are new.

Each chapter contains:

- two authentic culture-based readings of varying levels of difficulty (Chapter 12 contains a single selection); if one reading is challenging, the other will usually be slightly easier;
- pre-reading sections (**Mise en route**) devoted to building the skills students need to read authentic texts;
- a list of key words and expressions for each reading (**Mots et expressions**), with reinforcement activities;
- post-reading activities (**Avez-vous compris?, A discuter, Echos**) designed to promote interaction among students and serve as the basis for written activities;
- a creative World Wide Web–based activity (**Le français au bout des doigts**) that extends the study of culture and provides links to information in the chapter readings.

NEW FEATURES IN THE FIFTH EDITION

- In all texts, three of the 12 chapters have new themes (**L'individu et la société, Les médias et la technologie, Le temps de vivre**).
- In *Révision de grammaire,* in response to suggestions from many instructors, the sequence of grammar structures has been modified, and the presentation of important grammar details has been clarified and enhanced.
- A **Que savez-vous déjà?** activity previews each grammar structure and helps students reactivate knowledge they already have about that structure.
- Fourteen of the selections in *Variétés culturelles* are new.
- Six of the texts in *Lectures littéraires* are new; the anthology now features more poetry, as requested by reviewers. The new authors include Guillaume Apollinaire, Alexandre Dumas, *père,* Anne Hébert, Victor Hugo, and Jean Tardieu.
- In *Révision de grammaire,* helpful tips and additional information about the chapter grammar are presented in marginal **Pour vous aider** boxes.

- In *Lectures littéraires,* **Rappel** boxes help students talk about literature by presenting useful and relevant literary definitions and vocabulary.
- In *Variétés culturelles,* **En savoir plus** boxes provide additional cultural information to help students discuss and write about each text.
- Developed for all three components, guided Internet activities (**Le français au bout des doigts**) in each chapter help students increase their skills in French via the Web. Students are directed to the McGraw-Hill Website (**www.mhhe.com/collage**), where they find questions and activities related to the chapter themes. Each activity is accompanied by links to Websites in the French and Francophone world.
- All-new listening activities (**A l'écoute**) and guided writing exercises (**Pour écrire en français**) have been integrated into each chapter of the workbook/laboratory manual (*Cahier d'exercices oraux et écrits*).

PROGRAM COMPONENTS

Cahier d'exercices oraux et écrits   This combined workbook and laboratory manual is coordinated with the thematic and grammatical content of the grammar textbook. The **exercices écrits** provide practice in vocabulary, grammar, syntax, and guided writing. Most exercises are self-correcting; sketches, realia, and personalized questions enliven the activities. The new edition has been revised to match the revised grammar sequence, and this section includes all-new guided writing activities (**Pour écrire en français**).

The laboratory (oral) section of the *Cahier d'exercices oraux et écrits* promotes the development of speaking and listening comprehension skills, using a variety of exercises and activities. These include focused, single-answer grammar and vocabulary review (coordinated with the presentation in *Révision de grammaire*), pronunciation practice, poetry selections, and dialogue-based activities. New to each chapter are recorded **A l'écoute** dramatizations, based on practical, "slice-of-life" settings. These are preceded by listening strategies and pre-listening tasks.

Audio Program   Available on either audiocassettes or audio CDs, the *Collage* audio program to accompany the *Cahier d'exercices oraux et écrits* is free to adopting institutions. An audioscript for the use of instructors accompanies each set of the audio program. Individual copies of the audio program may be ordered for purchase by students through university and college bookstores.

Instructor's Manual   This manual offers instructors suggestions for using the *Collage* series in a variety of teaching situations. Coordinated with each of the three main volumes in the series, it provides general background information about language learning, a set of guidelines for developing a syllabus, guidance for helping students build discrete language skills, a revised section on evaluation and testing, a set of chapter-by-chapter comments on using the materials in the classroom, and an answer key to the majority of the questions and exercises in the student texts. (The *Cahier d'exercices oraux et écrits* has its own answer key.)

McGraw-Hill Electronic Language Tutor (MHELT 2.0) A computer-based tutorial containing all the single-answer exercises from the grammar textbook is available on a dual platform CD-ROM for use with *Collage: Révision de grammaire.*

Sans-faute An interactive writing environment that offers students a high-performance search engine (on a dual platform CD-ROM), a simple word processor, a comprehensive French-English dictionary (*Ultra Lingua*), and convenient grammar resources to help them create accurate, meaningful French compositions in beginning or intermediate French courses, *Sans-faute* can be purchased as a stand-alone product or packaged with any components of the *Collage* series.

Ultra Lingua A thorough, yet compact French-English dictionary available on a dual platform CD-ROM, *Ultra Lingua* contains nearly 250,000 indexed terms, complete with hints for usage, thousands of sample phrases, technical terms, slang words and phrases, and proverbs. It also contains complete on-line references for French and English grammar, sample letters for correspondence in French and English, and a reference for the expression of numbers, dates, etc. Designed to serve the needs of writers at varying levels of proficiency, *Ultra Lingua* provides a quick and complete reference for beginners and advanced writers alike.

Videos A variety of McGraw-Hill videotapes are available to instructors who wish to offer their students additional perspectives on the French language and French-speaking cultures and civilization. Instructors may request a list of the videos and order the tapes through their McGraw-Hill sales representative.

Collage Website Designed to bring France and the Francophone world to your students, this text-specific Website offers exercises and activities based on chapter themes.

ACKNOWLEDGMENTS

The authors would like to thank all of the instructors who participated in the development of previous editions of *Collage*. We are also indebted to the following instructors who completed a number of surveys that were indispensable to the development of the fifth edition. (The appearance of their names here does not constitute endorsement of these texts and their methodology.)

Marie-Jo Arey
Gettysburg College

Renée Arnold
Kapiolani Community
College

Ed Benson
University of Connecticut

Carolyn P. Bilby
Bellevue Community
College

Sarah Bonnefoi
Chestnut Hill College

Ruth L. Caldwell
Luther College

Evelyne Charvier-Berman
El Camino College

Martha Christians
Iowa Central Community
College

Robert L. A. Clark
Kansas State University

Peter V. Conroy, Jr.
University of Illinois at
Chicago

Marie-José Fassiotto
University of Hawaii

Scott Fish
Augustana College

Jeffrey H. Fox
College of DuPage

Judith Gabriele
The Evergreen State College

Hollie Harder
Brandeis University

Michele H. Jones
St. John's University

Paschal Kyoore
Gustavus Adolphus College

Amanda Leamon
Union College

Bénédicte Mauguière
University of Southwest
Louisiana

David Orlando
University of California,
Santa Cruz

Wayne Reingold
Lee College

Bianca Rosenthal
California Polytechnic State
University, San Luis Obispo

Françoise Santore
University of California,
San Diego

Carole Verhelle
Wayne State University

Thomas Vosteen
Eastern Michigan University

Elizabeth Dolly Weber
University of Illinois at
Chicago

Lisa Wolffe
Northwestern State
University

The authors extend their warmest thanks to Nicole Dicop-Hineline, Marilyne Baboux, Christian Roche, Melissa Gruzs, Marie Deer, and Maria Del Cioppo, our native-speaking readers and our copyeditors, and to Judy Mason, our creative photo researcher. We are grateful to the indispensable McGraw-Hill production department, with our project manager David Staloch, and editors and designers Nora Agbayani, Michelle Whitaker, Veronica Oliva, Pam Augspurger, Louis Swaim, and Darcy Steinfeld.

The McGraw-Hill editorial department has offered us continued support and encouragement. Special thanks to Rachèle Lamontagne, Lindsay Eufusia, and Jennifer Chow.

We sincerely thank Leslie Hines for her excellent direction of *Collage* and Thalia Dorwick for her longtime support of this project. We also wish to remember fondly the late Gregory Trauth, whose guidance in the early stages of this edition can be seen in the final product. He is sorely missed.

Finally, it is difficult to express in words our gratitude to two exceptional editors, Eileen LeVan and Myrna Bell Rochester, for their tireless support and skilled professionalism. For their patience and insight, their questions and answers, and especially their kindness, we offer our most profound thanks.

Révision de grammaire: To the Student

BIENVENUE ET BONJOUR!

Welcome back to French. Like most students in this course, you're probably wondering what's expected of you and how you'll meet those expectations. Perhaps you've set some goals for yourself. Are you planning to travel to France, Belgium, or Switzerland? Perhaps to Quebec, Martinique, Guadeloupe, or West Africa? Do you want to get involved in an international effort, such as the Peace Corps? Do you hope to work professionally in a French-speaking country? For now, you certainly want to communicate more effectively with others in French. *Collage* can help you accomplish your goals.

Second-Year vs. First-Year French
Much of second-year French involves reviewing structures to which you've already been introduced. However, what you're expected to do with them is quite different from before. First-year French begins with communicating words, phrases, single sentences, and lists of things. Second-year French will help you connect those isolated elements, turning sentences into paragraphs and lists into coherent discourse.

You cannot yet express yourself in French as well as you can in your native language. Rather than looking up lots of unfamiliar words in the dictionary, use the vocabulary and structures you learn in this text. Each oral and written assignment has been developed to allow you to show how much you've learned of the material presented.

Activities go faster and are more complex than they were at the first-year level. Try to answer every question whether you're called on or not. When you hear or see the correct answer, you can determine whether you know a given structure or set of vocabulary terms well enough. If you add this kind of feedback to that given by your instructor, you will see more clearly what you may need to go over again.

LEARNING TIPS

1. Learn two things about every structure presented: how to form it (**Formes**) and when to use it (**Emplois**).

2. Be aggressive with your French. Don't just look at the **Formes** and the **Emplois** sections, believing that you know the material they present. Say

them out loud in your own words as you study. Memorize examples or create your own. Knowing French means using French.

3. Find a system for memorizing vocabulary that works for you—for instance, put new words on post-it notes displayed in conspicuous locations, write them on index cards or in a notebook you keep with you, or record them on a cassette tape. Group new expressions with their synonyms, opposites, words that rhyme, word families, sentences using them, and so on. First-year vocabulary is not enough for intermediate-level tasks.

4. Be consistent. Study a little every day rather than a lot all at once. The former leads to increased proficiency, the latter to unpredictable results and frustration.

5. Succeeding in French doesn't mean showing up for class and saying whatever pops into your head. It is very helpful to "rehearse" what you will say each day. Read aloud from the text, do some of the items in exercises, and then volunteer when you feel most comfortable in class. Ever wonder why some students sound better than others? They're prepared.

Use these tips and any strategies you've developed on your own to make your French the best it can be. *Et maintenant, bon courage et bon travail!*

TERMES GRAMMATICAUX

This brief presentation of grammatical terminology is meant to facilitate your study of *Collage: Révision de grammaire,* in which the grammar explanations are in French, and to remind you of some of the similarities of structure in English and French. It is not meant to be all-inclusive.

The Sentence (La phrase)

A. A simple sentence expresses one complete thought and may contain:

1. a subject (**un sujet**), verb (**un verbe**), direct object (**un objet direct**), and indirect object (**un objet indirect**)

   Paul gives an apple to Anne.   Paul donne une pomme à Anne.

2. a subject, verb, and object of a preposition (**un objet de préposition**)

   Paul is going out with Anne.   Paul sort avec Anne.

B. A complex sentence (**une phrase composée**) contains more than one clause.

1. An independent clause (**une proposition indépendante**) stands alone as a complete thought. There may be more than one in a sentence.

   Paul has a dog, and Anne has a cat.   Paul a un chien et Anne a un chat.

2. A main clause (**une proposition principale**) is independent but can have one or more subordinate clauses (**propositions subordonnées**) that depend on it to complete the meaning.

*He will come to see me (**main clause**) before I leave (**subordinate clause**).* Il viendra me voir (**proposition principale**) avant que je ne parte (**proposition subordonnée**).

Gender and Number (*Le genre et le nombre*)

French nouns, articles, adjectives, and pronouns show gender (masculine or feminine) and number (plural or singular).

A. A noun (**un nom**) is a person, place, thing, or idea (concept).

*The **director** sends a **telegram** to **Paris.*** Le **directeur** envoie un **télégramme** à **Paris.**

B. An article (**un article**) is a determiner that precedes the noun.

1. The definite article (**l'article défini**) *the* (**le, la, les**) indicates a particular person, place, thing, or general concept.

The professor and the students are studying communism in the former Eastern Bloc. Le professeur et les étudiants étudient le communisme dans l'ancienne Europe de l'est.

2. The indefinite article (**l'article indéfini**) *a, an* (**un, une, des**) indicates an indefinite person, place, thing, or concept.

A man is buying [some] postcards in a stationery shop. Un homme achète des cartes postales dans une papeterie.

3. The partitive article (**l'article partitif**) *some* (**du, de la, de l'**) indicates a part of a whole. *Some* is not always expressed in English, but it is always expressed in French.

I'm buying (some) bread, (some) ice cream, and (some) water. J'achète du pain, de la glace et de l'eau.

C. An adjective (**un adjectif**) is a word that describes a noun.

1. Descriptive adjectives (**les adjectifs descriptifs**) indicate qualities of the noun: size, shape, color, age, etc.

There's a tall tree in front of that small, gray house. Il y a un grand arbre devant cette petite maison grise.

2. Possessive adjectives (**les adjectifs possessifs**), *my, your, his, her, our, their* (**mon, ton, son, notre, votre, leur,** etc.), show possession of a person or thing.

My brother knows your co-worker. Mon frère connaît ta collègue.

D. A pronoun (**un pronom**) is a word used in place of one or more nouns. Pronouns are divided into the following groups.

1. The direct object pronouns (**les pronoms objets directs**), *me, you, her, him, it, us, them* (**me, te, le, la, nous, vous, les**), replace the direct object noun and answer the questions "What?" and "Whom?"

   *They study the lesson. They study **it**.*   Ils étudient la leçon. Ils l'étudient.

2. The indirect object pronouns (**les pronoms objets indirects**), *to me, to you, to her, to him, to us, to them* (**me, te, lui, nous, vous, leur**) answer the question "To whom?" and replace **à** + *a person.*

   We are speaking to Olivier and Lucie.   Nous parlons à Olivier et à Lucie.
   *We are speaking **to them**.*   Nous **leur** parlons.

3. The adverbial pronoun (**le pronom adverbial**) **y** replaces **à** + *a thing, a place, or an idea.* **En** replaces **de** + *a thing, a place, or sometimes a person.*

   You think about your future. You   Vous pensez à votre avenir.
   *think **about it**.*   Vous **y** pensez.
   *I buy some cheese. I buy **some**.*   J'achète du fromage. J'**en** achète.

4. The disjunctive pronouns (**les pronoms disjoints**), *me, you, him, her, us, them* (**moi, toi, lui, elle, soi, nous, vous, eux, elles**) replace the object of a preposition.

   *I work with **them**.*   Je travaille avec **eux**.

5. The relative pronouns (**les pronoms relatifs**) *who, that, whom, which* (**qui, que, lequel, dont,** etc.) represent a noun previously mentioned and introduce a relative clause.

   *The woman **whom** I met is French.*   La femme **que** j'ai rencontrée est française.

CHAPITRE 1

LA VIE DE TOUS LES JOURS

A la recherche d'un nouveau travail. L'entretien est si important.

«Parle-moi un peu de toi.» Interviewez un(e) partenaire pour pouvoir le/la présenter aux autres étudiants. Suivez le modèle et demandez:

MODELE: quel âge il/elle a   VOUS: Quel âge as-tu?
                                 LUI/ELLE: J'ai 21 ans.

1. comment il/elle s'appelle
2. quels cours il/elle aime
3. où il/elle habite
4. une chose qu'il/elle n'aime pas
5. ce qu'il/elle va faire après le cours
6. une autre chose intéressante

Nous allons...

- travailler en groupes et avec un(e) partenaire
- parler de nos activités
- décrire la vie de tous les jours

Points de repère

- Le présent de l'indicatif des verbes réguliers
- Le présent de l'indicatif des verbes irréguliers
- L'interrogation
- Les verbes pronominaux
- Constructions particulières avec le présent

Mots et expressions

LE MATIN

en désordre messy
en ordre neat
faire la grasse matinée to sleep late
faire sa toilette to wash and get ready
prendre une douche chaude/ froide to take a hot/cold shower
ranger to arrange, tidy (*things*)
le réveil alarm clock
(se) réveiller to wake up
sonner to ring

PENDANT LA JOURNÉE

aller en voiture / en autobus / à pied / à bicyclette to go by car / by bus / on foot / by bicycle
la circulation traffic
l'emploi (*m.*) **à mi-temps / à plein temps / à temps partiel** half-time/ full-time/part-time job
envoyer un courrier électronique* / une lettre to send an e-mail / a letter
être de bonne/mauvaise humeur to be in a good/bad mood
les heures (*f.*) **de pointe** rush hour(s)

manquer/prendre l'autobus (le bus) to miss/take the bus
(se) rencontrer to meet
tous les jours daily
vérifier to check

LE SOIR

amuser to amuse; **s'amuser** to have a good time
la boîte (de nuit) (night)club
se détendre to relax
rendre visite à to visit (*someone*)
se reposer to rest
la soirée party; evening
visiter to visit (*a place*)

LA NUIT

avoir sommeil to be sleepy
le bain (chaud) (hot) bath
se coucher to go to bed
s'endormir to go to sleep
faire de beaux rêves to have nice dreams
faire des cauchemars to have nightmares
passer une nuit blanche to stay awake all night

---

*Pour parler d'un message particulier, on dit aussi «un mél» on «un email» (Je t'envoie *un mél* demain matin, d'accord?).

APPLICATIONS

A. Synonymes. Trouvez l'équivalent des expressions suivantes.

1. un lieu où l'on peut boire et danser   2. un message écrit et envoyé par ordinateur (*computer*)   3. une fête   4. mettre en ordre   5. se lever tard   6. aller voir des amis   7. se laver et se brosser les dents

B. Antonymes. Trouvez des expressions qui sont le contraire de celles-ci.

1. se réveiller   2. travailler   3. dormir toute la nuit   4. faire de beaux rêves   5. s'ennuyer   6. se lever   7. prendre le bus   8. le chômage (*unemployment*)

C. Associations. Quels termes de **Mots et expressions** associez-vous avec les idées suivantes?

1. les cheveux   2. l'emploi   3. les véhicules   4. la vie d'étudiant   5. le rêve   6. l'ordinateur

Une rue de Québec en hiver... beaucoup d'animation malgré le froid.

DISCUTONS!

Pour parler de la vie de tous les jours: Créez des phrases complètes avec les éléments suivants et mettez les phrases dans l'ordre chronologique.

MODELE: je / se réveiller → Je me réveille.

___1___ je / se réveiller

_____ nous / partir / 7 h 55

_____ le professeur dit, «Vous / être / encore en retard!»

_____ nous / arriver / 8 h 15

_____ les cours / commencer / 8 h

_____ mon camarade de chambre / préparer / le café

Parlez en groupe d'une «journée de rêve». Décrivez un emploi du temps (*schedule*) idéal. Comparez cette journée avec l'une de vos journées habituelles.

Structures

Le présent de l'indicatif des verbes réguliers

Que savez-vous déjà? Ces activités vous aident à vous rappeler des structures que vous avez apprises en première année, ou bien elles utilisent de façon simple les structures que vous allez apprendre.

QUE SAVEZ-VOUS DEJA?

Complétez l'histoire en mettant chaque verbe à la forme qui convient.

Chaque fois que je _____[1] (*décider*) de prendre le bus, il _____[2] (*arriver*) en retard. D'autres personnes _____[3] (*attendre*) avec moi, et en général on _____[4] (*discuter*) un peu. Le bus _____[5] (*finir*) par arriver et nous _____[6] (*monter*) tous dedans. En route!

Rappel:
étudier = un infinitif

j'étudie = un verbe conjugué

étudi- = le radical

-e = la terminaison

Formation des verbes réguliers

On distingue trois groupes de verbes classés selon la terminaison de l'infinitif: **(-er) parler, (-ir) finir** et **(-re) rendre.**

Groupe 1: verbes en *-er*. Pour former le présent des verbes en **-er,** on ajoute les terminaisons **-e, -es, -e, -ons, -ez, -ent** au radical de l'infinitif.

parler → parl-				étudier → étudi-		
je parle	nous parl**ons**			j' étudie	nous étudi**ons**	
tu parl**es**	vous parl**ez**			tu étudi**es**	vous étudi**ez**	
il/elle/on parle	ils/elles parl**ent**			il/elle/on étudie	ils/elles étudi**ent**	

Je **parle** déjà anglais et j'**étudie** le français.
Vous **aimez** les langues mais vous n'**étudiez** pas le russe.

Groupe 2: verbes en *-ir*. Pour former le présent des verbes réguliers en **-ir,** on ajoute les terminaisons **-is, -is, -it, -issons, -issez, -issent** au radical de l'infinitif.

fin*ir* → fin-			
je	fin**is**	nous	fin**issons**
tu	fin**is**	vous	fin**issez**
il/elle/on	fin**it**	ils/elles	fin**issent**

Tu **finis** la leçon.   Ils **choisissent** leurs cours cette semaine.

Groupe 3: verbes en *-re*. Pour former le présent des verbes réguliers en **-re,** on ajoute les terminaisons **-s, -s, -, -ons, -ez, -ent** au radical de l'infinitif.

rendre → rend-			
je	rend**s**	nous	rend**ons**
tu	rend**s**	vous	rend**ez**
il/elle/on	rend	ils/elles	rend**ent**

Elle **rend** les devoirs le vendredi.   Nous ne **perdons** pas notre temps.

MISE AU POINT

Mise au point: Ce sont des activités qui précèdent la communication spontanée. Vous allez utiliser les structures et le vocabulaire du chapitre dans une variété de contextes.

Le week-end. Une jeune Française, Sophie, explique à une copine américaine comment les jeunes de son pays s'amusent le week-end. Complétez les phrases avec les verbes donnés.

VERBES SUGGERES

aimer, bavarder, chanter, choisir, danser, discuter, écouter, inviter, jouer, manger, penser, perdre, raconter

SOPHIE: Je/J' _____¹ me retrouver avec mes amis. On _____², on _____³ et on _____⁴ ensemble. Parfois, nous _____⁵ un film au cinéma.

Mon ami Jean-Pierre a une maison près de l'océan. Il _____⁶ souvent des copains. Son amie Marie-France est amusante. Elle _____⁷ toujours des histoires intéressantes. Moi, je/j' _____⁸ de la guitare et nous _____⁹ tous ensemble. Qu'est-ce que vous _____¹⁰ de cela? Les jeunes Américains sont très différents, n'est-ce pas?

JESSICA: Les Américains et les Français ne sont pas si différents! Nous _____¹¹ de la musique, nous _____¹², mais bien sûr nous ne _____¹³ jamais notre temps!

Sur une plage française: Attention! On arrive!

Mise en pratique: Ce sont des activités de communication. Vous allez vous exprimer à votre façon en faisant des descriptions, en posant des questions et en donnant votre opinion.

*

Descriptions. Mettez-vous à deux et dites à tour de rôle qui fait les choses indiquées.

MODELES: rentrer tard le week-end →

   Nous rentrons toujours tard le week-end.
ou   *Les jeunes* rentrent tard le week-end.

   servir de la salade au déjeuner →

   Mon frère sert de la salade au déjeuner.
ou   *Le Chalet Suisse et le Café Calypso* servent de la salade au déjeuner.

1. parler français et anglais
2. porter souvent des chaussures de tennis
3. finir les cours avant 5 h
4. répondre aux questions des étudiants
5. attendre le week-end avec impatience
6. travailler trop
7. servir de la glace
8. vendre des tee-shirts
9. ?

Verbes qui changent d'orthographe

Plusieurs verbes réguliers changent d'orthographe au présent de l'indicatif.

1. Quand les lettres **c** et **g** précèdent la lettre **o,** on modifie le radical des verbes en **-cer** et **-ger** (**commencer, manger**). A la première personne du pluriel (**nous**), **c** devient donc **ç** et **g** devient **ge.**

* = une activité à deux (avec un[e] seul[e] partenaire)

c → ç g → ge	je commence nous commen**ç**ons je mange nous man**ge**ons je remplace nous rempla**ç**ons je voyage nous voya**ge**ons

2. Quelques verbes en **-er** changent d'orthographe avec **je, tu, il/elle, ils/elles.** Avec **nous** et **vous,** ils conservent le radical de l'infinitif.

   a. Pour les verbes en **-yer** (**essayer, envoyer, s'ennuyer,** etc.), le **y** se transforme en **i** devant un **e** muet (qui n'est pas prononcé).

y → i	j' envoie tu envoies il/elle/on envoie ils/elles envoient	nous envoyons vous envoyez

   b. Les verbes qui ont un **e** à l'avant-dernière syllabe (**ach**e**ter, se l**e**ver, se prom**e**ner,** etc.) prennent un accent grave aux formes **je, tu, il/elle** et **ils/elles.**

e → è	j' achète tu achètes il/elle/on achète ils/elles achètent	nous achetons vous achetez

   c. Dans le cas de la plupart des verbes en **-eler** et **-eter** (**appeler, jeter,** etc.), on double la consonne finale du radical aux formes **je, tu, il/elle** et **ils/elles.**

l → ll t → tt	je jette tu jettes il/elle/on jette ils/elles jettent	nous jetons vous jetez

   d. Dans les verbes qui ont un **é** à l'avant-dernière syllabe (**espérer, répéter, préférer, exagérer,** etc.), il y a un changement d'accent (**é → è**) aux formes **je, tu, il/elle** et **ils/elles.**

é → è	j' espère tu espères il/elle/on espère ils/elles espèrent	nous espérons vous espérez

A. **Notre vie.** Employez la forme correcte du verbe entre parenthèses.

1. Nous _____ (*protéger*) nos enfants. Nous _____ (*commencer*) à leur apprendre l'anglais. Nous les _____ (*influencer*) beaucoup.
2. Vous _____ (*employer*) beaucoup de gens. Vous _____ (*payer*) bien vos employés. Vous _____ (*essayer*) de leur laisser beaucoup de temps libre.
3. Tu _____ (*nettoyer*) ta chambre. Tu _____ (*jeter*) de vieux papiers. Tu _____ (*ennuyer*) tes voisins avec tout ce bruit.

B. **Que faire?** Dites ce qu'on fait dans les cas suivants. Utilisez les sujets et les verbes entre parenthèses. Faites attention à la prononciation de chaque verbe.

MODELE: Vous avez un petit problème. (je / appeler un ami) →
            J'appelle un ami.

1. Une amie veut aller au cinéma. (nous / suggérer un film d'aventures)
2. Il n'y a rien dans le frigo. (tu / acheter des provisions)
3. C'est l'anniversaire de votre frère. (je / envoyer une carte de vœux)
4. Vous avez un examen demain. (nous / commencer à étudier)
5. Nous visitons le Sénégal. (nous / voyager en avion)
6. Vous êtes conservateur. (je / rejeter le candidat progressiste)

Devinez un peu. (*Take a guess.*) Dans chaque cas, choisissez l'option qui s'applique à votre partenaire. Il/Elle vous dit alors si vous avez raison. Changez ensuite de rôle.

MODELE: employer ton temps: bien / mal →
       VOUS: Tu emploies bien ton temps à l'université.
    LUI/ELLE: C'est vrai! Généralement, j'emploie bien mon temps. J'ai
                beaucoup à faire tous les jours.
            ou Non, j'emploie mal mon temps. Je passe trop de temps avec
                mes amis.

1. appeler souvent: tes parents / tes amis
2. acheter beaucoup de (d'): eau minérale / café / Coca
3. préférer: le fromage / les légumes / la viande / le poisson
4. répéter des verbes français: chez toi / au labo / en classe
5. commencer à faire tes devoirs: tôt dans la journée / tard dans la journée / le soir
6. envoyer des messages électroniques: deux ou trois fois par semaine / tous les jours / ne... jamais
7. essayer de parler français: tous les jours / en classe / au restaurant français

g? ou ge?

c? ou ç?

y? ou i?

t? ou tt?

nous: é? ou è?

tu: e? ou è?

je: y? ou i?

nous: c? ou ç?

nous: g? ou ge?

je: t? ou tt?

Pour vous aider

tôt ≠ tard (dans la journée) *early ≠ late (in the day)*

en retard / en avance *late/early (for an event, an appointment, etc.)*

Rappel:

ne... pas *not*

ne... jamais *never*

ne... plus *no longer, no more*

Le présent de l'indicatif des verbes irréguliers

1. Les cinq verbes suivants sont très irréguliers.

aller (to go)	avoir (to have)	dire (to say)	être (to be)	faire (to do)
je **vais**	j' **ai**	je **dis**	je **suis**	je **fais**
tu **vas**	tu **as**	tu **dis**	tu **es**	tu **fais**
il/elle/on **va**	il/elle/on **a**	il/elle/on **dit**	il/elle/on **est**	il/elle/on **fait**
nous **allons**	nous **avons**	nous **disons**	nous **sommes**	nous **faisons**
vous **allez**	vous **avez**	vous **dites**	vous **êtes**	vous **faites**
ils/elles **vont**	ils/elles **ont**	ils/elles **disent**	ils/elles **sont**	ils/elles **font**

Je **suis** canadienne. J'**ai** dix-huit ans. Je **fais** des études à l'université.
Il **dit** qu'il **va** en classe.
Vous **êtes** fatigué? Où **allez**-vous après le cours?

2. Quelques verbes en -ir (**dormir, mentir, partir, sentir, servir, sortir,** etc.) prennent les terminaisons **-s, -s, -t, -ons, -ez, -ent.** Au singulier, le **m,** le **v** ou le **t** du radical disparaissent.

dormir (to sleep)			partir (to leave)		
je	dors	nous dorm**ons**	je	pars	nous part**ons**
tu	dors	vous dorm**ez**	tu	pars	vous part**ez**
il/elle/on	dort	ils/elles dorm**ent**	il/elle/on	part	ils/elles part**ent**

Tu **sers** du café au lait tous les dimanches.
Les gens honnêtes ne **mentent** pas.

3. Les verbes en **-vrir** et en **-frir** (**ouvrir, découvrir, offrir, souffrir**, etc.) se conjuguent comme **parler.**

ouvrir *(to open)*					offrir *(to offer)*			
j'	ouvr**e**	nous	ouvr**ons**		j'	offr**e**	nous	offr**ons**
tu	ouvr**es**	vous	ouvr**ez**		tu	offr**es**	vous	offr**ez**
il/elle/on	ouvr**e**	ils/elles	ouvr**ent**		il/elle/on	offr**e**	ils/elles	offr**ent**

Je m'**offre** un petit cadeau quand je **souffre** trop d'être seule.

4. Le verbe **prendre** et ses dérivés comme **apprendre** et **comprendre** ont un radical irrégulier au pluriel.

prendre *(to take)*			
je	prends	nous	prenons
tu	prends	vous	prenez
il/elle/on	prend	ils/elles	pren**n**ent

prendre →
je, tu, il, elle:
prend-
nous, vous:
pren-
ils, elles: **prenn-**

Cet étudiant **comprend** la deuxième fois que nous **reprenons** les explications.
Par contre, d'autres étudiants **apprennent** très vite.

Elle prend peu de place, mais elle vous en offre beaucoup.

5. Certains verbes irréguliers peuvent être groupés ensemble parce qu'ils ont les mêmes terminaisons:

je	**-s**	nous	**-ons**
tu	**-s**	vous	**-ez**
il/elle/on	**-t**	ils/elles	**-ent**

a. Les verbes suivants ont un premier radical au singulier et un autre radical au pluriel.

mettre →
je, tu, il, elle: met-
nous, vous, ils, elles: mett-

mettre	je **met**s	nous **mett**ons
conduire	je **condui**s	nous **conduis**ons
traduire	je **tradui**s	nous **traduis**ons
connaître	je **connai**s	nous **connaiss**ons
craindre	je **crain**s	nous **craign**ons
écrire	j'**écri**s	nous **écriv**ons
décrire	je **décri**s	nous **décriv**ons
lire	je **li**s	nous **lis**ons
savoir	je **sai**s	nous **sav**ons
suivre	je **sui**s	nous **suiv**ons
vivre	je **vi**s	nous **viv**ons

Tu **sais** que tu ne **connais** pas ces gens-là.
Pierre **lit** un roman. Odette et Christian **lisent-ils** aussi?
Je **crains** les serpents. Et vous? **Craignez**-vous les serpents?

A noter: **Connaître** garde l'accent circonflexe devant **t:** il connaît.

b. **Croire** et **voir** ont un premier radical avec **je, tu, il/elle** et **ils/elles** et un autre radical avec **nous** et **vous.**

croire →
je, tu, il(s), elle(s): croi-
nous, vous: croy-

croire	je **croi**s	nous **croy**ons
	ils **croi**ent	
voir	je **voi**s	nous **voy**ons
	ils **voi**ent	

Crois-tu à l'existence des OVNI (objets volants non identifiés)?
Elle **voit** le taxi là-bas. Le **voyez**-vous?

c. D'autres verbes irréguliers ont un premier radical au singulier, un autre radical aux formes **nous** et **vous** et un troisième radical avec **ils/elles.***

devoir →
je, tu, il, elle: doi-
nous, vous: dev-
ils, elles: doiv-

tenir	je **tien**s	nous **ten**ons	ils/elles **tienn**ent
venir	je **vien**s	nous **ven**ons	ils/elles **vienn**ent
boire	je **boi**s	nous **buv**ons	ils/elles **boiv**ent
devoir	je **doi**s	nous **dev**ons	ils/elles **doiv**ent
recevoir	je **reçoi**s	nous **recev**ons	ils/elles **reçoiv**ent

pouvoir, vouloir →
je: -x
tu: -x
il, elle: -t

pouvoir	je **peu**x	nous **pouv**ons	ils/elles **peuv**ent
vouloir	je **veu**x	nous **voul**ons	ils/elles **veul**ent

*Voir les tableaux des verbes irréguliers dans l'appendice D.

Il **peut** venir ce soir. **Pouvez**-vous venir aussi?
Elle **doit** partir. Nous **devons** partir aussi.

d. Certains verbes sont utilisés surtout à la troisième personne.

falloir	**il faut**
pleuvoir	**il pleut**
valoir mieux	**il vaut mieux**

Il pleut maintenant; **il vaut mieux** rentrer.

Sur la terrasse d'un café: Le serveur donne la carte au client.

A. **A la recherche d'un travail.** Paul va chercher du travail comme serveur dans un café à Marseille. Voici sa journée. Faites des phrases complètes au temps présent en employant les éléments donnés.

1. La journée / commencer / mal! C'est le mois d'août et les habitants de Marseille / souffrir / de la chaleur. Paul / ouvrir / sa fenêtre.
2. Il / lire / le journal. Il / vouloir savoir / s'il / y avoir / un café qui / chercher / un serveur. Zut! Rien dans le journal.
3. Heureusement, son ami Jean / connaître / le patron du Café des Sports.
4. Les deux amis / partir / ensemble pour le Café des Sports.
5. Le patron / être / content. «Nous / devoir justement remplacer / un serveur incompétent aujourd'hui», dit-il. «Quand est-ce que vous / pouvoir commencer?»

6. «Eh bien, je / prendre / un tablier (*apron*), et je / commencer / tout de suite», dit Paul.
7. Pendant huit heures, Paul / servir / des plats aux clients. Cette nuit-là, il / dormir / comme une souche (*log*).

B. Une Parisienne. Janine Duclos décrit sa vie quotidienne. Complétez l'exercice avec le présent des verbes entre parenthèses.

Je/J' _____¹ (*vivre*) à Paris depuis cinq ans. Je/J' _____² (*travailler*) à la Défense dans un gratte-ciel. Mon mari _____³ (*avoir*) un poste dans un lycée à Montparnasse. Tous les matins, nous _____⁴ (*prendre*) le métro à six heures et demie et nous _____⁵ (*rentrer*) chez nous à sept heures du soir.

Le matin, beaucoup de gens dans le métro _____⁶ (*lire*) le journal. Le soir, on _____⁷ (*voir*) les Parisiens rentrer du travail. Ils _____⁸ (*avoir*) les bras pleins de paquets. Tout le monde _____⁹ (*tenir*) un parapluie à la main. Je/J' _____¹⁰ (*aimer*) beaucoup l'animation du métro et je/j' _____¹¹ (*regarder*) les gens qui _____¹² (*descendre*), qui _____¹³ (*monter*), qui _____¹⁴ (*entrer*) et qui _____¹⁵ (*sortir*).

Mise en pratique

A. **Présentez-vous.** Etudiez les expressions suivantes. Ensuite décrivez-vous à un(e) camarade de classe en utilisant celles que vous préférez.

MODELE: faire: de la politique? / du vélo? / une promenade? / du théâtre?, etc. →
Je fais une promenade quand j'ai le temps.
ou Je fais de la politique avec mes amis.

1. aller souvent: au travail? / à la plage? / au centre de sports? / dans les magasins? / à la bibliothèque?, etc.
2. avoir: un semestre (un trimestre) un peu difficile? / (combien de) _____ cours? / _____ examens? / _____ livres à lire? / un emploi? / _____ activités en dehors des cours?, etc.
3. dire: toujours la vérité? / des secrets à vos amis? / bonjour aux professeurs? à vos voisins? / ce que vous pensez?, etc.
4. être: énergique? / calme? / idéaliste? / optimiste? / réservé(e)? / sentimental(e)?, etc.
5. faire: des études de _____? / du sport? / de la musique? / de l'exercice? / la cuisine? / du camping?, etc.

B. **Que font-ils?** Dites ce que font les gens suivants tous les jours, puis comparez vos réponses avec celles d'un(e) camarade de classe.

VOCABULAIRE UTILE

appeler, apprendre (par cœur), couvrir, écouter, envoyer, faire, lire, offrir des cadeaux, parler, prendre (des photos, etc.), protéger (*to protect*), recevoir, rendre visite à, répéter, suivre (*to follow*), voir

les gardes du corps / le président
Les gardes du corps *suivent* le président.
Ils *protègent* le président.

1. les paparazzi / des célébrités
2. les acteurs / leurs dialogues
3. les candidats / des discours (*speeches*)
4. un médecin / ses patients
5. une journaliste / des événements
6. tout le monde / des messages électroniques
7. les étudiants / leur famille
8. les touristes / un taxi

6. **Cela fait longtemps?** Avec un(e) partenaire, posez-vous des questions et répondez en suivant le modèle.

MODELE: depuis quand / habiter ici →
VOUS: Depuis quand habites-tu ici?
LUI/ELLE: J'habite ici depuis 1999.

1. depuis quand / conduire une voiture
2. depuis combien de temps / être à l'université
3. depuis quand / connaître ton meilleur ami (ta meilleure amie)
4. depuis combien de temps / envoyer des messages électroniques
5. depuis quand / pouvoir voter
6. depuis combien de temps / apprendre le français

L'interrogation

QUE SAVEZ-VOUS DEJA?

Posez des questions correspondant aux réponses suivantes.

1. _____? J'envoie une carte et des fleurs quand un ami est malade.
2. _____? J'écris des lettres à la main parce que mon ordinateur ne fonctionne pas.
3. _____? Nous avons cinq examens ce semestre.

Les formes interrogatives

1. Dans la langue *parlée,* on peut former une question:

   a. en changeant l'intonation ou en ajoutant **n'est-ce pas** à la fin de la phrase.

   Tu cherches un restaurant? (*intonation montante*)
   Tu as faim, **n'est-ce pas?**

   b. en mettant **est-ce que,** avec ou sans expression interrogative, au début d'une phrase.

   Est-ce que vous allez à Québec ce week-end?
   Quand **est-ce que** vous partez?

c. en employant l'inversion. L'inversion est assez rare dans la langue courante, mais elle est souvent utilisée dans les questions courtes et communes.

Comment **vas-tu?** Comment **t'appelles-tu?** Quel âge **as-tu?**
Quel temps **fait-il?** Quelle heure **est-il?** Quel jour **sommes-nous?**

2. Dans une phrase interrogative *écrite,* on utilise généralement **est-ce que** ou l'inversion.

   a. Avec **je,** on préfère utiliser **est-ce que je... ?**

   A quelle heure **est-ce que je** dois arriver?

   b. Avec l'inversion, on ajoute **-t-** entre le verbe et le pronom à la troisième personne du singulier si le verbe conjugué se termine par une *voyelle.*

   Habite-t-elle près de l'université?
   Va-t-elle à pied à son travail?

   c. A la troisième personne, si le sujet de la question est un nom, on place le nom devant le verbe et on ajoute le pronom sujet correspondant après le verbe.

   Jacques et Jill tombent-**ils** souvent?
   Leur histoire est-**elle** vraie?

Les mots interrogatifs

On emploie des mots interrogatifs pour former une question d'information.

combien (de)	**que/qu'** (+ *inversion*)
comment	**quel(s), quelle(s)**
où	**qu'est-ce que/qu'** (+ *sujet/verbe*)
pourquoi	**qu'est-ce qui** (+ *verbe*)
quand	**qui**

Pourquoi suivez-vous ce cours?
Qu'est-ce que tu fais? **Qu'est-ce qui** se passe?

MISE AU **POINT**

A. **Conversation.** Faites connaissance avec un(e) camarade de classe en lui posant des questions. Suivez les modèles.

MODELES: what his/her name is →

   VOUS: Comment t'appelles-tu?
   LUI/ELLE: Je m'appelle Jason.

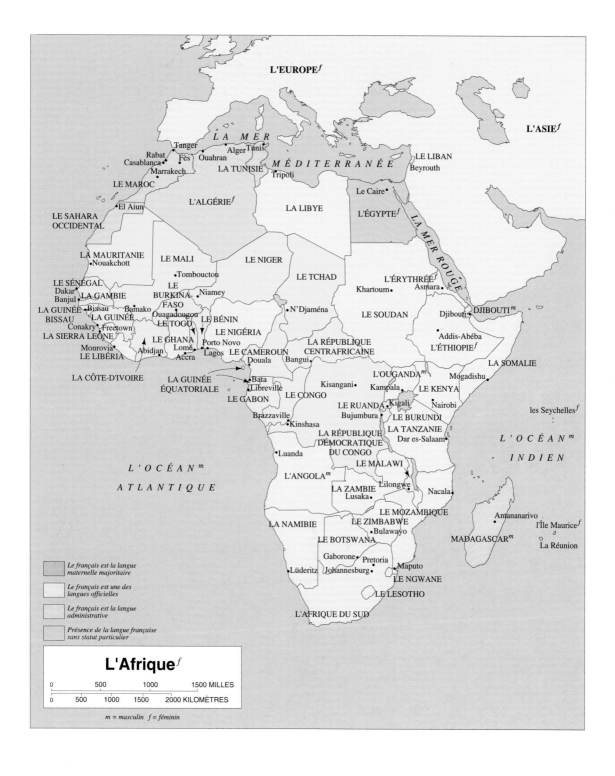

L'EUROPE*f*

L'ASIE*f*

LA MER

Tanger
Alger Tunis
Rabat
Casablanca Fès Ouahran
Marrakech LA TUNISIE
LE MAROC

MÉDITERRANÉE

LE LIBAN
Beyrouth

Tripoli

El Aiun

L'ALGÉRIE*f*

Le Caire

LE SAHARA
OCCIDENTAL

LA LIBYE

L'ÉGYPTE*f*

LA MER ROUGE

LA MAURITANIE
Nouakchott

LE MALI

LE NIGER

LE TCHAD

L'ÉRYTHRÉE
Asmara

LE SÉNÉGAL
Dakar
Banjul LA GAMBIE
LA GUINÉE Bissau
BISSAU LA GUINÉE
Conakry Freetown
LA SIERRA LEONE
Monrovia
LE LIBÉRIA
LA CÔTE-D'IVOIRE

Tombouctou

Niamey

LE
BURKINA
FASO
Ouagadougou

Bamako

LE BÉNIN
LE TOGO
LE GHANA
Lomé
Accra
Abidjan

Porto Novo
Lagos

Khartoum

LE SOUDAN

Djibouti DJIBOUTI*m*

Addis-Abéba
L'ÉTHIOPIE*f*

N'Djaména

LE CAMEROUN
Douala Bangui

LA RÉPUBLIQUE
CENTRAFRICAINE

LA SOMALIE

LA GUINÉE
ÉQUATORIALE
Bata
Libreville
LE GABON
Brazzaville

LE CONGO

Kinshasa

Kisangani

L'OUGANDA*m*

Kampala

LE RUANDA
Bujumbura
LE BURUNDI

Kigali

Mogadishu

Nairobi
LE KENYA

les Seychelles*f*

Luanda

LA RÉPUBLIQUE
DÉMOCRATIQUE
DU CONGO

LA TANZANIE
Dar es-Salaam

*L'OCÉAN*m

INDIEN

*L'OCÉAN*m

ATLANTIQUE

L'ANGOLA*m*

LE MALAWI
Lilongwe
LA ZAMBIE
Lusaka

Nacala

LE MOZAMBIQUE

LA NAMIBIE

LE ZIMBABWE
Bulawayo

Antananarivo
l'Île Maurice*f*
MADAGASCAR*m*
La Réunion

LE BOTSWANA
Gaborone
Pretoria
Lüderitz Johannesburg Maputo
LE NGWANE
LE LESOTHO
L'AFRIQUE DU SUD

Le français est la langue
maternelle majoritaire

Le français est une des
langues officielles

Le français est la langue
administrative

Présence de la langue française
sans statut particulier

L'Afrique *f*

0   500   1000   1500 MILLES

0   500   1000   1500   2000 KILOMÈTRES

m = masculin *f* = féminin

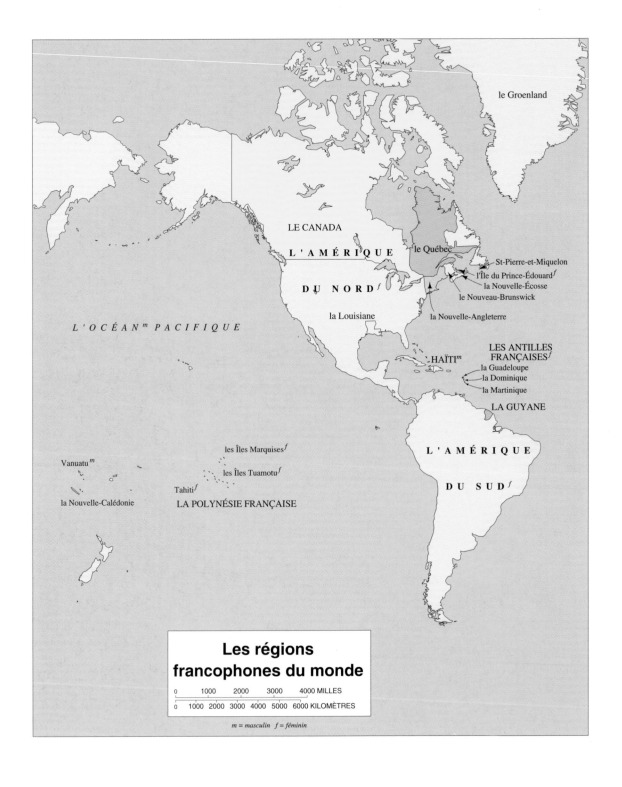

le Groenland

LE CANADA

L'AMÉRIQUE

le Québec

St-Pierre-et-Miquelon
l'Île du Prince-Édouard*f*
la Nouvelle-Écosse
le Nouveau-Brunswick

DU NORD*f*

la Louisiane

la Nouvelle-Angleterre

L'OCÉAN*m* PACIFIQUE

LES ANTILLES
FRANÇAISES*f*

HAÏTI*m*

la Guadeloupe
la Dominique
la Martinique

LA GUYANE

les Îles Marquises*f*

L'AMÉRIQUE

Vanuatu*m*

les Îles Tuamotu*f*

DU SUD*f*

Tahiti*f*

la Nouvelle-Calédonie

LA POLYNÉSIE FRANÇAISE

Les régions
francophones du monde

| 0 | 1000 | 2000 | 3000 | 4000 MILLES |

| 0 | 1000 | 2000 | 3000 | 4000 | 5000 | 6000 KILOMÈTRES |

m = masculin   f = féminin

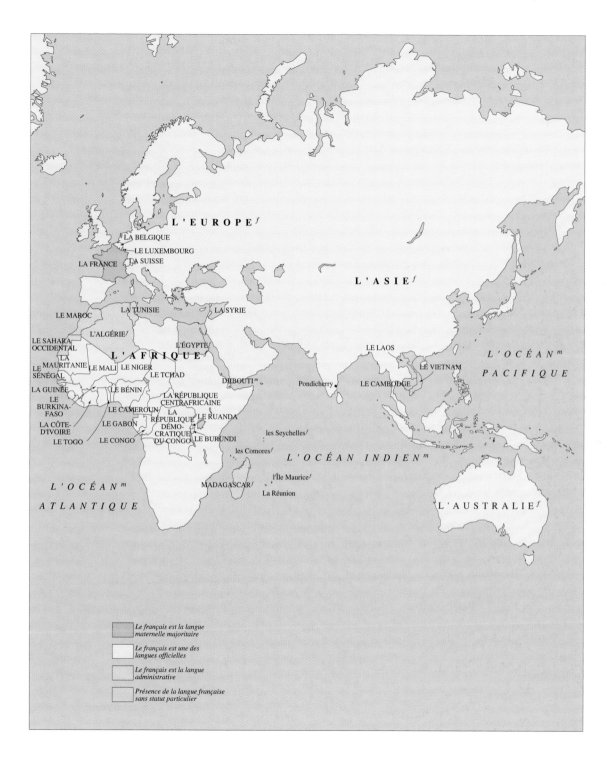

L'EUROPE *f*

LA BELGIQUE
LE LUXEMBOURG
LA SUISSE
LA FRANCE

L'ASIE *f*

LE MAROC
LA TUNISIE
LA SYRIE

L'ALGÉRIE
L'ÉGYPTE

LE SAHARA
OCCIDENTAL
LA
MAURITANIE
L'AFRIQUE
LE LAOS

LE
SÉNÉGAL
LE MALI
LE NIGER
LE TCHAD
LÉ VIETNAM

LA GUINÉE
LE BÉNIN
DJIBOUTI *m*
Pondicherry
LE CAMBODGE

L'OCÉAN *m*
PACIFIQUE

LE
BURKINA-
FASO
LA RÉPUBLIQUE
CENTRAFRICAINE

LA CÔTE-
D'IVOIRE
LE CAMEROUN
LA
RÉPUBLIQUE
DÉMO-
LE RUANDA

LE TOGO
LE GABON
CRATIQUE
DU CONGO
LE BURUNDI

LE CONGO
les Seychelles *f*

les Comores *f*
L'OCÉAN INDIEN *m*

L'OCÉAN *m*
MADAGASCAR *f*
l'Île Maurice *f*

ATLANTIQUE
La Réunion
L'AUSTRALIE *f*

> *Le français est la langue
> maternelle majoritaire*
>
> *Le français est une des
> langues officielles*
>
> *Le français est la langue
> administrative*
>
> *Présence de la langue française
> sans statut particulier*

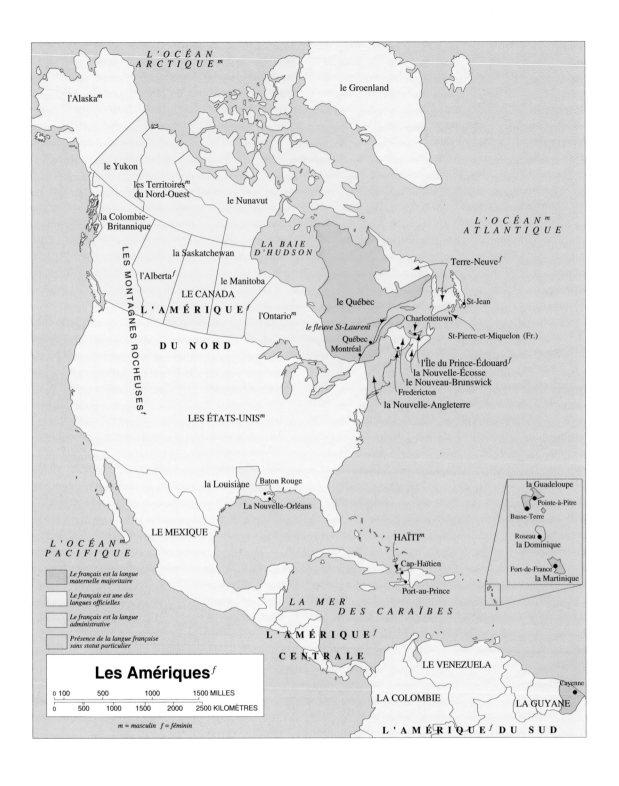

L'OCÉAN
ARCTIQUE^m

le Groenland

l'Alaska^m

le Yukon

les Territoires^m
du Nord-Ouest

le Nunavut

la Colombie-
Britannique

L'OCÉAN^m
ATLANTIQUE

la Saskatchewan

LA BAIE
D'HUDSON

Terre-Neuve^f

l'Alberta^f   le Manitoba

St-Jean

LE CANADA

le Québec

L'AMÉRIQUE

Charlottetown

l'Ontario^m

le fleuve St-Laurent

St-Pierre-et-Miquelon (Fr.)

DU NORD

Québec
Montréal

LES MONTAGNES ROCHEUSES^f

l'Île du Prince-Édouard^f
la Nouvelle-Écosse
le Nouveau-Brunswick
Fredericton
la Nouvelle-Angleterre

LES ÉTATS-UNIS^m

la Louisiane   Baton Rouge

La Nouvelle-Orléans

la Guadeloupe
Pointe-à-Pitre
Basse-Terre

LE MEXIQUE

HAÏTI^m

Roseau
la Dominique

L'OCÉAN^m
PACIFIQUE

Cap-Haïtien

Port-au-Prince

Fort-de-France
la Martinique

Le français est la langue
maternelle majoritaire

Le français est une des
langues officielles

Le français est la langue
administrative

Présence de la langue française
sans statut particulier

LA MER
DES CARAÏBES

L'AMÉRIQUE^f
CENTRALE

LE VENEZUELA

Les Amériques^f

0 100   500   1000   1500 MILLES
0   500   1000   1500   2000   2500 KILOMÈTRES

LA COLOMBIE

Cayenne

LA GUYANE

m = masculin   f = féminin

L'AMÉRIQUE^f DU SUD

L'Europe *f*

0 50 100   200   300   400   500 MILLES
0   100 200 300 400 500 600 700 800 KILOMÈTRES

m = masculin   f = féminin

Le français est la langue
maternelle majoritaire

Le français est une des
langues officielles

Le français est la langue
administrative

Présence de la langue française
sans statut particulier

Reykjavik
L'ISLANDE *f*

LA SUÈDE

LA FINLANDE

LA NORVÈGE

Helsinki

St-Pétersbourg

Oslo

Stockholm

Tallinn
L'ESTONIE *f*

LA RUSSIE

Moscou

L'ÉCOSSE *f*

*LA MER
DU NORD*

Riga
LA LETTONIE

L'IRLANDE DU NORD

LA GRANDE-

LE DANEMARK

Copenhague

LA LITUANIE

Vilnius

Minsk

L'IRLANDE *f*   Dublin
BRETAGNE

Tver

LA BIÉLORUSSIE

LE PAYS DE GALLES

L'ANGLETERRE *f*

Amsterdam

Berlin

Varsovie

Kyev

Londres

LES PAYS-BAS *m*

LA POLOGNE

L'UKRAINE *f*

LA BELGIQUE

L'ALLEMAGNE *f*

Jersey

Bruxelles   Bonn

Luxembourg

Prague

LA RÉPUBLIQUE
TCHÈQUE

LA SLOVAQUIE

Bratislava

LE LUXEMBOURG

Paris

*L'OCÉAN
ATLANTIQUE m*

LA FRANCE

Vienne

LA MOLDAVIE

Chisinau

Berne

Lausanne

LA SUISSE

L'AUTRICHE *f*

LA HONGRIE

Budapest

Genève

Ljubljana

LA ROUMANIE

le Val d'Aoste

LA SLOVÉNIE

Zagreb

LA CROATIE

Belgrade

Bucarest

*LA MER
NOIRE*

L'ITALIE *f*

LA BOSNIE
HERZÉGOVINE

*LA MER
ADRIATIQUE*

LE PORTUGAL

L'ANDORRE *f*

Sarajevo

LA SERBIE

LA BULGARIE

LE MONTÉNÉGRO

Sofia

Istanbul

La Corse

Titograd

Skopje

Madrid

Ajaccio

Rome

Tirana

LA MACÉDOINE

Lisbonne

L'ESPAGNE *f*

L'ALBANIE *f*

LA TURQUIE

LA GRÈCE

*LA MER
ÉGÉE*

LA MER MÉDITERRANÉE

Athènes

L'AFRIQUE *f*

LA CRÈTE

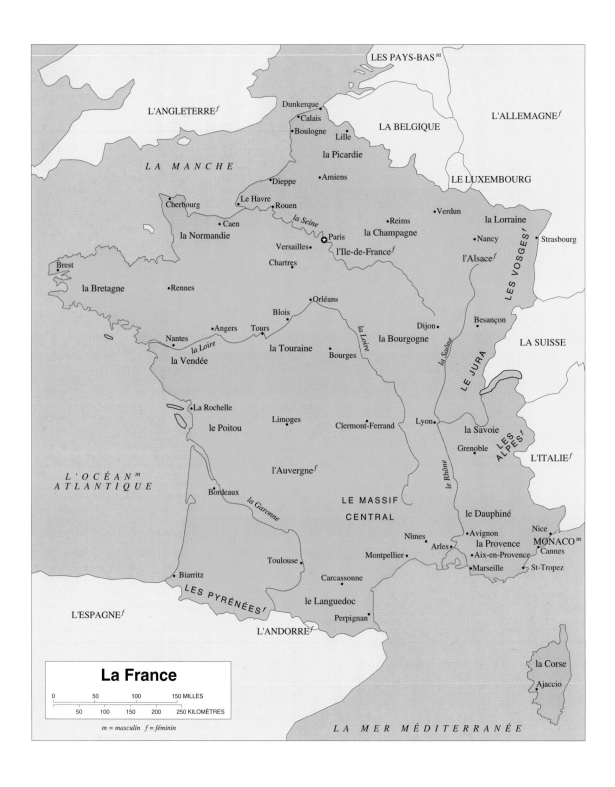

LES PAYS-BAS*m*

L'ANGLETERRE*f*

L'ALLEMAGNE*f*

Dunkerque
•Calais
•Boulogne
Lille•

LA BELGIQUE

LE LUXEMBOURG

LA MANCHE

la Picardie

•Amiens

•Dieppe

Verdun•

Cherbourg•
Le Havre•
Rouen•
la Seine

•Reims

la Lorraine

Caen•

la Normandie

Paris✤

la Champagne

Nancy•

Strasbourg•

Versailles•
Chartres•

l'Ile-de-France*f*

l'Alsace*f*

LES VOSGES*f*

Brest•

la Bretagne

Rennes•

Orléans•

Blois•

Dijon•

Besançon•

Angers•
Nantes•
la Loire

Tours•

la Loire

la Bourgogne

LA SUISSE

la Touraine

Bourges•

la Saône

LE JURA

la Vendée

•La Rochelle

Limoges•

Clermont-Ferrand•

Lyon•

la Savoie

LES ALPES*f*

L'OCÉAN*m*
ATLANTIQUE

le Poitou

Grenoble•

L'ITALIE*f*

l'Auvergne*f*

le Rhône

Bordeaux•

la Garonne

LE MASSIF
CENTRAL

le Dauphiné

Nice•
Nîmes•   •Avignon   MONACO*m*
Arles•   la Provence   Cannes•
•Aix-en-Provence
Montpellier•   •Marseille   •St-Tropez

Toulouse•

Biarritz•

Carcassonne•

LES PYRÉNÉES*f*

le Languedoc

L'ESPAGNE*f*

Perpignan•

L'ANDORRE*f*

la Corse

Ajaccio•

La France

0   50   100   150 MILLES

50   100   150   200   250 KILOMÈTRES

m = masculin   *f* = féminin

LA MER MÉDITERRANÉE

La France et le monde francophone

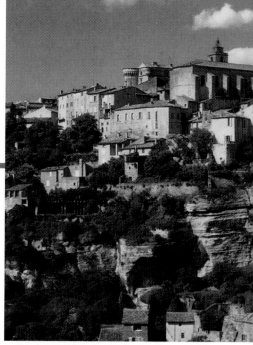

Gordes: un village perché au sud-est de la France (Vaucluse)

Un festival médiéval à Malestroit, ancienne ville fortifiée (Bretagne)

A Paris, des étudiants d'une école culinaire apprennent à bien choisir les produits frais.

Port-au-Prince, Haïti, au bord de la Mer des Caraïbes

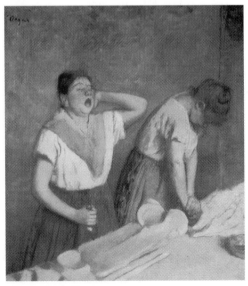

Edgar Degas: Les repasseuses

Le bonhomme de neige, symbole du Carnaval au Québec

whether he/she likes studying →

> VOUS: Est-ce que tu aimes étudier?
> LUI/ELLE: Ça dépend. Parfois j'aime étudier.

1. whether he/she likes studying French
2. whether he/she is studying Spanish too
3. why he/she is studying at this university
4. what he/she is studying this semester/quarter
5. where he/she is living this year
6. whether he/she likes his/her room/apartment
7. ?

*Au téléphone:
«Veux-tu aller au
cinéma ce soir?»*

B. **Au téléphone.** Vous entendez la moitié (*half*) d'une conversation téléphonique. Imaginez les questions posées par l'autre interlocuteur.

MODELE: REPONSE: Ah non! Je déteste les films d'horreur. →
QUESTION: Veux-tu aller voir *Dracula?*

1. Je finis mon travail à 6 h.
2. Oui, j'ai toujours faim après une journée au travail.

3. Oui, je connais un petit restaurant où on mange très bien.
4. Non, Marc ne peut pas sortir avec nous.
5. Il finit un gros projet pour demain matin.
6. Oui, je pense que nous devons réserver une table.
7. D'accord, je peux téléphoner tout de suite.
8. Non, le restaurant n'est pas loin. Il est à dix minutes d'ici.

Mise en pratique

A. * **SONDAGE: Faire connaissance.** Interviewez deux étudiants que vous ne connaissez pas encore, puis présentez ces personnes à la classe. Suivez le modèle.

MODELE: comment / s'appeler →
        VOUS: Comment t'appelles-tu?
     LUI/ELLE: Je m'appelle _____.

1. quel âge / avoir
2. de quelle ville / venir
3. où / habiter maintenant
4. qu'est-ce que / étudier cette année

5. quels cours / avoir aujourd'hui
6. quand / faire du sport
7. où / aller ce week-end
8. qu'est-ce que / faire vendredi soir

B. † **Jeu d'interrogation.** Mettez-vous à quatre et imaginez plusieurs questions correspondant aux réponses suivantes. Comparez vos possibilités avec celles des autres groupes.

VOCABULAIRE UTILE

combien (de), comment, est-ce que, où, pourquoi, quand, que, quel(s)/quelle(s), qu'est-ce que, qui

MODELES: $15 →
      Combien coûte un CD?
    ou Combien d'argent avez-vous dans votre poche?
    ou Combien est-ce que vous dépensez quand vous déjeunez en ville?

1. Le français. 2. En septembre. 3. A l'université. 4. Tom Hanks.
5. Québec 6. Le professeur de.... 7. Oui, toujours. 8. Parce que j'adore ça!

---

* = **Sondage**—une activité qui consiste à obtenir certains renseignements en interviewant plusieurs personnes avant de discuter des résultats

† = une activité à faire en groupes de trois à cinq personnes

Les verbes pronominaux

Définition   Un verbe pronominal est un verbe qui se conjugue toujours avec un
sujet et un pronom objet de la même personne (le pronom réfléchi).

se lever → Je **me** lève tôt.	*I get up early.*
s'écrire → Nous **nous** écrivons des lettres.	*We write letters to each other.*
s'entendre → C'est une personne qui **s**'entend bien avec tout le monde.	*He's/She's someone who gets along with everybody.*

Formes et position

1. Le pronom réfléchi désigne la même personne ou la même chose que le sujet. Il est placé devant le verbe.*

LA FORME AFFIRMATIVE		LA FORME NEGATIVE	
je	**me** lave	je	**ne me** lave **pas**
tu	**te** laves	tu	**ne te** laves **pas**
il/elle/on	**se** lave	il/elle/on	**ne se** lave **pas**
nous	**nous** lavons	nous	**ne nous** lavons **pas**
vous	**vous** lavez	vous	**ne vous** lavez **pas**
ils/elles	**se** lavent	ils/elles	**ne se** lavent **pas**

Elle **se maquille** tous les jours; je **ne me maquille jamais**.
Il **se couche** à 11 h, mais il **ne s'endort pas** immédiatement.

2. A la forme interrogative, on utilise le plus souvent **est-ce que** avec les verbes pronominaux.

Est-ce que tu **t'achètes** un ticket de cinéma?
Est-ce qu'ils **s'amusent** au parc?

---

*Sauf à l'impératif. (Voir le chapitre 6.)

A noter: Si on emploie l'inversion, le pronom réfléchi précède le verbe et le pronom sujet suit le verbe.

Te reposes-tu assez?
S'aiment-ils beaucoup?

3. A la forme infinitive, le pronom réfléchi s'accorde avec le sujet du verbe principal et se place directement devant l'infinitif.

Tu dois **te lever** à sept heures si tu veux **te raser** avant de partir.

MISE AU POINT

A. Question et réponse. Complétez les échanges suivants. Faites attention à la forme et à la position du pronom réfléchi.

1. Est-ce que / tu / se réveiller / tôt?
   —Oui / je / se lever / à sept heures
2. Vous / s'amuser beaucoup / le week-end?
   —Oui / nous / se détendre / chez nous
3. Elle / se coucher / tôt?
   —Non / elle / ne... pas / se coucher / tôt
4. Est-ce que / ils / se téléphoner / ce soir?
   —Non / ils / s'envoyer / des messages électroniques

B. L'opposé. Mettez les phrases à la forme négative en utilisant une expression négative (**ne... pas, ne... plus, ne... jamais**).

MODELE: Ils se quittent. → Ils ne se quittent plus.

1. Nous nous comprenons bien.   2. Vous vous téléphonez tous les jours.
3. On se voit le vendredi.   4. Je me coupe les cheveux moi-même.   5. Tu te réveilles tard.

C. Rapports. Ajoutez la forme correcte du pronom réfléchi devant l'infinitif.

1. Je dois _____ lever à cinq heures, mais mon mari ne se lève pas avant huit heures.
2. Ils essaient de _____ écrire tous les jours quand ils ne sont pas ensemble.
3. Nous voulons _____ voir quand nous sommes à Paris.
4. Tu vas _____ ennuyer ce soir si tu sors avec tes tantes.

Emplois des verbes pronominaux

Il y a trois groupes de verbes pronominaux: les verbes à sens réfléchi, les verbes à sens réciproque et les verbes à sens idiomatique.

1. Avec les verbes à sens *réfléchi,* le sujet fait l'action sur lui-même.

VERBES A SENS REFLECHI	TRADUCTION
se baigner	*to bathe*
se brosser	*to brush*
s'endormir	*to fall asleep*
s'habiller	*to dress, get dressed*
se laver	*to wash*
se maquiller	*to put on makeup*
se peigner	*to comb one's hair*
se raser	*to shave*
se réveiller	*to wake up*

> *Rappel:*
> verbe réfléchi +
> partie du corps →
> On utilise **le, la, les**
> devant le nom.
>
> Elle se brosse **les** dents.
>
> Il se lave **la** figure.

Elle **se réveille, se lave** et **s'habille.** Il **se rase, se baigne** et **se peigne.**

A noter: Ces verbes s'emploient *avec* ou *sans* pronom réfléchi. Quand le sujet ne fait pas l'action sur lui-même, le pronom réfléchi n'est pas utilisé.

Maman **peigne** les enfants, ensuite elle **se peigne.**
Cette musique **endort** le bébé. Il **s'endort** facilement.

2. Certains verbes pronominaux ont un sens *réciproque.*

VERBES A SENS RECIPROQUE	TRADUCTION
s'aimer	*to love each other*
se comprendre	*to understand each other*
s'écrire	*to write to each other*
s'embrasser	*to kiss each other*
se quitter	*to leave each other*
se rencontrer	*to meet each other*
se voir	*to see each other*

> La combinaison des pronoms **on se** a parfois un sens réciproque:
>
> **On se voit** tous les jours. = **Nous nous voyons** tous les jours.

Michel et Anne **s'aiment** beaucoup; ils **s'embrassent** souvent.
Vous comprenez-vous bien?

3. Certains verbes changent de sens à la forme pronominale: ce sont des verbes à sens *idiomatique.* En voici une liste partielle.

s'en aller	*to leave, go away*
s'amuser	*to have a good time*
se débrouiller	*to manage, get by*
se demander	*to wonder*
se dépêcher	*to hurry*
s'ennuyer	*to get bored*
s'entendre	*to get along*
s'inquiéter	*to worry*
se mettre à	*to begin*
se rendre compte de	*to realize*
se tromper (de)	*to be wrong (about)*

Il **s'en va** demain; il va aller en Europe.
Je **m'ennuie** aujourd'hui, je **ne m'amuse pas** sans toi.

Le coffret° P'tit Reporter
permet aux enfants de s'initier,
seuls et en s'amusant,
à la photographie.

case

Mise au point

A. **Une personne égoïste.** Alain se prend pour le centre de l'univers. Voilà comment il explique sa journée. Faites des phrases complètes en employant les éléments suivants.

1. Je / se lever / et je vais à la salle de bains pour / se regarder / dans la glace. Oh, que je suis beau!
2. Je / se laver, / je / se raser / et je / s'habiller. Je / se voir / encore dans la glace. Eh oui, très beau.
3. Je connais beaucoup de gens, mais nous / ne... pas se téléphoner. Nous / ne... pas écrire. Nous / ne... pas se comprendre. C'est parce que je suis trop beau, peut-être?
4. Très souvent, les filles / se mettre / à rire quand je / arriver / et puis, elles / s'en aller. Je / se demander / pourquoi.
5. Je / s'ennuyer / un peu, mais je / se débrouiller. Il n'y a pas vraiment de problème. Après tout, je / s'aimer.

B. **Histoires d'amour.** Danielle parle à sa meilleure amie de son petit ami. Complétez les phrases avec la forme correcte des verbes entre parenthèses.

DANIELLE: Nous sommes tellement heureux ensemble. Nous _____¹ (*se voir*) chaque après-midi.

SOPHIE: Est-ce que vous _____² (*se téléphoner*) tous les soirs?

DANIELLE: Ah oui, et on _____³ (*se promettre*) des choses folles.

SOPHIE: Quand vous _____⁴ (*se retrouver*) après les cours, que faites-vous?

DANIELLE: Tu ne le croiras pas, mais nous _____⁵ (*se parler*) et nous _____⁶ (*se regarder*) tendrement.

SOPHIE: _____⁷ (*Se comprendre*)-vous vraiment si bien?

DANIELLE: Bien sûr, et nous _____⁸ (*ne... jamais se disputer*). Nous n'allons jamais _____⁹ (*se quitter*).

SOPHIE: Tu connais mes amis Marie et Noël? Ils vont _____¹⁰ (*se marier*) au mois de juin.

DANIELLE: J'allais justement te dire que Rémi et moi, nous allons _____¹¹ (*se marier*) aussi.

SOPHIE: Sans blague! Vous allez _____¹² (*se marier*) bientôt? Quelle surprise!

Qu'est-ce qu'on fait? On joue aux dames, on regarde la télé, on va faire un tour ou on se dispute?

6. Une histoire d'amour. Complétez avec le verbe conjugué et, *si nécessaire*, le pronom réfléchi. Nous avons commencé cette histoire pour vous.

MODELES: Claude *va* (*se/aller*) à la plage tous les jours.

Il *se repose* (*se/reposer*) sous le ciel bleu.

Un matin, il _____¹ (*se/voir*) une créature splendide. Elle _____² (*s'appeler*) Lily. Elle _____³ (*se/prendre*) un bain de soleil. Ensuite, elle _____⁴ (*se/nager*). Peu après, elle _____⁵ (*s'endormir*) sur un rocher (*rock*). Puis, un bruit _____⁶ (*se/réveiller*) Lily. Elle _____⁷ (*se/plonger*) dans l'eau. Claude _____⁸ (*s'admirer*) ses pattes (*feet*) postérieures longues et sa peau lisse (*smooth*) et verte. Il _____⁹ (*se/tomber*) immédiatement amoureux. Claude le crapaud (*toad*) et Lily la grenouille (*frog*) _____¹⁰ (*se/marier*) et ils _____¹¹ (*se/vivre*) heureux jusqu'à la fin de leurs jours.

A. **Séries.** Complétez les phrases suivantes avec deux verbes pronominaux logiques. Ensuite, discutez de vos réponses avec un(e) partenaire. Qui a proposé les réponses les plus originales?

MISE EN PRATIQUE

MODELES: Guy se rase, *il se peigne*, puis *il s'habille*.
Laure et Alain *ne se débrouillent pas à l'université, ils s'inquiètent*. ils ne s'amusent pas trop.

1. Paulette se regarde dans le miroir, _____, _____.
2. Roméo et Juliette se rencontrent, _____, _____.
3. Nous _____, _____, nous nous disons «au revoir».
4. Je me repose, _____, _____.
5. Tu _____, tu te brosses les dents, _____.

B. **Visite d'un extraterrestre.** Un Martien très curieux vous pose les questions suivantes sur les habitudes terrestres. Répondez à trois questions de votre partenaire, et ensuite changez de rôle.

MODELE: les gens / se marier? →

LE MARTIEN: Pourquoi est-ce que les gens se marient?

VOUS: Parce qu'ils s'aiment.

1. les étudiants / se dépêcher toujours?
2. vous / se réveiller le matin?
3. les gens / se téléphoner?
4. les gens / s'embrasser?
5. les étudiants / se coucher très tard?
6. vous / ne pas se reposer assez?

Maintenant, inventez des questions originales.

Constructions particulières avec le présent

a.

> **Q**UE SAVEZ-VOUS DEJA?
>
> Faites correspondre la phrase avec l'image qu'elle décrit.
>
> 1. Je vais manger. _____
> 2. Je suis en train de manger. _____
> 3. Je viens de manger. _____

b.

1. Après certains verbes conjugués, on peut utiliser l'infinitif.

Nous **aimons** nous **retrouver** après le travail.	*We like to get together after work.*
Veux-tu **passer** deux semaines en Suisse?	*Do you want to spend two weeks in Switzerland?*
Ils **peuvent partir** quand ils veulent.	*They can leave when they want (to).*

c.

2. Pour insister sur le fait que l'action se déroule au moment où l'on parle et qu'elle a une certaine durée, on emploie le présent d'**être en train de** + *infinitif*.

Elle **est en train d'écrire** un roman.	*She's in the process of writing a novel.*
Nous **sommes en train de découvrir** une solution.	*We're in the process of finding a solution.*

3. Pour exprimer le passé récent, on emploie le présent de **venir de** + *infinitif.*

> Je **viens de trouver** un poste.   *I (have) just found a job.*
> Il **vient de lire** la lettre.   *He (has) just read the letter.*

4. Pour exprimer le futur proche, on emploie le présent d'**aller** + *infinitif.*

> Je **vais envoyer** un message   *I'm going to send an*
> électronique ce matin.   *e-mail this morning.*
> Ils **vont répondre** demain.   *They're going to answer tomorrow.*

5. L'infinitif peut aussi s'utiliser après les expressions introduites par un **il** impersonnel.

> **Il faut terminer** le projet avant   *We (One) must finish the project*
> 5 h.   *before 5:00.*
> **Il est important d'arriver** à l'heure.   *It is important to arrive on time.*

Faut-il faire droit ou sciences éco ?
Faut-il aimer Martine ou Sophie ?
Peut-on avoir confiance dans un ordinateur
à moins de 4 000 F ?

MISE AU POINT

A. En ce moment... Avec un(e) partenaire, faites des déclarations et réagissez-y à tour de rôle. Utilisez les expressions suivantes + *infinitif.*

MODELE: être en train de →
    VOUS: Je suis en train de chercher un appartement.
    LUI/ELLE: Moi, je suis en train d'étudier.

1. vouloir   **2.** il faut   **3.** aller   **4.** venir de   **5.** aimer   **6.** il est difficile de

B. Activités passées, présentes, futures. Avec un(e) partenaire, dites si vous *venez de* faire, si vous *êtes en train de* faire ou si vous *allez* faire les choses suivantes.

Rappel:
le passé: **je viens de...**
le présent: **je suis en train de...**
le futur: **je vais...**

MODELE: chercher ou trouver un emploi →
    VOUS: Je viens de trouver un emploi à la librairie.
    LUI/ELLE: Moi, je suis en train de chercher un emploi.

1. chercher ou trouver un logement   **2.** arriver à ou quitter l'université
3. manger ou boire quelque chose   **4.** faire de l'exercice ou se reposer
5. téléphoner à ou rendre visite à des amis   **6.** ?

MISE EN PRATIQUE

Résolutions. Une nouvelle année scolaire commence. Trouvez au moins cinq résolutions à prendre en ce début d'année. Ensuite, discutez de vos réponses avec votre voisin(e).

MODELE: Cette année, je veux apprendre le tae bo.
    Je vais peut-être me mettre au tango.

VOCABULAIRE UTILE

aller, compter, devoir, espérer, faire, penser, pouvoir, vouloir

Reprise

Reprise: Ces exercices reprennent les structures grammaticales de ce chapitre.

A. Solutions. Que fait-on dans les situations suivantes? Répondez en utilisant les verbes suivants et les pronoms appropriés.

VERBES SUGGERES

apprendre le français, se dépêcher, dormir, offrir un cadeau, ouvrir la fenêtre, payer, prendre un Coca (un café, une citronnade)

MODELE: Il fait chaud dans la salle de classe. →
          On ouvre la fenêtre.

1. Marie et Marc sont en retard.   **2.** Vous êtes au café et vous recevez l'addition.   **3.** Nous sommes fatigués.   **4.** C'est l'anniversaire de mon ami(e).   **5.** Charles a soif.   **6.** Vous partez à Tahiti.

B. **Interview.** Une étudiante française visite votre université pour la première fois. Elle pose ses questions d'après le modèle, puis deux étudiants lui répondent.

MODELE: à quelle heure / les étudiants / se lever le matin →
          ELLE: A quelle heure est-ce que les étudiants se lèvent le matin?
          ETUDIANT A: Les étudiants se lèvent d'habitude à sept heures.
          ETUDIANT B: Non, ils se lèvent vers six heures, je pense.

1. pourquoi / les étudiants / faire la grasse matinée / le dimanche matin
2. comment / les jeunes étudiants / se détendre / le soir
3. quelles distractions / les étudiants / aimer en général
4. où / les étudiants / aller pour s'amuser / le week-end
5. quels lieux / les étudiants / fréquenter / d'habitude

C. **Notre vie.** Mettez les phrases suivantes à la forme négative.

1. Je prends une douche le matin.
2. Vous vous réveillez tôt.
3. Mon frère fait la grasse matinée.
4. Nous nous endormons devant la télé.
5. Mes parents prennent un bain chaud tous les soirs.
6. Je me repose assez.

D. **Une petite histoire de famille.** Complétez les phrases avec la forme correcte des verbes entre parenthèses.

1. Les Chereau _____ (se lever) à cinq heures et demie.
2. Papa dit: «Est-ce que tu vas _____ (se coiffer) maintenant? Je veux _____ (se raser).» Maman répond: «Non, mais je vais _____ (se maquiller) très vite.»
3. On _____ (se réunir) autour de la table. On _____ (se préparer) des bols de chocolat chaud. Après le petit déjeuner, maman dit aux enfants: «Vous allez _____ (s'habiller).»
4. Puis tout le monde _____ (s'entasser dans: to pile into) la voiture.
5. On _____ (s'arrêter) pour laisser descendre les enfants à l'école.
6. Une fois en ville, papa et maman _____ (s'embrasser) et papa dit à maman: «Nous _____ (se retrouver) dans un bon restaurant à midi, d'accord?»
7. Ils _____ (se quitter) et _____ (s'en aller) travailler.
8. A midi, ils _____ (se dépêcher) de finir leur travail.
9. Ils _____ (se retrouver) dans un restaurant pour déjeuner ensemble.

E. 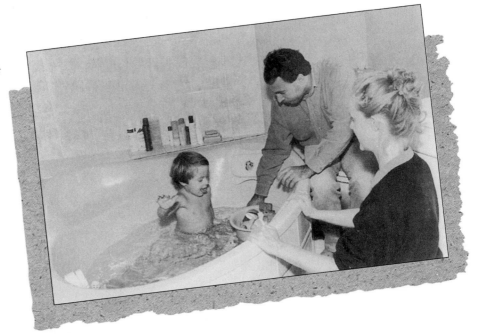 **SONDAGE: Les copains et les copines.** Interviewez à tour de rôle plusieurs camarades de classe. Demandez à chacun(e) s'il / si elle...

1. vérifie son courrier électronique tous les jours
2. conduit une vieille voiture
3. s'endort facilement
4. fait souvent des cauchemars
5. met toujours un chapeau quand il fait froid
6. reçoit beaucoup d'invitations
7. se réveille fatigué(e) tous les jours
8. craint la police

Une famille à Orléans: Cet enfant adore prendre un bain et les parents s'amusent aussi.

Le français au bout des doigts

Cette section va vous faire connaître des sites Internet de différents pays francophones. Allez directement au site Web de *Collage* à **www.mhhe.com/collage**. Vous y trouverez des liens utiles, ainsi que des questions de recherche et de discussion.

Faire du shopping

Pour faciliter la vie de tous les jours, on peut maintenant acheter beaucoup de choses sur Internet.

le club le plus ouvert de la planète

CHAPITRE 2

LA FAMILLE ET LES AMIS

Fête de la musique électronique, la Techno Parade remplit les rues de Paris.

Où va-t-on pour s'amuser? Etudiez les renseignements donnés, puis indiquez où va chaque personne.

1. Martine adore les films.
2. La mère de Martine fait souvent du shopping.
3. La tante de Martine fait du jogging.
4. La sœur de Martine lit son courrier électronique.

a. Elle va au cybercafé.
b. Elle va dans le parc.
c. Elle va au cinéma.
d. Elle va dans un grand magasin.

Et vous, où allez-vous avec vos amis? Qu'est-ce que vous faites ensemble?

Nous allons...

- décrire des objets et des personnes
- donner des opinions sur différents styles de vie

Points de repère

- L'article défini et l'article indéfini
- Le nom
- L'adjectif qualificatif
- L'adverbe

Mots et expressions

AVEC LES AMIS

célibataire unmarried
(s')embrasser to kiss (each other)
être/tomber amoureux/amoureuse to be / to fall in love
la jeune fille teenage girl, young woman
le jeune homme / les jeunes gens young man / young men
les jeunes (*m.*) young people
le petit ami / la petite amie steady boyfriend/girlfriend
prendre rendez-vous avec to make a date / an appointment with
proche de close to (*friend, relative*)
sortir seul(e) / à deux / en groupe / avec quelqu'un to go out alone / as a couple / in a group / to date someone

LA VIE A DEUX

cohabiter to live together
l'époux/l'épouse spouse
faire la lessive / le ménage / la vaisselle to do the laundry / the cleaning / the dishes
faire un voyage de noces to go on a honeymoon

se fiancer to get engaged
le jeune ménage young married couple
se marier (avec) to get married (to)
partager to share
passer l'aspirateur (*m.*) to vacuum
les travaux (*m.*) **ménagers** housework

EN FAMILLE

l'aîné(e) older/oldest child
le beau-fils stepson; son-in-law
le beau-frère brother-in-law
le beau-père stepfather; father-in-law
les beaux-parents (*m.*) mother- and father-in-law
la belle-fille stepdaughter; daughter-in-law
la belle-mère stepmother; mother-in-law
la belle-sœur sister-in-law
le cadet / la cadette younger/youngest child
la crèche day care (center)
le demi-frère stepbrother; half-brother
la demi-sœur stepsister; half-sister
le fils / la fille unique only child

A. Synonymes. Trouvez l'équivalent de chaque expression.

1. donner un baiser (*kiss*) à quelqu'un
2. le mari, la femme
3. le fils de votre mère, mais pas de votre père
4. une fille que votre époux/épouse a eue lors d'un mariage précédent
5. le père et la mère de votre époux/épouse
6. diviser quelque chose entre plusieurs personnes
7. les travaux domestiques
8. le jeune couple

B. Antonymes. Trouvez le contraire.

1. divorcer
2. rentrer
3. l'aîné(e)
4. les vieux
5. marié(e)

C. Associations. Proposez deux ou trois termes tirés de **Mots et expressions** en rapport avec les idées suivantes.

1. être amoureux
2. les jeunes
3. votre famille
4. partager
5. cohabiter
6. faire le ménage

D. Définitions. Donnez une courte définition en français de chaque expression.

1. le beau-frère
2. sortir avec quelqu'un
3. rester célibataire
4. la fille unique
5. l'époux, l'épouse
6. se fiancer
7. un voyage de noces
8. la crèche

DISCUTONS!

Pour décrire: Lesquels de ces mots et expressions s'appliquent à la famille «traditionnelle»? Et à la famille «moderne»? Mettez **M** ou **T** pour indiquer vos opinions.

1. _____ cohabiter
2. _____ faire un voyage de noces
3. _____ se fiancer
4. _____ partager les travaux ménagers
5. _____ le demi-frère

Comparez la famille «moderne» et la famille «traditionnelle». Est-ce que vous considérez votre famille moderne ou traditionnelle? Pourquoi?

Structures

L'article défini et l'article indéfini

L'article défini

Définition L'article défini introduit le nom et indique le genre (masculin ou féminin) et le nombre (singulier ou pluriel) du nom.

le frère, **les** frères   **la** sœur, **les** sœurs   **l'**oncle, **les** oncles

Formes

L'article défini a des formes masculines et féminines et des formes contractées avec les prépositions **à** et **de.**

	L'ARTICLE DEFINI	à + *article défini*	de + *article défini*
MASCULIN SINGULIER	le, l'	**au,** à l'	**du,** de l'
FEMININ SINGULIER	la, l'	à la, à l'	de la, de l'
PLURIEL	les	**aux**	**des**

Est-ce que **la** fille **de la** sœur **du** mari de votre sœur aînée est votre parente (*relative*)? C'est compliqué, n'est-ce pas?

Emplois

1. On emploie l'article défini, comme en anglais, devant un nom précis.

   La première valse est pour **les** nouveaux mariés, ensuite **les** invités dansent.

Les pères de plus en plus impliqués.

2. Par contraste avec l'anglais, on emploie l'article défini devant

   a. les noms abstraits et les noms utilisés dans un sens général

      Dites-moi pourquoi **la** vie est belle.
      Les hommes et **les** femmes se respectent-ils?

   b. les dates

      Mon anniversaire est **le** 6 avril.
      Ils se sont mariés **le** dimanche 21 juin 1998.

   c. les jours et les moments habituels

      Sa femme travaille **le** soir.
      Laure nage **le** mardi et **le** jeudi.

   d. les parties du corps dans la plupart des cas

      Je me lave **les** cheveux le matin.
      Que fais-tu quand tu as mal à **la** tête?

MISE AU POINT

La promenade du dimanche. Comme beaucoup de familles françaises, la famille Perrin s'en va à la campagne le dimanche. Complétez l'histoire avec les articles *définis* ou une contraction, si nécessaire.

1. C'est _____ dimanche 21 juin, _____ anniversaire de Paul Perrin.
2. Souvent, _____ dimanche, les Perrin font une promenade (à) _____ campagne, mais aujourd'hui ce n'est pas une promenade ordinaire.

3. M. Perrin, qui adore faire _____ cuisine, prépare _____ pique-nique (*m.*) pour toute _____ famille.
4. Mme Perrin réveille _____ enfants et elle met _____ cadeaux de Paul et _____ boîte (*f.*) (*box*) qui vient de _____ pâtisserie (*f.*) dans _____ voiture.
5. M. Perrin conduit prudemment, mais _____ autres conducteurs bloquent parfois _____ route.
6. _____ circulation est terrible et ils mettent une heure pour sortir (de) _____ quartier (*m.*) où ils habitent.
7. Mais une fois (à) _____ campagne, ça va mieux.
8. Tout _____ monde descend (de) _____ voiture et ils sortent _____ affaires (de) _____ coffre (*m.*) (*trunk*).
9. _____ repas est excellent, et _____ gâteau est magnifique.

L'article indéfini

Définition L'article indéfini, comme l'article défini, indique le genre et le nombre du nom.

un copain, **des** copains   **une** copine, **des** copines

Formes

	SINGULIER	PLURIEL	NEGATIF
MASCULIN FEMININ	un une	des	de (d')

J'ai **un** frère, **une** sœur et **des** cousins.
Je **n'**ai **pas d'**enfants.

Emplois

1. Au singulier, on emploie l'article indéfini, comme en anglais, avec les noms non spécifiques.

   Comptent-ils faire **un** voyage de noces?
   *Un homme et **une** femme* est **un** film français des années 60.

2. Au pluriel, l'article indéfini est toujours exprimé en français; en anglais, il est souvent omis.

   Avez-vous **des** parents français?   *Do you have French relatives?*

3. Dans une phrase négative, les articles **un, une** et **des** deviennent **de** excepté après le verbe **être.**

   Ma tante et mon oncle **n'ont pas d'**enfants, et ils divorcent après 25 ans de mariage.
   Je pense que le divorce **n'est pas une** bonne solution à leurs problèmes.

A la forme négative, l'article *défini* ne change pas.

Je n'aime pas les hypocrites.

4. **C'est** vs. **il/elle est.** Voici les emplois d'**il(s)/elle(s)** et de **ce** avec le verbe **être.**

Il(s)/Elle(s) est/sont +	*adjectif* *profession* *nationalité* *religion* *idéologie*	**C'est / Ce sont** +	*article* et nom* *article, nom et adjectif* *nom propre*

Monique? **Elle est** sérieuse.
Abdul? **Il est** informaticien.
Manuela? **Elle est** marocaine.
Ils sont musulmans.
Ma tante? **Elle est** socialiste.
Cette dame? **Elle est** professeur?

C'est une étudiante.
C'est un collègue travailleur.
C'est une jeune Marocaine.
Ce ne sont pas des catholiques.
C'est une socialiste.
Oui, **c'est** Maryse, ma copine.

des → de (d')
devant *adjectif*
pluriel + nom
pluriel

5. Si l'adjectif précède un nom au pluriel, **des** devient très souvent **de.**

Ce sont **de** vrais militants.
Elles ont **d'**autres idées.
J'ai **de** jeunes amis français.

Si le nom précède l'adjectif au pluriel, on garde **des.**

Ce sont **des** parents proches.

Mise au Point

C'est +
un(e) + nom
le/la + nom

**Il/Elle est /
Ils/Elles sont +**
adjectif
profession
idéologie

Ce sont + des +
nom

A. Détails. Complétez les phrases avec les formes correctes de l'article indéfini, si nécessaire.

1. Eric n'est plus _____ communiste; il est _____ socialiste. C'est _____ jeune homme très sérieux, mais il n'a pas _____ travail.
2. J'ai _____ grand-mère et _____ grand-père qui me donnent _____ cadeaux. Ce sont _____ grands-parents fantastiques!
3. —Avez-vous _____ amis français?
   —Je n'ai pas _____ amis français, mais j'ai _____ autres amis étrangers.
4. Au fait, ce sont _____ Canadiens, mais ce ne sont pas _____ Québécois.
5. Tu as _____ gentils parents et _____ frères insupportables! Tes parents, ils sont _____ médecins, n'est-ce pas?

B. Bavardage. Complétez le dialogue avec l'article défini, l'article indéfini ou une forme contractée de l'article, si nécessaire.

JEAN: Paul va bientôt en Californie. Il est _____[1] acteur.
ANNE: Sais-tu qu'il vient ici _____[2] 8 juin? Il va épouser _____[3] cousine de Marie.
JEAN: C'est vrai? Quand est-ce que _____[4] mariage va avoir lieu?

---

*Notez que *l'article défini* s'emploie aussi avec **c'est** et **ce sont**: Sophie? **C'est la** femme de mon frère.

ANNE: _____⁵ cérémonie civile va avoir lieu _____⁶ vendredi prochain et _____⁷ cérémonie religieuse _____⁸ samedi 7 juin.

JEAN: Je me demande si _____⁹ nouveaux mariés vont faire leur voyage de noces aux Etats-Unis.

ANNE: Oui, c'est ce qu'ils vont faire. Et, ensuite, ils vont habiter _____¹⁰ petite ville au nord de Los Angeles.

JEAN: Ont-ils _____¹¹ projets professionnels?

ANNE: Oui, elle va étudier _____¹² médecine et lui, il va jouer dans _____¹³ films à Hollywood!

6. Des membres de ma famille. Complétez les descriptions avec **c'est / ce sont, il/elle est** ou **ils/elles sont.**

Ma belle-sœur Isabelle? _____¹ une personne très gentille, mais _____ n'_____² pas disciplinée. _____³ étudiante en droit à Marseille, mais _____⁴ une jeune femme qui aime sortir avec ses amis. Alors, bien sûr, elle n'étudie pas assez et _____⁵ la dernière de sa classe. La discipline? Je crois que _____⁶ un problème pour beaucoup de jeunes gens.

L'oncle Georges? _____⁷ un homme politique dans un petit village. _____⁸ marxiste et il aime bien discuter avec ses amis, parce que/qu' _____⁹ des communistes. Sa femme? _____¹⁰ catholique, et _____ n'_____¹¹ pas contente de voir son mari au café le dimanche matin.

- -

A. 🗣* **TROUVEZ QUELQU'UN QUI... Points communs.** Complétez les phrases suivantes avec l'article approprié et une réponse personnelle. Ensuite, cherchez des étudiants qui ont répondu comme vous. Puis, discutez en classe des réponses les plus fréquentes et les plus originales.

MISE EN **PRATIQUE**

MODELE: J'ai *les* cheveux *blonds.*

1. J'aime _____ cours de/d' _____.
2. J'ai _____ parents d'origine _____.
3. _____ vêtements que j'aime sont _____.
4. Mon sport préféré est _____ _____.
5. _____ week-end, je vais _____.
6. J'ai _____ _____ chez moi.
7. Je n'ai pas _____ _____ chez moi.
8. Je déteste _____ _____.
9. Il y a _____ _____ dans ma poche / mon sac.

B. 👥 **Descriptions simples.** Vous allez vous mettre à deux pour parler des membres de votre famille et de vos amis. Un(e) partenaire pose une question, et l'autre y répond en utilisant **c'est, ce sont, il/elle est** ou **ils/elles sont.**

🗣 = **Trouvez quelqu'un qui...** —une activité qui consiste à trouver un(e) ou plusieurs étudiant(e)s qui répondent à certaines spécifications avant de discuter en groupes des réponses obtenues.

Paris: Un tendre baiser

LA PROFESSION	LA TENDANCE POLITIQUE	LA PERSONNALITE	LA RELIGION
étudiant	démocrate	sérieux	catholique
médecin	républicain	drôle	protestant
journaliste	socialiste	travailleur	juif
informaticien	vert	excentrique	musulman
?	?	?	?

MODELE: Que fait ta meilleure amie? Comment est-elle?
Elle est serveuse. C'est une personne très intelligente et très chaleureuse.
ou C'est une serveuse. Elle est très intelligente et très chaleureuse.

1. ton meilleur ami ou ta meilleure amie   **2.** un copain ou une copine
3. ton père ou ta mère   **4.** un autre membre de ta famille   **5.** un voisin ou une voisine

Le nom

QUE SAVEZ-VOUS DEJA?

1. Quelle est la forme féminine des noms suivants?
   a. un frère   **b.** un mari   **c.** un Canadien

2. Quel est le pluriel des noms suivants?
   a. un journal   **b.** un acteur   **c.** un fils

Définition Un nom désigne une personne, un animal, une chose ou une idée. Il est généralement accompagné d'un article ou d'un adjectif.

un **bébé**   l'**oiseau**
ma **maison**   cette **philosophie**

Formes

Le genre

1. **Les noms de personnes**

   a. Certains noms sont toujours masculins. Ce sont surtout des noms de professions.

un amateur	**un** ingénieur	**un** médecin
un écrivain	**un** juge	**un** premier ministre
un être	**un** mannequin	

   Ma femme est **un bon médecin.**

   A noter: On dit parfois **une femme écrivain, une femme ingénieur,** etc.

   b. Certains noms sont toujours féminins.

une créature	**une** vedette
une personne	**une** victime

   La personne qui est venue est mon meilleur ami.
   Gérard Depardieu est **une vedette** de cinéma célèbre.

   c. Certains noms ont une autre terminaison au féminin.

Rappel:
M → F
1. un ami →
   une amie etc.
2. un fils →
   une fille
   un oncle →
   une tante
   etc.

Rappel:
M *et* F
un(e) athlète
un(e) camarade
un(e) enfant
un(e) partenaire
un(e) touriste

MASCULIN	FEMININ	EXEMPLES
-er -ier	-ère -ière	un boulanger, une boulangère un pâtissier, une pâtissière
-eur	-euse	un danseur, une danseuse
-ien -éen	-ienne -éenne	un gardien, une gardienne un lycéen, une lycéenne
-on	-onne	un patron, une patronne
-teur	{ -trice { -teuse	un acteur, une actrice un chanteur, une chanteuse
	A noter:	un cadet, une cadette un époux, une épouse un jumeau, une jumelle (*twin*)

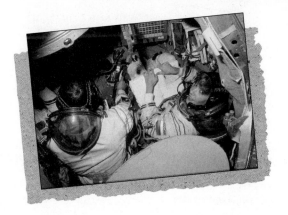

La spationaute et spécialiste en médecine aéronautique Claudie André-Deshays participe à la mission franco-russe Cassiopée en 1996.

2. **Les noms de choses**

   a. La terminaison de certains noms nous permet de deviner (*guess*) leur genre.*

MASCULIN	EXEMPLES	FEMININ	EXEMPLES
-age	le ménage	**-ce**	la différence
-in	le matin	**-ée**	l'idée
-l	le travail	**-ie**	la biologie
-r	le danger	**-ion**	la nation
-t	le bruit	**-té**	la fierté, la beauté
-sme	le réalisme	**-lle**	la chapelle
		-tte	la fourchette
		-tude	la certitude
Quelques exceptions			
	la page, la plage		l'exercice (*m.*), le prince
	la fin, la main		l'avion (*m.*), le lion
	la mer, la sœur		le pâté, l'été (*m.*)
	la nuit, la mort		le lycée, le musée

Un conseil: Apprenez l'article indéfini avec chaque nom.

une idée
un lycée

   b. Les jours, les saisons et les langues sont masculins.

   le mardi   **le** printemps   **le** français

Le nombre

Le pluriel des noms

1. Voici des terminaisons particulières.

Rappel:
sing. → pl.

1. l'ami → **les amis**, etc.
2. **-s, -x, -z** ne changent pas
le fils → **les fils**
l'époux →
les époux

TERMINAISON DU SINGULIER	LE PLUS SOUVENT PLURIEL EN **-X**	PARFOIS PLURIEL EN **-S**
-ail **-al**	travail → trav**aux** cheval → chev**aux** journal → journ**aux**	détail → détai**ls** bal → ba**ls** festival → festiva**ls**
-eau **-eu**	château → châte**aux** neveu → neve**ux** cheveu → cheve**ux**	pneu → pn**eus** (*tires*)
-ou	bijou → bij**oux**	trou → tr**ous** (*holes*)

A noter: **l'œil** → **les yeux**, **le jeune homme** → **les jeunes gens**

---

*Avec une précision d'environ 95%.

2. En général, les deux mots d'un nom composé changent au pluriel.

la belle-mère	les belles-mères
la grand-mère	les grands-mères
le grand-père	les grands-pères

Exceptions: le demi-frère   les demi-frères
la demi-sœur   les demi-sœurs

Rappel:
Les gens, les vacances s'emploient toujours au pluriel.

MISE AU POINT

M	F
-age	-ce
-in	-ie
-l	-ion
-r	-té
-t	-lle
-sme	-tte

En général,
-al, -ail → -aux
-eu, -ou → -eux, -oux
-eau → -eaux

Il y a des exceptions ici?

A. Jeu de genre. Devinez le genre des noms suivants en donnant leur article indéfini.

1. _____ vitrail
2. _____ idéologie
3. _____ avantage
4. _____ renaissance
5. _____ autorité
6. _____ plat
7. _____ organisme
8. _____ condition
9. _____ pelle (*shovel*)
10. _____ grain

B. Jeu de nombre. Donnez le pluriel de chaque nom et de son article.

1. un œil
2. un grand-père
3. un journal
4. un cheveu
5. un fils
6. un morceau
7. le bijou
8. le travail
9. un cheval
10. le festival

C. L'inverse. Mettez les personnes suivantes au masculin.

MODELE: L'aînée de la famille est la belle-fille de Mme Legros. →
L'aîné de la famille est le beau-fils de M. Legros.

1. Une divorcée est une femme qui n'est plus mariée.
2. Les filles de mes tantes sont mes cousines.
3. Une épouse est une femme mariée.
4. La cadette de la famille Rocard est la troisième enfant.
5. Une fille unique n'a pas de sœurs.
6. Une belle-mère aime généralement la femme de son fils.

MISE EN PRATIQUE

A. * **JEU D'EQUIPE: Masculin, féminin.** La moitié (*half*) de la classe représente l'équipe des noms (*nouns*) masculins (M), l'autre moitié constitue l'équipe des noms féminins (F). A tour de rôle, les membres de chaque équipe proposent un nom: un membre de l'équipe M propose un nom masculin, puis un membre de l'équipe F propose un nom féminin, etc.

---

* = **Jeu d'équipe**—pour accomplir cette activité, la classe est divisée en deux équipes et suit certaines directives. A la fin, la meilleure équipe gagne, bien sûr!

En cas d'hésitation de plus de cinq secondes, d'erreur ou de répétition, l'équipe perd son tour et l'équipe opposée gagne un point. L'équipe qui a le plus de points gagne.

B. **Quels groupes?** Mettez-vous à deux et dites à tour de rôle quels groupes de personnes font les choses indiquées.

MODELE: se raser / les cheveux? →

      VOUS: Quels groupes de personnes se rasent les cheveux?

    LUI/ELLE: des gens qui perdent leurs cheveux, des cyclistes, des joueurs de basket, des soldats et des musiciens

VOCABULAIRE UTILE

amis / célébrités / enfants / étudiants / femmes ou hommes (politiques) / Français / gens qui… / grands-parents / jeunes / journalistes / membres de la famille royale / nageurs / parents / touristes

Quels groupes de personnes…

1. regarder / des animaux au zoo?
2. lire / plusieurs journaux chaque jour?
3. acheter / des cadeaux?
4. porter / des bijoux?
5. aimer / les jeux vidéo?
6. visiter / des châteaux français?
7. ?

C. **Cadeaux.** C'est le 24 décembre. Avec votre partenaire, vous aidez le Père Noël à vérifier qu'il n'oublie rien. D'abord, demandez combien de choses il y a dans chaque catégorie. Ensuite, dites à qui il va donner chaque cadeau.

MODELES: prix Nobel (un) →

    LUI/ELLE: Combien de prix Nobel y a-t-il?

      VOUS: Il y a *un prix Nobel* pour *Médecins Sans Frontières*.

    cheval de polo (deux) →

    LUI/ELLE: Combien de chevaux de polo y a-t-il?

      VOUS: Il y a *deux chevaux de polo* pour *le Prince Charles*.

SUGGESTIONS:

le Cirque du soleil / le président américain, français, etc. / l'architecte Maya Lin / Oprah Winfrey / Tiger Woods / une fille unique / ?

1. animal domestique (*pet*) (trois) 2. général d'armée (quatre) 3. chapeau de golf (cinq) 4. vitrail (*stained-glass window*) gothique (six) 5. bijou élégant (sept) 6. anneau en or (*golden hoop*) (huit) 7. ?

L'adjectif qualificatif

Définition L'adjectif qualifie un nom ou un pronom et s'accorde en genre et en nombre avec le nom ou le pronom.

> J'ai un **gentil** neveu. Il est **charmant.**
> Mes sœurs sont **originales.**

Formes

Le genre

1. Voici les formes de certains groupes d'adjectifs.

MASCULIN	FEMININ	EXEMPLES
-anc	-anche	franc, franche
-el, -eil	-elle, -eille	naturel, naturelle; pareil, pareille
-er, -ier	-ère, -ière	cher, chère; premier, première
-et	-ète	discret, discrète
-eur	-euse	travailleur, travailleuse
-f	-ve	sportif, sportive
-ien	-ienne	ancien, ancienne
-on	-onne	bon, bonne
-teur	⌠-trice	conservateur, conservatrice
	⌡-teuse	menteur, menteuse
-eux	-euse	heureux, heureuse
Quelques particularités		
doux, douce	faux, fausse	jaloux, jalouse roux, rousse

Rappel:
1. M et F
   calme, timide,
   large, triste, etc.
2. M → F
   brun → brune
   vrai → vraie, etc.

Union Conseil®

BULLETIN D'ANNONCES MATRIMONIALES

VOUS ÊTES SEUL (SEULE),
la lecture de ce bulletin
vous concerne.

2. Les adjectifs suivants sont irréguliers au féminin.

MASCULIN	FEMININ
favori	favorite
frais	fraîche
gentil	gentille
long	longue
public	publique
sec	sèche

3. Voici des cas particuliers.

MASCULIN		PLURIEL	FEMININ SINGULIER	PLURIEL
SINGULIER + consonne	+ voyelle + h muet			
un **beau** tableau	un **bel** homme	**beaux**	**belle**	**belles**
un **fou** rire	un **fol** espoir	**fous**	**folle**	**folles**
un **nouveau** livre	un **nouvel** ami	**nouveaux**	**nouvelle**	**nouvelles**
un **vieux** livre	un **vieil** ami	**vieux**	**vieille**	**vieilles**

4. Certains adjectifs sont invariables et ne changent jamais.

   a. **bon marché, chic, sympa** et **snob**

   Ses chaussures sont **chic** mais **bon marché.**

   b. les adjectifs de couleur suivants

kaki	Ils portent des manteaux **kaki.**
marron (*brown*)	Leur père a les yeux **marron.**
noisette (*hazel*)	Ma sœur est blonde aux yeux **noisette.**
orange	Elle aime les robes **orange.**
turquoise	J'ai trois chemises **turquoise.**

Le nombre

Voici des terminaisons particulières.

MASCULIN		FEMININ	
SINGULIER	PLURIEL	SINGULIER	PLURIEL
bas	bas	basse	basses
faux	faux	fausse	fausses
idéal	idéaux	idéale	idéales
Quelques exceptions			
banal	banals	banale	banales
final	finals	finale	finales

Rappel:
En général,

Masculin
blond → blond**s**

Féminin
blonde → blonde**s**

Position des adjectifs qualificatifs

1. La plupart des adjectifs suivent le nom.

> C'est une femme **riche** et **intelligente.**
> J'ai des cousins **français** et des cousines **allemandes.**

2. Certains adjectifs courts et communs précèdent *généralement* le nom.

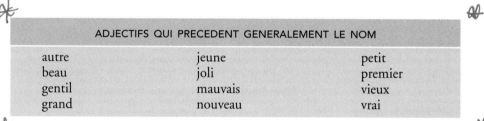

ADJECTIFS QUI PRECEDENT GENERALEMENT LE NOM		
autre	jeune	petit
beau	joli	premier
gentil	mauvais	vieux
grand	nouveau	vrai

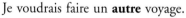

> Je voudrais faire un **autre** voyage.
> Le **petit** garçon parle avec sa **nouvelle** amie.

3. Certains adjectifs changent de sens selon leur position.

ADJECTIF	DEVANT LE NOM: SENS FIGURE OU SUBJECTIF	APRES LE NOM: SENS PROPRE OU OBJECTIF
ancien(ne)	un ancien ministre *a former minister*	des meubles anciens *antique furniture*
bon(ne)	une bonne réputation *a good reputation*	un homme bon *a charitable man*
cher/chère	une chère amie *a dear friend*	une robe chère *an expensive dress*
dernier/dernière	la dernière semaine *the last week (last in a series)*	la semaine dernière *last week (just past)*

ADJECTIF	DEVANT LE NOM: SENS FIGURE OU SUBJECTIF	APRES LE NOM: SENS PROPRE OU OBJECTIF
pauvre	la pauvre tante *the unfortunate aunt*	un étudiant pauvre *a poor student (financially)*
propre	son propre appartement *his/her own apartment*	une chemise propre *a clean shirt*
seul(e)	un seul homme *only one man*	un homme seul *a man alone (by himself)*

MISE AU POINT

A. **Associations.** Avec un(e) camarade, faites à tour de rôle l'accord des adjectifs

MODELE: une femme / original → une femme originale

1. une vie / passionnant
2. une histoire / idiot
3. une étude / complet
4. une personne / curieux
5. des idées / conservateur
6. un homme / vieux
7. des relations / amical
8. une patronne / agressif
9. une employée / travailleur
10. une copine / parisien

B. **Qu'est-ce qui est important pour la famille?** Donnez votre opinion sur ce qui est (n'est pas) important pour maintenir une famille heureuse. Choisissez un nom du groupe **A** et des adjectifs du groupe **B** pour créer au moins six réponses. Ensuite décrivez votre famille à l'aide de quelques adjectifs. Attention à l'accord des adjectifs.

MODELE: Il est très important d'avoir des parents justes. Mes parents sont toujours doux mais fermes avec mon frère et moi.

A: amis, buts (*goals, objectives*), chien, discussions, emploi, enfants, grands-parents, maison, parents, voitures…

B: bon, doux, drôle, ferme, généreux, gentil, grand, honnête, juste, loyal, satisfaisant, similaire, stimulant, strict…

C. **Des histoires bien connues.** Complétez les descriptions des personnages et des choses suivants. Remplissez les blancs courts avec l'adjectif possessif convenable (**son, sa, ses, leur** *ou* **leurs**) et mettez les adjectifs donnés entre parenthèses à la forme convenable.

MODELE: Blanche-Neige est très *belle* (beau), et *sa* belle-mère est *jalouse* (jaloux) de sa beauté. La belle-mère envoie Blanche-Neige dans une forêt où elle trouve la maison des sept nains. *Leur* maison est *petite* (petit) et les nains sont *gentils* (gentil).

1. Le petit Chaperon rouge arrive chez _____ grand-mère. Elle s'approche du lit et regarde la _____ (vieux) dame. _____ yeux sont grands, _____ tête est

étrange et _____ dents sont énormes. Soudain la petite fille a très peur...

2. Vous souvenez-vous de Cendrillon? Elle est _____ (doux) et de _____ (bon) humeur. _____ père est aimable, _____ belle-mère est désagréable et _____ demi-sœurs sont _____ (vaniteux) et _____ (méchant).

3. Connaissez-vous les trois mousquetaires? _____ courage est remarquable. _____ aventures sont extraordinaires et _____ haine (f.) (hatred) pour le cardinal de Richelieu est bien _____ (connu).

4. Boucles d'or (Goldilocks) regarde les chaises des trois ours (bears). Comment trouve-t-elle la chaise du père ours? _____ chaise est trop grande. Et le porridge de la mère ours? _____ porridge est trop chaud. Et le lit du bébé ours? _____ lit est parfait.

D. **Descriptions.** Complétez les phrases suivantes en mettant l'adjectif entre parenthèses à la forme convenable. Attention: Est-ce que l'adjectif est *variable* ou *invariable*?

1. Sarah a les yeux _____ (*marron*) et sa sœur Mona a les yeux _____ (*noisette*).

2. Sarah aime porter des jupes _____ (*kaki*) et des chemises _____ (*vert*).

3. Mona porte souvent des chaussettes _____ (*bleu*) avec des chaussures _____ (*blanc*).

4. Leur frère va donner à Sarah deux chemises _____ (*orange*) pour son anniversaire la semaine prochaine. Quelle horreur!

5. Est-ce qu'il achète ces chemises parce qu'elles sont _____ (*bon marché*) ou parce qu'il pense qu'elles sont _____ (*joli*)???

E. **Sens propre ou figuré?** Mettez l'équivalent français de l'adjectif en italique, avant *ou* après le nom.

1. Son _____ mari _____ s'occupe des enfants. (*former*)
2. J'aime bien son nouvel époux; c'est un _____ homme _____. (*charitable*)
3. Chantal s'achète des _____ vêtements _____. (*expensive*)
4. Mon _____ oncle _____ divorce pour la deuxième fois. (*unfortunate*)
5. La _____ semaine _____ de mai, nous partons en voyage. (*last*)
6. C'est vraiment la _____ solution _____. (*only*)
7. Jacqueline gagne sa vie. Elle a sa _____ voiture _____. (*own*)

A. **Associations.** Mettez-vous à quatre et choisissez un(e) secrétaire qui va lire à haute voix les mots de la liste suivante. Les autres membres de l'équipe répondent en donnant le premier nom ou adjectif—attention à l'accord!—qui leur vient à l'esprit. (Si le/la secrétaire dit «famille», les autres participants peuvent répondre: «grande», «bizarre», «une réunion», etc.). Le/La secrétaire va noter les réponses.

MISE EN **PRATIQUE**

Hansel et Grethel (= *ils*) adorent **leurs** parents. **Leur** père est très tendre. Mais un jour le père (= *il*) de Hansel et de Grethel doit abandonner **ses** enfants dans la forêt.

Ensuite, partagez les résultats avec le reste de la classe.

1. la mère	7. une femme libérée	13. la femme idéale
2. le père	8. un homme libéré	14. le divorce
3. les enfants	9. le mariage	15. une amie proche
4. la communication	10. l'amour	16. un ami proche
5. l'argent	11. le voyage de noces	17. les rendez-vous
6. ton anniversaire	12. le mari idéal	18. les priorités de la vie

B. **Visages du monde.** Mettez-vous à deux pour décrire les gens suivants. Parlez de leur profession, de leur nationalité, de leur personnalité, de leur famille, de leurs objectifs, etc. Qui voudriez-vous rencontrer et pourquoi?

1.

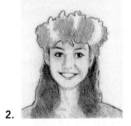
2.

3.

4.

5.

6.

L'adverbe

QUE SAVEZ-VOUS DEJA?

Changez les adjectifs en adverbes pour montrer comment ces personnes font ces choses.

1. Je vis dans une maison confortable. Je vis _____.

2. Michel est un bon danseur. Il danse _____.

3. Nous sommes des étudiants sérieux. Nous travaillons _____.

4. Isabelle est spontanée. Elle écrit _____.

Définition Un adverbe est un mot invariable qui modifie un verbe, un autre adverbe ou un adjectif.

> Nous devons **parfois** prendre des décisions difficiles.
> C'est **assez** dur, donc nous demandons **fréquemment** conseil à nos amis.

Les adverbes de manière

1. Si l'adjectif se termine par **-ant** ou **-ent,** on forme l'adverbe en remplaçant les terminaisons par **-amment** ou **-emment** ([amɑ̃]).

constant → const**amment**   intelligent → intellig**emment**
suffisant → suffis**amment**   apparent → appar**emment**
bruyant → bruy**amment**   patient → pati**emment**

   Exception: lent → lent**ement**

2. D'autres adverbes de manière sont **bien, mal** et **vite.**

   Ce jeune enfant lit très **bien,** mais il écrit **mal.**

Les adverbes qui marquent le temps, la fréquence, la quantité ou le lieu

ADVERBES DE...			
Temps	Fréquence	Quantité	Lieu
aujourd'hui	parfois	assez	ici
demain	souvent	beaucoup	là
hier	toujours	beaucoup trop	là-bas
maintenant		peu	partout
tard		trop	quelque part
tôt			
déjà			
encore			
enfin			

Position

1. Certains adverbes longs et communs peuvent se placer au début ou à la fin de la phrase: **heureusement, malheureusement, premièrement, finalement, généralement.**

   > **Généralement,** il y a un ou deux enfants dans la famille moderne européenne.

2. Les adverbes **aujourd'hui, hier** et **demain** se placent au début ou à la fin de la phrase.

> **Aujourd'hui,** nous pouvons aider ces familles immigrantes.
> Mais qu'est-ce qu'elles vont faire **demain?**

3. Il y a une certaine souplesse en ce qui concerne la place des adverbes courts et communs. Selon le sens de la phrase, ils se placent au début ou à la fin de la phrase, ou bien après le verbe conjugué.

> Qui fait la vaisselle chez vous? **Souvent** c'est mon père qui fait la vaisselle, mais **quelquefois** c'est ma mère.
> Mon père fait **souvent** la vaisselle, mais il fait **toujours** la lessive.

4. Les adverbes précèdent les adjectifs qu'ils modifient.

> Surya Bonaly? C'est une sportive **extrêmement** douée. - gifted

MISE AU POINT

A. Talents. Voici une liste de personnes qui font certaines choses d'une façon remarquable. Décrivez ce qu'elles font en employant chaque fois un adverbe tiré de la liste à droite.

1. Mon amie est danseuse; elle danse _____.
2. Jacques est français; il parle _____ le français.
3. Louise et Charles sont amoureux; ils s'aiment _____.
4. Tu as un joli appartement; tu vis _____.
5. J'ai une guitare spéciale; je joue _____.
6. Elles sont riches; elles voyagent _____.
7. Nous sommes imaginatifs; nous écrivons _____.

a. fréquemment 6
b. profondément 7
c. constamment 5
d. bien 4
e. vite 2
f. brillamment 1
g. confortablement 3

B. Adverbes. Voici des adjectifs. Formez les adverbes correspondants.

MODELE: doux → doucement

1. vrai 2. facile 3. mauvais 4. complet 5. sérieux 6. franc
7. certain 8. évident 9. bon 10. gentil 11. constant 12. lent

C. Au contraire! Donnez le contraire.

MODELE: fréquemment → rarement

1. malheureusement 2. subjectivement 3. patiemment
4. imprudemment 5. rapidement 6. bien

D. Propos divers. Choisissez l'adverbe qui vous semble le plus logique.

trop, demain, partout, aujourd'hui, quelque part, souvent, beaucoup, ici

1. Veux-tu aller _____ ce soir? Non, mais _____ je suis libre.
2. Je cherche mes clés _____. Regarde, elles sont _____ sur la table.
3. Dans la famille moderne, est-ce qu'il y a _____ d'enfants? Non, parce que les parents travaillent _____.
4. Vois-tu _____ tes grands-parents? Oui, et en fait ils viennent chez nous _____.

E. En famille. Utilisez le contexte pour mettre l'adverbe entre parenthèses à sa place.

MODELE: —Qui fait la lessive chez vous?
—Mon camarade de chambre _____ fait _souvent_ la lessive. (souvent)

1. —Où vivent les grands-parents?
—Il y a _____ des familles où trois générations _____ vivent ensemble, mais ce n'est pas souvent le cas. (encore)
2. —Comment est-ce que la vie change quand on a des enfants?
—Il ne faut pas travailler _____ tard le soir quand _____ on a de jeunes enfants. (trop)
3. —Que fais-tu le week-end?
—J'aime _____ regarder des films _____. (beaucoup)
4. —Où vivent les jeunes couples?
— _____ les jeunes couples ne vivent pas souvent _____ avec leurs parents. (aujourd'hui)
5. —Les nouveaux mariés ne veulent-ils plus partir en voyage de noces?
—Si, les nouveaux mariés ont _____ envie de faire un voyage de noces _____. (toujours)

· ·

MISE EN PRATIQUE

SONDAGE: Que font-ils? Demandez à vos camarades de classe s'ils font fréquemment les choses suivantes.

MODELE: Penses-tu quelquefois au mariage? →
Non, je ne pense jamais au mariage.

	JAMAIS	PEU	QUELQUEFOIS	SOUVENT
1. penser au mariage	_____	_____	_____	_____
2. sortir seul(e)	_____	_____	_____	_____
3. sortir en groupe	_____	_____	_____	_____
4. tomber amoureux/euse	_____	_____	_____	_____
5. parler avec un membre de sa famille	_____	_____	_____	_____
6. embrasser quelqu'un	_____	_____	_____	_____
7. penser au divorce	_____	_____	_____	_____

Reprise

A. **Une bande d'amis.** Etudiez le contexte de chaque phrase, puis employez l'article défini, l'article indéfini ou la contraction qui s'impose. Utilisez une préposition, si nécessaire.

_____¹ copains sortent souvent ensemble. Ils vont _____² cinéma, _____³ matchs de rugby, _____⁴ université et parfois _____⁵ piscine. _____⁶ jeune femme qui s'appelle Andrée sort avec _____⁷ jeune homme séduisant (*attractive*). Ils parlent _____⁸ importance _____⁹ relations humaines, _____¹⁰ crise économique et même _____¹¹ socialisme. _____¹² jeune femme s'intéresse _____¹³ politique mais _____¹⁴ jeune homme s'intéresse plutôt _____¹⁵ psychologie.

B. **Formes semblables.** Trouvez les mots dans la liste de gauche qui ont une forme féminine similaire à celle des mots de la liste de droite, puis donnez le féminin des mots dans la colonne de gauche.

1. baron
2. magicien
3. collaborateur
4. fermier
5. chômeur
6. champion
7. gaucher (*left-handed person*)

a. boulangère
b. danseuse
c. pharmacienne
d. pâtissière
e. patronne
f. actrice

C. **Observations.** Faites des phrases avec les mots suivants en faisant attention aux accords nécessaires.

1. il / donner / une / opinion / définitif / et / faux
2. je / ne... pas / aimer / les / personne / menteur / et / hypocrite
3. les / événement / banal / et / quotidien / être / ennuyeux
4. une / joli / petit / fille / porter / une / robe / bleu
5. les / gardienne / avoir / des / idée / original
6. le / beau / âge / c'est / la / jeunesse
7. je / aimer / les / fraise / frais / mais / je / ne... pas / aimer / les / pomme / sec

D. **Habitudes.** Complétez les phrases suivantes par les adjectifs possessifs convenables.

MODELE: *Valérie et Marc* attendent _leurs_ enfants. _Leur_ fille est toujours en retard mais _leur_ fils est en général à l'heure.

1. J'aime _____ parents. _____ père est amusant et _____ mère est compréhensive.

2. *Vous* voulez aller au cinéma avec _____ copains. _____ copine française aime les films étrangers mais _____ copain américain préfère les westerns. Que faire?

3. *Tu* respectes beaucoup _____ amis. _____ meilleure amie est intelligente et _____ meilleur ami est travailleur.

4. *Henri* connaît bien _____ voisins. _____ voisine est sportive et _____ voisin est impulsif.

5. *Nous* allons à tous _____ cours tous les jours. _____ cours de français commence à 1 h. _____ cours de tennis commence à 3 h.

6. *Elisabeth* critique toujours _____ cousins. _____ cousine est mal élevée et _____ cousin est insupportable.

E. **Personnes célèbres.** Avec un(e) partenaire, identifiez la nationalité et la profession des personnes suivantes.

MODELE: Lionel Jospin est un socialiste qui habite à Paris. / Français, Premier ministre →
C'est un Français. Il est Premier ministre.

1. Tahar Ben Jelloun écrit des livres sur la vie dans son pays, le Maroc.
2. Sophie Marceau habite à Paris et joue dans des films français et américains.
3. Les chansons de Robert Charlebois parlent souvent de la province canadienne qu'il aime.
4. Les photographes de Londres adorent Elizabeth Hurley.
5. Madeleine Albright est très connue pour son influence sur la politique des Etats-Unis.

a. Américaine, secrétaire d'Etat
b. Québécois, chanteur
c. Française, actrice
d. Anglaise, mannequin
e. Marocain, écrivain

> C'est + un(e) + *nom*
>
> Il/Elle est + *profession*

Sophie Marceau, très connue pour ses rôles dans de nombreux films français et américains, est aussi active dans l'association Arc-en-ciel, qui cherche à réaliser les rêves d'enfants gravement malades.

F.  **Réunion de famille.** Voilà ce qu'on fait chez les Chavand. Formez des adverbes à partir des adjectifs suivants. (On vous a donné les adverbes équivalents en anglais.)

ADJECTIFS

bon, évident, fréquent, malheureux, patient, tranquille

Maintenant, complétez les phrases suivantes en utilisant un des adverbes que vous venez de former ou un des adverbes donnés ici.

ADVERBES

assez, parfois, partout, toujours, trop

_____¹, (*Obviously*) c'est toujours très bon de se retrouver. On s'amuse _____², (*well*) les enfants courent _____³ (*everywhere*) dans le jardin et les grands-parents regardent _____⁴ (*peacefully*) toute la famille.

Les jeunes écoutent _____⁵ (*patiently*) quand l'oncle Georges raconte ses histoires. _____⁶, (*Unfortunately*) il raconte _____⁷ (*always*) les mêmes histoires. _____⁸ (*Sometimes*) on mange un peu _____⁹ (*too much*), et après on se repose. A la fin de la journée, on est triste parce qu'on ne se voit pas _____¹⁰ _____¹¹ (*frequently enough*).

Vos réunions de famille ressemblent-elles à celle-ci?

Le français au bout des doigts

Cette section va vous faire connaître des sites Internet de différents pays francophones. Allez directement au site Web de *Collage à* **www.mhhe.com/ collage**. Vous y trouverez des liens utiles, ainsi que des questions de recherche et de discussion.

L'aide aux familles

Dans beaucoup de pays, le gouvernement s'occupe activement de la famille. Il y a souvent un ministère ou un secrétariat qui aident les familles à faire face à plusieurs aspects de la vie quotidienne. Les Allocations familiales *(Family Allowances)* en France en sont un exemple.

3

LA FRANCE D'AUTREFOIS

Paris: La Prise de la Bastille

Un moment historique. Trouvez la réponse aux questions suivantes en discutant entre vous et en interviewant le professeur.

1. Qu'est-ce que la Bastille?
2. Quelle est la date de la prise de la Bastille?
3. Qui a «pris» la Bastille?
4. Pourquoi est-ce un moment significatif?

Nous allons...

- comparer des personnes et des choses
- raconter des événements passés

Points de repère

- Les pronoms disjoints
- Le comparatif et le superlatif
- Le passé composé avec **avoir** et **être**
- Le passé composé des verbes pronominaux

Mots et expressions

MOMENTS HISTORIQUES

avoir lieu to take place
le début beginning
la décennie decade
l'époque (*f.*) era, epoch
l'événement (*m.*) event, incident
la fin end
la guerre war
le milieu middle
la mort death
mourir to die
naître to be born
la paix peace
se passer to happen
la révolution revolution
le siècle century

LA SOCIETE

le bourgeois / la bourgeoise middle-class man/woman
la bourgeoisie middle class
la cour court (*royal*)
le divertissement entertainment, amusement
la monarchie monarchy
la noblesse nobility
le palais palace
le paysan / la paysanne peasant, farmer
le peuple the masses, the lower class
puissant(e) powerful
la reine queen
la république republic
le roi king
le royaume kingdom, realm

APPLICATIONS

A. Associations. Quels membres de la société associez-vous avec les expressions suivantes?

1. la monarchie
2. la campagne
3. la ville
4. les privilèges

B. Synonymes. Trouvez l'équivalent des expressions suivantes.

1. prendre place
2. le centre
3. cent ans

4. une période historique
5. somptueuse résidence d'un chef d'Etat
6. dix ans
7. une femme qui a l'autorité suprême dans un royaume

6. Antonymes. Trouvez le contraire des expressions suivantes.

1. le début
2. la naissance
3. le travail

4. faible
5. la guerre
6. naître

Discutons!

Pour parler du passé: Faites correspondre les événements de la colonne **A** et les endroits de la colonne **B.**

A

1. Louis XIV a réuni les nobles.
2. Des gens de la préhistoire ont peint de beaux animaux.
3. Martin Luther King, Jr. a parlé de son rêve.
4. Les Puritains ont brûlé des sorcières.
5. Jacques Cartier a débarqué dans le Nouveau Monde.

B

a. La baie de Gaspé
b. Washington, D.C.
c. Salem, Massachusetts
d. Lascaux
e. Versailles

A votre avis, est-il utile d'étudier l'histoire? Pourquoi ou pourquoi pas? Nommez trois événements historiques que vous considérez importants et expliquez pourquoi.

Structures

Les pronoms disjoints

Que savez-vous deja?

Complétez chaque phrase avec le pronom convenable.

1. Louis XIII retourne au Louvre après la guerre. Il rentre chez _____.
2. Louis XIV veut dire qu'il contrôle toute la France. "L'Etat, c'est _____."
3. Louis XV fait la guerre contre les armées anglaise et autrichienne. Il se bat contre _____.
4. Louis XVI essaie de quitter la France après la Révolution, mais quelqu'un reconnaît son visage. "Ah ça, Votre Majesté! C'est _____."

Définition Les pronoms disjoints (c'est-à-dire séparés du verbe) sont les formes accentuées des pronoms personnels.

Formes

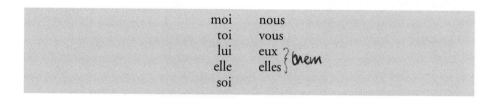

moi	nous
toi	vous
lui	eux
elle	elles
soi	

Chacun pense d'abord à **soi.**
Avez-vous pensé à **eux?**
Toi et **moi,** nous devons faire des voyages ensemble.

Emplois

On emploie les pronoms disjoints uniquement pour les personnes

1. après **c'est** et **ce sont**

C'est { moi.
toi.
lui.
elle.
nous.
vous.

Ce sont { eux.
elles.

Ce sont **elles** qui veulent visiter le palais du roi à Versailles.
C'est **nous** qui devons organiser la visite.

2. comme sujet coordonné à un autre sujet

Sylvie et **toi,** avez-vous visité le château de Chambord?

3. pour mettre en valeur un nom ou un pronom

Eux, ils aiment bien voyager.

4. avec l'adjectif **-même** (*self*)

Ils essaient de résoudre leurs problèmes **eux-mêmes.**

5. après le comparatif

Je parle mieux l'anglais qu'**eux.**

6. après les prépositions (**de, avec, chez, derrière, devant, à côté de, à cause de, en face de, pour,** etc.)

Je suis content **de lui.**
Vous discutez **avec moi.**

Pour vous aider

lui(-même) ≠ **soi(-même)**

Soi correspond à **il** *impersonnel,* **tout le monde, on** et **chacun; lui** correspond à **il** *personnel* seulement.

Ici, il est possible de tout faire **soi-même. (il** *impersonnel)*

Ici, **on** fait tout **soi-même. (on)**

Marc? Il fait tout **lui-même. (il** *personnel)*

Le château de Saumur, qui a été une forteresse au XIIIe siècle, est devenu ensuite ce château de conte de fées.

A. Individus. Donnez les formes du pronom disjoint avec l'adjectif -même.

1. je *moi* même
2. tu *toi* même
3. il *lui* même
4. on *soi* même
5. ils *eux* même
6. tout le monde *lui* même

B. **Ce week-end.** On va visiter quelques châteaux de la Loire. Chacun a ses responsabilités. Suivez le modèle.

MODELE: je / Paul (inviter tout le monde) →
VOUS: C'est moi qui invite tout le monde?
LUI/ELLE: Non, ce n'est pas toi, c'est Paul.

1. tu / Adèle (apporter des boissons)
2. Marc / moi (préparer des choses à manger)
3. nous / Christine (acheter les billets de train)
4. tu / Jean-Pierre (devoir acheter un guide)
5. vous / Charles et Patrick (devoir réserver des chambres à l'hôtel)

Rapports. Avec un(e) partenaire et en utilisant des pronoms disjoints, décrivez le genre de rapports qui existe entre les gens mentionnés.

VOCABULAIRE UTILE

s'adresser à (*to speak with*)	être fier / fière (*proud*) de	parler de
aller chez	faire attention à	penser à
avoir confiance en	s'habituer à (*to get used to*)	travailler avec
avoir peur de	s'intéresser à	

MODELE: le patient / son médecin →
            Il a confiance en lui.
            Il s'adresse à lui quand il a des questions.

1. moi / mon meilleur ami (ma   5. vous / le professeur
   meilleure amie)   6. nos voisins / nous
2. la cliente / l'avocate   7. les enfants / les vampires (*m.*)
3. le champion / sa fiancée
4. nos parents / nous

Le comparatif et le superlatif

QUE SAVEZ-VOUS DEJA?

Comparez les monuments suivants.

1. Versailles est _____ (+) grand que Chantilly.
2. L'Eglise Saint-Eustache est _____ (−) connue que Notre-Dame.
3. La tour Eiffel est le monument _____ _____ (+) haut de Paris.
4. L'université de Lyon est _____ (=) bonne que la Sorbonne.

Le comparatif

Définition Le comparatif sert à comparer deux personnes, deux choses ou deux groupes. On distingue trois degrés du comparatif: *la supériorité* (**plus**), *l'égalité* (**aussi** ou **autant**) et *l'infériorité* (**moins**).

> Une Volkswagen est **plus** petite **qu'**une Cadillac.

Formes

Voici le comparatif des adjectifs, des adverbes, des verbes et des noms. L'adjectif s'accorde toujours avec le nom qu'il qualifie.

	SUPERIORITE *more/(-er) . . . than*	EGALITE *as . . . as;* *as much/many . . . as*	INFERIORITE *less (fewer)/(-er) . . . than*
ADJECTIFS	**plus** (grand[e][s]) **que**	**aussi** (grand[e][s]) **que**	**moins** (grand[e][s]) **que**
ADVERBES	**plus** (vite) **que**	**aussi** (vite) **que**	**moins** (vite) **que**
VERBES	(parle) **plus que**	(parle) **autant que**	(parle) **moins que**
NOMS	**plus de** (livres) **que**	**autant de** (livres) **que**	**moins de** (livres) **que**

Fontainebleau est **moins grand que** Versailles.
Les Français parlent **plus vite que** les Américains.
Cet étudiant **parle autant que** le professeur.
J'ai **autant de livres que** toi.

Les adjectifs **bon** et **mauvais** et l'adverbe **bien** ont des formes irrégulières au comparatif.

		SUPERIORITE	EGALITE	INFERIORITE
ADJECTIF	**bon(ne)(s)** *good*	**meilleur(e)(s) que**	**aussi bon(ne)(s) que**	**moins bon(ne)(s) que**
	mauvais(e)(s) *bad*	**pire(s) que**	**aussi mauvais(e)(s) que**	**moins mauvais(e)(s) que**
ADVERBE	**bien** *well*	(manger) **mieux que**	(manger) **aussi bien que**	(manger) **moins bien que**
	mal *badly*	(danser) **plus mal que**	(danser) **aussi mal que**	(danser) **moins mal que**

La fin de ce livre est **meilleure que** le début.
Le lundi est **pire que** le vendredi.
Les Français mangent **mieux que** moi.
Je danse **aussi mal que** toi!

Mise au point

A. Nous sommes tous différents. Faites des phrases en traduisant le comparatif des verbes.

1. Je lis _____ toi. (*more than*)
2. Elle voyage _____ lui. (*as much as*)
3. Nous parlons _____ nos amis. (*as well as*)
4. Chantal danse _____ Gisèle. (*worse than*)
5. Je mange _____ vous. (*less than*)
6. J'écris _____ elle. (*as much as*)

B. Qu'en pensez-vous? Complétez les phrases avec les comparatifs de supériorité, d'égalité ou d'infériorité que vous pensez justes.

1. Les collines (*hills*) sont _____ hautes que les montagnes.
2. En général, les livres sont _____ chers que les magazines.
3. A mon avis, une Porsche va _____ vite qu'une Ferrari.
4. Le pôle Nord est _____ froid que le pôle Sud.
5. Une décennie est _____ longue qu'un siècle.
6. La noblesse est _____ puissante que le peuple.
7. Les jardins de Versailles sont _____ beaux que l'intérieur du château.
8. L'harmonie est _____ (*bon*) que le chaos.
9. Est-ce qu'une guerre longue est _____ (*mauvais*) qu'une guerre courte?

6. **Descriptions.** Avec un(e) partenaire, comparez les personnes suivantes en utilisant **plus de, autant de** ou **moins de.**

MODELE: les enfants   avoir de l'énergie   les parents →
D'habitude, les enfants *ont plus d'énergie que* les parents.

1. les touristes   visiter des musées   les habitants
2. les adolescents   lire des journaux   les adultes
3. les athlètes   avoir des muscles   les spectateurs
4. les enfants   recevoir des cadeaux   les parents
5. les professeurs   prendre des vacances   les étudiants
6. les hommes   faire des travaux domestiques   les femmes
7. les petits-enfants   faire des promenades   les grands-parents

A. **Comparaisons.** Avec votre partenaire, faites des comparaisons en suivant le modèle.

MISE EN **PRATIQUE**

MODELE: Dracula / le prince charmant (être beau?)
Dracula est aussi beau que le prince charmant.

1. Aladin / le Génie (être puissant?)
2. Belle / la Bête (être gentil?)
3. les châteaux d'Eurodisney / les châteaux français (être beau?)
4. Clark Kent / Superman (écrire des articles?)
5. vous / votre meilleur(e) ami(e) (voir des films?)
6. Cendrillon / ses demi-sœurs (travailler?)
7. le monstre / le docteur Frankenstein (parler?)

B. **C'est bon à savoir.** Avec votre partenaire, dites ce que vous pensez des éléments donnés en utilisant les expressions suivantes.

ADJECTIFS

meilleur(e) que / aussi bon(ne) que / moins bon(ne) que

ADVERBES

mieux que / aussi bien que / moins bien que

MODELE: le début d'un conte de fées (*fairy tale*) / la fin
Le début d'un conte de fées *est moins bon que* la fin.

1. la télévision / la radio
2. le lundi / le vendredi
3. ce semestre (trimestre) / le semestre (trimestre) dernier
4. mon français oral / mon français écrit
5. mon français / mon anglais
6. je parle / Donald Duck
7. Pavarotti chante / moi
8. j'écris / Shakespeare

McMORNING™

Découvrez
la plus **belle**
invention
depuis la **grasse**
matinée.

Le superlatif

Définition Le superlatif sert à comparer un minimum de trois personnes, trois choses ou trois groupes. On distingue deux degrés du superlatif: la supériorité (**le plus**) et l'infériorité (**le moins**).

Paris est **la plus** belle ville du monde.

Formes

	SUPERIORITE *the most/(-est)*	INFERIORITE *the least/(-est)*
ADJECTIFS	**le/la/les plus** (moderne[s])	**le/la/les moins** (agréable[s])
ADVERBES	**le plus** (vite)	**le moins** (sérieusement)
VERBES	(manger) **le plus**	(dormir) **le moins**
NOMS	**le plus de** (livres)	**le moins d'**(idées)

Notre-Dame est **la plus belle cathédrale de** France.
Martine étudie **le moins sérieusement de** la classe.
Les adolescents mangent **le plus.**
Tu achètes **le moins de** souvenirs.

Les adjectifs **bon** et **mauvais** et l'adverbe **bien** ont des formes irrégulières au superlatif.

	SUPERLATIF	
bon(ne)(s) → **le/la/les meilleur(e)(s)**	Patricia est **la meilleure élève de la classe.**	👍
mauvais(e)(s) → **le/la/les pire(s)**	L'inaction est **notre pire ennemi.**	👎
bien → **le mieux**	Pavarotti chante **le mieux.**	👍
mal → **le plus mal**	Nous, nous chantons **le plus mal.**	👎

1. **Le superlatif des adjectifs**

   L'article défini s'accorde en genre et en nombre avec le nom qu'il qualifie. L'adjectif reste à sa place normale.

   > Voici **les plus vieux** monuments. Ce sont **les monuments les plus connus** (de la ville).

2. **Le superlatif des adverbes et des verbes**

   L'article défini est invariable.

   > Elle parle **le** plus clairement.
   > Elle écrit **le** moins.

3. **Le superlatif des noms**

   L'article défini est invariable. Notez que **de** précède le nom.

   > Notre-Dame de Paris a **le** plus **de** visiteurs.

4. **L'emploi de la préposition *de***

   Utilisez toujours **de (du, de la, de l', des)** avec le superlatif pour indiquer *in* ou *of*.*

   > C'est la cathédrale la plus intéressante **de** France.
   > Montréal est la plus belle ville **du** Canada.
   > C'est la statue la plus connue **des** Etats-Unis.
   > C'est la plus haute montagne **de la** région.

La meilleure part de la Suisse,
le goût de la nature
Les Fromages de Suisse

---

*Les prépositions avec les noms géographiques sont traitées dans le chapitre 10 et dans l'appendice A.

MISE AU POINT

A. **Est-ce logique?** Donnez le superlatif de supériorité ou d'infériorité de l'adjectif ou du nom indiqué.

1. Le vin français est _____ (+, *bon*) vin du monde et les Français achètent _____ (+, *vin*).
2. Marie-Antoinette est la reine _____ (−, *aimé*) de l'histoire, mais elle tient _____ (+, *grand*) place (*f.*) dans les livres scolaires.
3. C'est à Versailles qu'il y a _____ (+, *fontaines*) et les _____ (+, *beau*) jardins de France.
4. Le président a le travail _____ (+, *difficile*) de son pays; c'est aussi lui qui a souvent _____ (−, *temps libre*).

B. **Des gens uniques.** Donnez le superlatif de supériorité ou d'infériorité de l'adverbe ou du verbe indiqué. N'oubliez pas de conjuguer les verbes.

1. Jérémie _____ (*courir*, +, *vite*) de toute l'équipe, mais il _____ (*gagner*, −).
2. Annette _____ (*parler*, −, *bien*) de toute la classe, mais elle _____ (*parler*, +).
3. De mes amis, c'est moi qui _____ (*sortir*, −, *souvent*) mais je _____ (*s'amuser*, +) quand je sors.
4. Ce poète _____ (*écrire*, +, *bien*) de tous, mais il _____ (*publier*, −).

MISE EN PRATIQUE

A. **Tout ça?** En petits groupes, vous allez découvrir de nouvelles choses sur vos collègues. Suivez le modèle en utilisant les superlatifs.

MODELE: avoir des affiches dans sa chambre / son appartement (combien?)
Un des trois: Qui a des affiches dans sa chambre / son appartement?
E1: J'ai trois affiches.
E2: Et moi deux.
E3: Je n'ai pas d'affiches.
Un des trois: Alors, _____, c'est toi qui as le plus d'affiches.

1. avoir des frères et des sœurs (combien?)
2. suivre des cours à la fac (combien?)
3. avoir des paires de chaussures (combien?)
4. vivre avec d'autres personnes (combien?)
5. aller au cinéma (combien de fois par mois?)
6. se servir d'un ordinateur (combien d'heures par jour?)
7. prendre l'avion (combien de fois par an?)
8. manger du caviar (souvent? rarement? jamais?)

B. **Opinions.** Faites une phrase à la forme superlative en utilisant les éléments suivants; puis justifiez votre choix. Comparez ensuite vos réponses avec celles des autres groupes.

MODELE: ville / belle →
La plus belle ville du monde est Paris parce qu'il y a plus de musées
à Paris que dans toutes les autres villes.

1. sport / intéressant à regarder ou à faire
2. bon(ne) / acteur/actrice
3. émission télévisée / populaire
4. périodique / sensationnel
5. bel / endroit où passer les vacances
6. bonne / profession

Le passé composé avec **avoir** et **être**

QUE SAVEZ-VOUS DEJA?

Mettez les phrases au passé composé.

1. Nous étudions l'histoire du Québec avant de faire un voyage au Canada.
2. Je lis des livres.
3. Mes amis cherchent des informations sur Internet.
4. Mon ami Paul va dans une librairie spécialisée.
5. Et vous? Quel type d'information choisissez-vous?

Définition Le passé composé exprime une action ou un état qui a commencé ou
qui s'est terminé à un moment précis du passé. Il est formé de deux parties:
l'auxiliaire **avoir** ou **être** et le participe passé du verbe.

La cloche **a sonné** à dix heures.
La reine **est arrivée** à dix heures et quart.
Elle **s'est couchée** à onze heures.

Formation

Le participe passé

1. On forme le participe passé de tous les verbes en **-er** avec **-é.**

   aller → **allé**   étudier → **étudié**   parler → **parlé**

2. On forme le participe passé des verbes réguliers en **-ir**, et des verbes comme
   dormir, avec **-i.**

   choisir → **choisi**   finir → **fini**   partir → **parti**

   Irréguliers:

   courir → **couru**   offrir → **offert**   tenir → **tenu**
   couvrir → **couvert**   ouvrir → **ouvert**   venir → **venu**
   mourir → **mort**   souffrir → **souffert**

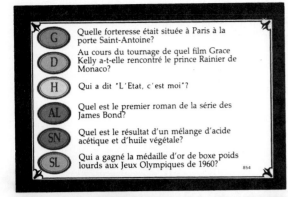

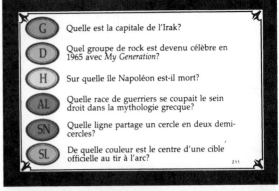

3. On forme le participe passé de la plupart des verbes en **-re** avec **-u.**

perdre → **perdu**   rendre → **rendu**   vendre → **vendu**

A noter: Dans les verbes suivants en **-re,** la terminaison du participe passé est en **-u,** mais il y a aussi un changement de radical.

boire → **bu**   lire → **lu**   vivre → **vécu**
connaître → **connu**   paraître → **paru**
croire → **cru**   plaire → **plu**

Irréguliers: Les participes passés irréguliers suivants sont groupés d'après leur terminaison.

conduire → **conduit**   mettre → **mis**   être → **été**
dire → **dit**   prendre → **pris**   naître → **né**
écrire → **écrit**   rire/sourire → **ri/souri**
faire → **fait**   suivre → **suivi**

4. La plupart des verbes en **-oir** ont le participe passé en **-u.**

falloir → **fallu**   voir → **vu**   vouloir → **voulu**

A noter: Dans les participes suivants, il y a un changement de radical.

apercevoir → **aperçu**   pleuvoir → **plu**   recevoir → **reçu**
avoir → **eu**   pouvoir → **pu**   savoir → **su**
devoir → **dû**

L'auxiliaire

1. La plupart des verbes se conjuguent avec **avoir** aux temps composés.

parler			
j'	**ai** parlé	nous	**avons** parlé
tu	**as** parlé	vous	**avez** parlé
il/elle/on	**a** parlé	ils/elles	**ont** parlé

Nous **avons étudié** l'histoire du Sénégal.
Avez-vous visité ce pays? —Non, **je n'ai pas voyagé** en Afrique.

2. Les verbes suivants, qui ne prennent pas d'objet direct, se conjuguent avec **être** aux temps composés.

aller – *allé*	mourir – *mort*	retourner – *retourné*
arriver – *arrivé*	naître – *né*	revenir – *revenu*
descendre – *descendu*	partir – *parti*	sortir – *sorti*
devenir – *devenu*	passer – *passé*	tomber – *tombé*
entrer – *entrer*	rentrer – *rentre*	venir – *venu*
monter – *menté*	rester – *resté*	

Dans ces verbes, le participe passé s'accorde avec le sujet. Le participe passé peut être masculin ou féminin, singulier ou pluriel.

aller			
je	**suis** allé(e)	nous	**sommes** allé(e)s
tu	**es** allé(e)	vous	**êtes** allé(e)(s)
il	**est** allé	ils	**sont** allés
elle	**est** allée	elles	**sont** allées
on	**est** allé		

Louis XVI **est né** à Versailles.
Marie-Antoinette **est-elle** aussi **née** en France?
Non, elle **est née** en Autriche, mais elle **est morte** en France.

Emplois

Le passé composé exprime plusieurs nuances différentes.

1. une action ou un état entièrement terminés dans le passé; le commencement ou la fin *peuvent* être précisés

J'ai beaucoup **travaillé** hier. *I worked a lot yesterday. I arrived at*
Je suis arrivé à 8 h *8 o'clock and I left at 6 o'clock.*
et **je suis parti** à 18 h.

Chaque lettre du nom DR. & MRS. P. VANDERTRAMP représente la première lettre d'un verbe conjugué avec **être**.

Descendre
Rentrer

Monter
Retourner
Sortir

Partir

Venir
Aller
Naître
Devenir
Entrer
Rester
Tomber
Revenir
Arriver
Mourir
Passer

. . . .
Rappel:
La plupart des adverbes courts sont placés après la forme conjuguée d'**avoir** ou d'**être** au passé composé:

Le roi a **très bien** dormi.
. . . .

2. une action au passé répétée un nombre de fois spécifié

> L'année dernière, **nous sommes allés** trois fois à l'opéra.

> *Last year, we went to the opera three times.*

3. une succession d'actions entièrement terminées dans le passé

> Samedi dernier, **Sophie et Jacques ont dîné** en ville, **ils ont visité** un musée et **ils sont allés** au cinéma.

> *Last Saturday, Sophie and Jacques ate downtown, visited a museum, and went to the movies.*

A noter: Le passé composé est l'équivalent de trois temps différents en anglais.

> **Ils sont sortis** ensemble.
> $\left\{\begin{array}{l} \textit{They went out together.} \\ \textit{They did go out together.} \\ \textit{They have gone out together.} \end{array}\right.$

Mise au point

A. Anecdotes personnelles. Mettez les verbes au passé composé et formez des phrases en suivant l'exemple.

MODELE: la première fois que je / voir un serpent / je / ne pas avoir peur →
La première fois que j'ai vu un serpent, je n'ai pas eu peur.

1. quand je / faire du ski / je / ne pas tomber
2. la première fois que mes copains / voir ce film / ils / rire
3. à quelle heure / tu / rentrer / de l'université?
4. la première fois que / nous / comprendre une phrase en français / nous / être contents
5. quand nous / apercevoir / notre nouvelle voiture / nous / sourire
6. pourquoi / tu / sortir / à minuit?
7. quand vous / suivre / un cours difficile / vous / beaucoup étudier

B. Petite histoire d'un grand homme. Mettez les verbes entre parenthèses au passé composé.

Napoléon _____¹ (*avoir*) beaucoup de succès pendant la Révolution. Ses armées _____² (*aller*) en Italie où elles _____³ (*gagner*) des guerres. Napoléon _____⁴ (*prendre*) le pouvoir en France au début du XIXe siècle. Il _____⁵ (*devenir*) Empereur en 1804. Les pays d'Europe _____⁶ (*décider*) de se battre contre lui. Napoléon _____⁷ (*quitter*) son château de Fontainebleau. En 1815, il _____⁸ (*revenir*) au pouvoir pendant 100 jours. Après Waterloo, on _____⁹ (*envoyer*) Napoléon à Sainte-Hélène. Napoléon _____¹⁰ (*mourir*) en exil.

C. **Après la Révolution.** Quand votre professeur d'histoire a parlé de la Révolution française, vous n'avez pas tout compris. Formez des phrases à partir des notes que vous avez prises. Votre partenaire va corriger vos erreurs. Suivez le modèle.

MODELE: Révolution / commencer / 4 juillet 1789
non / peuple / attaquer / Bastille (*f.*) / 14 juillet

> VOUS: La Révolution a commencé le 4 juillet 1789.
> LUI/ELLE: Non! Le peuple a attaqué la Bastille le 14 juillet.

1. VOUS: des soldats du roi / venir
   LUI/ELLE: mais / Bastille / tomber / facilement
2. VOUS: nouveau gouvernement / préparer / Déclaration (*f.*) d'indépendance
   LUI/ELLE: non / ils / écrire / Déclaration des droits de l'homme et du citoyen
3. VOUS: roi / et / reine / quitter / France
   LUI/ELLE: non / ils / partir en secret / mais / peuple / vite / reconnaître / roi
4. VOUS: en 1792 / France / devenir / Empire (*m.*)
   LUI/ELLE: non / en 1792 / on / proclamer / Première République
5. VOUS: roi / retourner / pouvoir (*m.*)
   LUI/ELLE: non / on / mettre / roi / en prison
6. VOUS: et il / aller / guillotine (*f.*)
   LUI/ELLE: oui / il / mourir / 21 janvier 1793

A. SONDAGE: **Histoire personnelle.** Demandez à trois camarades de classe ce qu'ils/elles ont fait et n'ont pas fait aux moments indiqués. Mettez tous les verbes au passé composé.

Le week-end dernier,

1. je (j')_____ **2.** je (j')_____ **3.** je ne (n')_____

L'été dernier,

1. je (j')_____ **2.** je (j')_____ **3.** je ne (n')_____

La dernière fois que je suis sorti(e) avec mes amis,

1. nous _____ **2.** nous _____ **3.** nous ne (n')_____

Pour les verbes
avec **être,**
n'oubliez pas

DR./MRS. P.
VANDERTRAMP

B. **Combien de temps?** Travaillez avec un(e) camarade de classe. Posez-vous à tour de rôle les questions suivantes et répondez-y d'après le modèle.

MODELE: combien de temps / travailler samedi →

> VOUS: Combien de temps as-tu travaillé samedi dernier?
> LUI/ELLE: J'ai travaillé huit heures.

1. combien de temps / vivre dans la ville où tu es né(e)
2. combien de temps / regarder la télé hier soir

3. combien de temps / dormir cette nuit
4. combien de temps / parler au téléphone hier soir
5. combien de temps / attendre quelqu'un hier

Pour vous aider

rentrer ≠
retourner ≠
revenir
rentrer = *to go
back home*
retourner = *to
return somewhere
(other than home)*
revenir = *to come
back*

Elle **est rentrée
chez elle** le
week-end
dernier.

Elle **est revenue**
fatiguée **de son
voyage,** mais
elle veut
retourner en
Italie l'an
prochain.

C. **L'année dernière.** En groupes, imaginez ce que les gens mentionnés ont fait et n'ont pas fait l'année dernière.

MODELE: Will Smith →
L'année dernière, Will Smith a joué dans quelques films.
Il n'a pas couru dans un marathon.

1. les skieurs canadiens olympiques
2. les étudiants de cette université
3. Céline Dion
4. mon/ma meilleur(e) ami(e)
5. un(e) pianiste
6. un(e) photojournaliste

D. **JEU D'EQUIPE:** **Marathon verbal.** La classe est divisée en deux équipes (A et B). Chaque équipe essaie de former un maximum de phrases complètes au passé composé sur un sujet précis.

THEMES

Pendant les dernières vacances, je suis allé(e)...
Hier, j'ai passé une rude journée. D'abord, j'ai perdu...
L'année dernière, j'ai fait beaucoup de choses. D'abord, j'ai...
Samedi soir, mon/ma camarade a téléphoné...

Le passé composé des verbes pronominaux

Tous les verbes pronominaux se conjuguent avec **être** aux temps composés.

1. En général, le participe passé s'accorde avec

   a. un objet direct qui *précède* le verbe

Notez:
Elle **s'est lavée.**
Elle a lavé qui?
se = objet direct
qui *précède* le
verbe, donc accord

se laver			
je	**me** suis lavé(e)	nous	**nous** sommes lavé(e)s
tu	**t'es** lavé(e)	vous	**vous** êtes lavé(e)(s)
il	**s'est** lavé	ils	**se** sont lavés
elle	**s'est** lavée	elles	**se** sont lavées
on	**s'est** lavé		

   b. les pronoms réfléchis des verbes idiomatiques suivants:

   s'en aller
   se dépêcher
   se souvenir de
   se tromper de

   Le réveil a sonné à 7 h. Angélique **s'est** dépêch**ée** de se préparer, puis elle **s'en** est all**ée.**

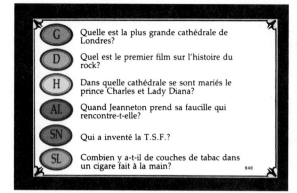
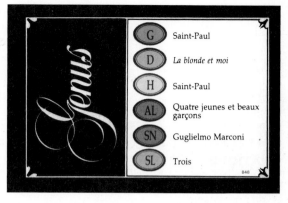

Left card:

G	Quelle est la plus grande cathédrale de Londres?
D	Quel est le premier film sur l'histoire du rock?
H	Dans quelle cathédrale se sont mariés le prince Charles et Lady Diana?
AL	Quand Jeanneton prend sa faucille qui rencontre-t-elle?
SN	Qui a inventé la T.S.F.?
SL	Combien y a-t-il de couches de tabac dans un cigare fait à la main?

848

Right card (Genus):

G	Saint-Paul
D	*La blonde et moi*
H	Saint-Paul
AL	Quatre jeunes et beaux garçons
SN	Guglielmo Marconi
SL	Trois

848

2. Attention: Il n'y a pas d'accord

  a. avec les verbes suivants (où le pronom réfléchi est toujours *indirect*):

s'acheter	se promettre
se demander	se rendre compte (de)
se dire	se rendre visite
se donner	se ressembler
s'écrire	se sourire
se parler	se téléphoner

  Nous **nous** sommes téléphon**é**. (**nous** = objet indirect)

  b. si l'objet direct *suit* le verbe

  Elle s'est bross**é les cheveux.** (**se** = objet indirect; **les cheveux** = objet direct)

  Marie s'est cass**é la jambe.** (**se** = objet indirect; **la jambe** = objet direct)

> **Notez:**
> Elle s'est lavé les mains.
> Elle a lavé quoi?
> **les mains** = objet direct qui *suit* le verbe, donc pas d'accord (**se** = objet indirect)

A. **Le matin.** Mettez les phrases au passé composé.

  1. Notre famille se réveille à 6 h.   **2.** Vous ne vous levez pas avant 7 h.
  3. D'abord elle se lave, puis vous vous lavez.   **4.** Tu te rases la barbe, puis tu te brosses la moustache.   **5.** Ils se regardent dans la glace.   **6.** Gisèle ne s'habille pas vite.   **7.** Elle s'en va.   **8.** Elle s'achète un croissant.

B. **Une jeune paysanne héroïque.** Faites l'accord des participes passés si nécessaire. Suivez le modèle.

  MODELE: Un jour, Jeanne d'Arc a entendu des voix venir du Ciel. Quand elle s'est rendu compte de l'importance de ces voix, elle s'est inquiété*e* ___.

Mais un matin, elle s'est levé*e*___[1], et elle s'est préparé*e*___[2] pour partir. Elle s'est habillé*e*___[3] et elle s'en est allé*e*___[4] voir le roi pour sauver la France.

MISE AU POINT

Jeanne d'Arc et Charles VII se sont rencontrés⁵, ils se sont parlé⁶, et ils se sont compris⁷. Jeanne s'est trouvé⁸ à la tête de l'armée française. Les Français se sont battus⁹ contre les Anglais et ils ont gagné. C'est comme cela que cette jeune femme s'est distinguée¹⁰ devant le roi et son pays.

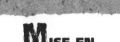
A.  **Séries logiques.** Complétez chaque série d'activités avec deux verbes pronominaux conjugués au passé composé. Puis, comparez vos réponses avec celles des autres groupes.

VERBES SUGGERES

se dire «au revoir» / s'endormir / se fiancer / s'habiller / se parler / se peigner / se quitter / se rencontrer / se reposer / se téléphoner / se voir / ?

MODELE: Je me suis réveillé(e), *je me suis levé(e), je me suis habillé(e).*

1. Il s'est rasé, _____, _____.
2. _____, je me suis couché(e), _____.
3. _____, _____, nous nous sommes mariés.
4. _____, nous nous sommes donné rendez-vous pour le week-end, _____.
5. _____, elles se sont parlé, _____.

   pas d'accord

B. **Les choses de la vie.** Mettez-vous à deux et précisez si vous avez fait les choses suivantes.

MODELES: se rendre chez ses amis? →
Je me suis rendu(e) chez mes amis samedi dernier pour voir un film avec eux.

se fiancer? →
Je ne me suis pas encore fiancé(e).

1. se dépêcher?
2. se brosser les cheveux?
3. se réveiller fatigué(e)?
4. s'endormir facilement?
5. s'amuser?
6. se marier?

Reprise

A. **Réflexions françaises.** Complétez les idées suivantes avec le pronom disjoint correspondant au mot en italique.

MODELE: «*Je* ne pensais pas, on pensait en _*moi*_.» (Duhamel)

1. «Et _toi_, *tu* n'as pas le droit de me juger.» (Sartre)
2. «Qu'est-ce qu'*il* a fait? _Lui_, rien. Sa femme, tout.» (A. France)
3. *Chacun* pour _lui-même_ et Dieu pour tous. (proverbe provençal)
4. «*Nous* sommes incompréhensibles à _nous_-mêmes.» (Pascal)
5. «*Soldats*, je suis content de _vous_!» (Bonaparte)
6. «C'est _____ trop souvent qui faisons *nos* malheurs.» (Chénier)
7. «*T*'épouser, _toi_, mais *tu* es folle!» (Cocteau)

B. **Jugements.** Comparez deux éléments de votre choix (personnes ou choses) dans chacune des catégories suivantes. Votre partenaire donne alors son avis.

MODELE: fromages (*être bon*) →

VOUS: A mon avis, le fromage suisse est meilleur que le fromage américain.

LUI/ELLE: Moi aussi, je trouve que le fromage américain est moins bon que le fromage suisse.

ou   Personnellement, je pense que le fromage américain est aussi bon que le fromage suisse.

1. équipes sportives (*jouer bien*)
2. vedettes de cinéma (*être beau*)
3. livres (*être intéressant*)
4. politicien(ne)s (*être honnête*)
5. cours à l'université (*être difficile*)
6. jours de la semaine (*être pénible*)
7. restaurants (*servir de bons plats*)
8. voitures (*rouler vite*)

C. **Les extrêmes.** Qui est le meilleur joueur de football américain? Qui chante le moins bien? En vous inspirant des catégories suivantes, parlez avec votre partenaire des choses et des personnes que vous trouvez extraordinaires.

MODELE: une voiture →

VOUS: La voiture la plus chère est la Rolls-Royce.
LUI/ELLE: La voiture la plus économique est la Geo.

1. un cours
2. un acteur / une actrice
3. une ville
4. un film
5. les sports
6. un CD

D. **Panorama historique.** Certains actes et personnages ont marqué l'histoire de la France. Mettez les verbes entre parenthèses au passé composé et indiquez à quelle image correspond chaque phrase. Les réponses se trouvent au bas de la page 76.

a.

b.

c.

d.

e.

f.

1. _____ Des gens de la préhistoire _____ (*faire*) des dessins dans les grottes de Lascaux il y a 15 000 ans.

2. _____ Les Celtes _____ (*construire*) des dolmens vers 3 500 avant J.-C.

3. _____ Jules César _____ (*gagner*) «la Guerre des Gaules», et il _____ (*prendre*) le pouvoir dans la région qui est maintenant la France.

4. _____ Presque 800 ans plus tard, Charlemagne _____ (*unifier*) l'Europe.

5. _____ En 1066, Guillaume de Normandie (Guillaume le Conquérant) _____ (*aller*) en Angleterre.

6. _____ Pendant les Croisades, les soldats chrétiens _____ (*se battre*) à Jérusalem.

E. Le Roi-Soleil. Racontez certaines circonstances qui ont marqué le règne de ce personnage extraordinaire en mettant les phrases au passé composé.

1. Louis XIV, le Roi-Soleil, perd son père à l'âge de cinq ans. **2.** Sa mère devient régente et prend Mazarin comme ministre. **3.** Le jeune roi souffre de la révolte des nobles. **4.** Il se marie avec Marie-Thérèse d'Autriche. **5.** Il se transforme vite en monarque absolu. **6.** Il est responsable d'un grand nombre de guerres. **7.** Il adore le théâtre et il encourage la musique. **8.** Son fils, Louis, meurt deux ans avant lui.

Réponses: 1. b, 2. f, 3. d, 4. a, 5. c, 6. e.

Le château Frontenac, aux belles tours médiévales, domine le vieux Québec et Lévis, en face.

Le français au bout des doigts

Monuments historiques

La France et le Québec d'aujourd'hui gardent le souvenir de leur passé dans leurs monuments historiques comme les châteaux, les églises, les ruines et aussi dans leurs musées commémoratifs.

Les liens et les activitiés se trouvent à **www.mhhe.com/collage**.

L'INDIVIDU ET LA SOCIÉTÉ

Lille, place Rihour: «Quand j'avais ton âge, la vie ici était plus calme.»

La vie a beaucoup changé, n'est-ce pas? Faites une petite liste des choses qui sont différentes maintenant de ce qu'elles étaient quand la dame sur la photo était une jeune fille.

EXEMPLES: Il y a plus de pollution aujourd'hui.
Je lis mon courrier électronique tous les jours.

Nous allons...

- décrire des situations au passé
- parler des événements au passé dans leur contexte
- nous exprimer d'une façon concise

Points de repère

- L'imparfait
- L'imparfait par rapport au passé composé
- Les pronoms objets directs et indirects

Mots et expressions

LA GUERRE CONTRE LA PAUVRETE

l'abri (*m.*) shelter
l'allocation (*f.*) social benefit, subsidy
avoir droit à to be entitled to
avoir la vie dure to have a hard, difficult life
le chômage unemployment
le coût (élevé) de la vie the (high) cost of living
errer to wander, roam
finir assisté(e) to end up on welfare
frustrant(e) frustrating, disappointing
mettre les gens au travail to put people to work
le parent célibataire single parent
le salaire salary; **le S.M.I.C.** minimum wage (approx. 41 FF or 6.20 euros per hour in 2000)
satisfaisant(e) satisfying; satisfactory
les SDF (*m.*) (= **sans domicile fixe**) homeless
le strict nécessaire bare necessities
travailler dur to work hard
venir en aide à quelqu'un to assist someone

L'ENVIRONNEMENT

le covoiturage carpooling
se débarrasser de to get rid of
les déchets (*m.*) waste
l'espèce (*f.*) species
imprudent(e) careless
interdire to forbid
jeter to throw away; **jetable** disposable
menacer to threaten
le niveau level
les ordures (*f.*) garbage
le/la piéton(ne) pedestrian
polluer to pollute
la poubelle garbage can
protéger to protect
recycler to recycle; **recyclable** recyclable
réduire to reduce
respirer to breathe
le trottoir sidewalk

A. Associations. Quels termes de **Mots et expressions** associez-vous avec les concepts suivants?

1. venir en aide aux pauvres
2. être au chômage
3. le gouvernement
4. le divorce
5. l'atmosphère
6. la poubelle

B. Similarités. Formez des phrases complètes pour dire ce que les éléments suivants ont en commun.

MODELES: le gouvernement / le secteur privé / les associations sans but lucratif (*nonprofit*) →
Le gouvernement, le secteur privé et les associations sans but lucratif doivent *mettre les gens au travail.*

les pesticides / les polluants / la circulation →
Trois des choses qui *menacent l'environnement* sont les pesticides, les polluants et la circulation automobile.

1. les journaux / le verre / le plastique
2. l'environnement / les eaux / l'air
3. industriels / radioactifs / dangereux
4. des vêtements / un abri / de la nourriture

C. Synonymes. Trouvez l'équivalent ou les équivalents des expressions suivantes.

1. abandonner, jeter 2. une personne qui élève seule des enfants 3. des choses que l'on jette 4. un lieu où l'on est protégé 5. réutilisable
6. aspirer et rejeter l'air 7. l'utilisation en commun d'une voiture particulière
8. le «salaire minimum interprofessionnel de croissance» 9. aller çà et là sans but précis 10. chemin réservé à la circulation des piétons

D. Antonymes. Donnez le contraire des expressions suivantes.

1. permettre
2. augmenter
3. prudent(e)
4. protéger
5. recyclable
6. le luxe

DISCUTONS!

Pour parler des questions (*issues*) **de société:** A qui la responsabilité? Qui doit s'occuper des questions suivantes? Mettez **I** (pour l'individu), **G** (pour le gouvernement), **O** (pour des organismes privés, comme les églises ou les associations) ou **E** (pour le système éducatif). Plusieurs réponses sont possibles.

_____ la pollution de l'air	_____ le recyclage	_____ la moralité
_____ la pollution de l'eau	_____ la réussite scolaire	_____ le chômage
_____ la faim	_____ la paix dans le monde	_____ Internet
_____ la famille	_____ les armes à feu	_____ les SDF

Quel rôle joue la société dans la vie d'une personne? Quel est le rôle de l'individu dans la société? Et le rôle du gouvernement? Donnez des exemples de l'influence du gouvernement dans votre vie.

tructures

L'imparfait

> **Q**UE SAVEZ-VOUS DEJA?
>
> Mettez la forme correcte des verbes à l'imparfait à leur place pour compléter l'histoire: **allait, allaient / avait, avaient / était, étaient**
>
> Quand ma grand-mère _____¹ jeune, les choses _____² moins compliquées qu'aujourd'hui. Il y _____³ moins de voitures dans les rues et les gens _____⁴ plus de temps libre à passer en famille. Les enfants _____⁵ à l'école pendant que le papa _____⁶ au travail et la maman _____⁷ au marché. Oui, décidément, la vie _____⁸ plus simple, mais _____⁹-elle meilleure?

Définition L'imparfait situe dans le passé un état ou une action dont le début et/ou la fin ne sont généralement pas précisés.

> Quand Gisèle **était** jeune, comme beaucoup d'adolescents, elle **allait** au lycée.
> Elle **écoutait** ses profs et elle **faisait** ses devoirs, sans vraiment savoir pourquoi elle **étudiait.**
> Elle **mettait** tout en question.

Formation

1. Pour former l'imparfait, on ajoute les terminaisons -**ais, -ais, -ait, -ions, -iez, -aient** au radical de la forme **nous** du présent de l'indicatif.

donner nous donnǿns		finir nous finissǿns	
je donn**ais**	nous donn**ions**	je finiss**ais**	nous finiss**ions**
tu donn**ais**	vous donn**iez**	tu finiss**ais**	vous finiss**iez**
il/elle/on donn**ait**	ils/elles donn**aient**	il/elle/on finiss**ait**	ils/elles finiss**aient**

rendre nous rendǿns	
je rend**ais**	nous rend**ions**
tu rend**ais**	vous rend**iez**
il/elle/on rend**ait**	ils/elles rend**aient**

A noter: A l'imparfait, la prononciation de la terminaison des formes **je, tu, il/elle** et **ils/elles** est identique: **-ais, -ait, -aient** [ɛ].

Le radical du verbe **être** est irrégulier à l'imparfait.

être			
j'	étais	nous	étions
tu	étais	vous	étiez
il/elle/on	était	ils/elles	étaient

2. Certains verbes changent d'orthographe à l'imparfait.

commencer
…çais
…çais
…çait …çaient

commencer			
je	commençais	nous	commencions
tu	commençais	vous	commenciez
il/elle/on	commençait	ils/elles	commençaient

manger
…geais
…geais
…geait …geaient

manger			
je	mangeais	nous	mangions
tu	mangeais	vous	mangiez
il/elle/on	mangeait	ils/elles	mangeaient

A noter: Les verbes dont le radical se termine par **i** (**étudi-, cri-, ri-**) ont deux **i** avec **nous** et **vous** à l'imparfait: **nous étudiions, vous étudiiez; nous riions, vous riiez,** etc.

Emplois généraux

Expressions utiles:
chaque mois, etc.
d'habitude
en général
tous les jours
tout le temps
le lundi, etc.
le matin, etc.
le week-end

1. En général, on emploie l'imparfait pour exprimer des faits habituels au passé.

Quand j'**étais** petit, ma famille **partait** en vacances chaque été. D'habitude, nous **allions** au bord de la mer.

When I was little, my family used to go on vacation every summer. Usually, we would go (went) to the seashore.

2. On emploie l'imparfait pour la description.

Il **était** quatre heures de l'après-midi. Il **neigeait** et sur le terrain de football, Pierre **avait** froid.

3. On emploie l'imparfait pour indiquer une action ou un état qui durent indéfiniment dans le passé.

Les étudiants **faisaient** la queue parce qu'ils **attendaient** l'ouverture de la salle. Ils **se parlaient;** ils **riaient** et ils **s'amusaient.**
Dans le temps, un Français sur trois **bénéficiait** des allocations familiales.

Emplois particuliers

1. Au passé, on emploie toujours l'imparfait avec les expressions **aller** + *infinitif,* **être en train de** + *infinitif* et **venir de** + *infinitif.*

> **J'étais en train de** préparer un exposé sur les Amérindiens.
>
> *I was in the process of preparing an oral report on Native Americans.*
>
> Je **venais de** voir une émission sur l'écologie.
>
> *I had just seen a program on ecology.*

2. On emploie l'imparfait après un **si** de condition.*

> **Si** la pollution **était** excessive, nous aurions tout le temps mal à la tête.
>
> *If there were too much pollution, we'd always have headaches.*

Notez les équivalents de l'imparfait.

ils riaient

they were laughing
they used to laugh
they would laugh
they laughed

Paris: En 1884, on stockait les ordures à la campagne. De nos jours, 75 pour cent des cartons usagés sont transformés en matière première ou en énergie.

MISE AU POINT

A. **La pollution.** Avec un(e) partenaire, décrivez les mauvaises habitudes des pollueurs en mettant les verbes suivants à l'imparfait.

1. autrefois / nous / rouler / dans une voiture polluante
2. en général / on / conduire / trop vite

---

*Voir le chapitre 6 pour l'étude du conditionnel.

3. je / jeter / souvent / des papiers par terre dans la rue
4. en général / ma famille / ne pas acheter / de produits «verts»
5. d'habitude / après un pique-nique / nous / ne pas mettre / nos ordures à la poubelle
6. nos voisins / faire / toujours / trop de bruit
7. autrefois / les voitures / consommer / trop d'essence
8. la société / ne pas encourager / le covoiturage
9. en général / on / ne pas recycler / les produits recyclables
10. tout le monde / jeter / trop d'ordures

Paris: On utilise des produits recyclables comme le verre.

B. **Contes de fées.** Avec un(e) partenaire, racontez les histoires suivantes en mettant les verbes à l'imparfait. Reconnaissez-vous ces contes de fées?

1. Il _____ (*être*) une fois une petite fille. Sa mère _____ (*adorer*) cette fillette et sa grand-mère _____ (*aimer*) la petite encore plus. La grand-mère, qui _____ (*vivre*) dans un autre village, ne _____ (*se porter*) pas bien. Alors, un jour la jeune fille est allée lui rendre visite. Elle _____ (*passer*) dans le bois quand soudain elle a rencontré un loup…

2. Il _____ (*être*) une fois un roi et une reine qui _____ (*être*) très vexés parce qu'ils n' _____ (*avoir*) pas d'enfants. Ils _____ (*prier*), ils _____ (*faire*) leurs dévotions et enfin une petite fille leur est née. Après le baptême, on a organisé une grande fête. La réception _____ (*aller*) commencer, tout le monde _____ (*être*) assis quand on a vu entrer une vieille sorcière que l'on _____ (*croire*) morte…

3. Il _____ (*être*) une fois un homme riche qui _____ (*être*) si laid qu'il _____ (*faire*) peur à tout le monde. Il _____ (*vouloir*) cependant se marier, alors il a organisé une grande fête chez lui. Une voisine, dame de qualité, y est allée avec ses deux filles. Tout le monde _____ (*s'amuser*) beaucoup; on _____ (*se promener*), on _____ (*manger*) très bien, on _____ (*danser*). Après la fête, la fille cadette a fini par se marier avec cet homme effrayant. Un jour, avant de partir en voyage, il a donné la clef d'un placard à sa femme…

4. Il _____ (*être*) une fois un bûcheron et sa femme qui _____ (*avoir*) sept enfants. Comme ces enfants ne _____ (*pouvoir*) pas encore gagner leur vie, ils _____ (*rendre*) leurs parents très pauvres. Le plus jeune, pas plus gros qu'un pouce, ne _____ (*dire*) jamais un mot, et il _____ (*mécontenter*) beaucoup le bûcheron et sa femme. Un soir, le bûcheron a dit tristement à sa femme: «Nous ne pouvons plus nourrir nos enfants. Si nous _____ (*perdre*) les petits dans la forêt demain?» Le plus jeune, qui ne _____ (*parler*) pas, _____ (*faire*) néanmoins très attention à ce qui _____ (*se passer*) autour de lui. Il n'a pas dormi cette nuit-là. Il _____ (*songer*) à ce qu'il _____ (*devoir*) faire le lendemain…

Rattachez un titre de conte à chacune des introductions que vous venez de compléter. S'agit-il de *Barbe bleue,* du *Petit Chaperon rouge,* de *La Belle au bois dormant* ou du *Petit Poucet?*

Paris: Sans domicile, mais non sans fierté

6. Les SDF. Une enquête récente en France a examiné le monde des SDF. Avec un(e) partenaire, décrivez leur situation en mettant les verbes à l'*imparfait.*

1. Le plus souvent les SDF _____ (*être*) des hommes ou des femmes vivant seuls ou des jeunes qui _____ (*errer*) dans les rues.
2. Quelques couples et plus rarement des parents célibataires avec leurs enfants _____ (*fréquenter*) les abris.
3. Le froid _____ (*rendre*) la vie difficile aux SDF en hiver.

4. Certaines villes _____ (*ouvrir*) leurs écoles ou leurs stades aux SDF quand il _____ (*faire*) trop froid.
5. D'autres localités _____ (*prendre*) en charge le problème et elles _____ (*créer*) des centres d'hébergement (*shelters*).
6. Plusieurs institutions sociales _____ (*offrir*) des programmes pour mettre les gens au travail.
7. Cinq millions de Français _____ (*ne pas avoir*) de domicile fixe ou approprié selon ce sondage.

Discutez en classe: Comment résoudre ce problème? Qui doit venir en aide aux SDF? Les localités? Des organisations privées? Faut-il plus d'allocations?

Ma jeunesse. En utilisant les éléments suivants, décrivez votre adolescence à un(e) camarade de classe. N'hésitez pas à utiliser plusieurs verbes. Suivez le modèle.

MODELE: aimer: votre lycée / vos copains / la musique…
Quand j'*étais* plus jeune, je *n'aimais pas* mon lycée. Il *était* trop grand et je *ne connaissais pas* tout le monde. Cependant, j'*aimais* beaucoup mes copains. Nous *sortions* tout le temps ensemble. J'*aimais* écouter la musique de Mariah Carey; c'*était* ma chanteuse préférée.

Notez le sens de ces deux verbes à l'imparfait:

je (ne) savais (pas) = *I knew (I didn't know)*

je (ne) devais (pas) = *I was supposed to (I wasn't supposed to)*

1. être: calme / optimiste / content(e) / (plus/moins) sentimental(e) que maintenant…
2. avoir: un emploi / assez d'argent / une voiture…
3. aller: dans les magasins / à la bibliothèque / au travail…
4. savoir: jouer d'un instrument / patiner (*to skate*) / conduire…
5. faire: vos devoirs / de l'exercice / la lessive…
6. devoir: ranger votre chambre / rentrer après minuit / recycler…

L'imparfait par rapport au passé composé

QUE SAVEZ-VOUS DEJA?

Mettez les verbes entre parenthèses au passé composé ou à l'imparfait.

En 1985, il _____[1] (*faire*) très froid en hiver et les SDF _____[2] (*souffrir*) beaucoup. Pour venir en aide à ces pauvres gens, Coluche, un comique français, _____[3] (*décider*) de fonder Les Restos du Cœur. Cet hiver-là, ils _____[4] (*distribuer*) 8,5 millions de repas gratuits. D'autres artistes qui _____[5] (*s'intéresser*) aux causes sociales _____[6] (*se mettre*) à travailler avec lui et maintenant il y a toute une série de programmes pour aider les pauvres.

Tous les verbes français peuvent être utilisés au passé composé *et* à l'imparfait. Le choix du temps dépend du contexte.

> Comme elle ne **gagnait** que le salaire minimum, Michèle, qui **était** mère célibataire, ne **pouvait** acheter que le strict nécessaire. Mais ce jour-là, une amie lui **est venue** en aide et elle **a pu** acheter un beau cadeau à son fils.

Notez le changement de sens:

elle pouvait = *she was able (to)*

elle a pu = *she managed (to)*

Voici des combinaisons typiques qui peuvent vous aider à déterminer le temps du verbe à choisir.

1. L'action habituelle est à l'imparfait. L'action qui marque un changement d'habitude ou de routine est au passé composé.

D'habitude, Suzanne **partait** du laboratoire à 18 h, mais hier, elle **est partie** à 17 h pour aller à une réunion sur le campus.	*Suzanne usually left the laboratory at 6:00, but yesterday she left at 5:00 to go to a meeting on campus.*

action habituelle *ou* changement d'habitude?

2. La description (l'âge, un état d'esprit, le temps qu'il fait, etc.) est à l'imparfait. Une action qui, par sa nature, est limitée dans le temps (le début et/ou la fin peuvent être précisés) est au passé composé.

Il **était** 17 h 20 et le bus **était** en retard. Il **pleuvait** et Suzanne **s'inquiétait** un peu. Heureusement, un taxi **s'est arrêté** devant elle.	*It was 5:20 and the bus was late. It was raining and Suzanne was a little worried. Fortunately, a taxi stopped in front of her.*

description *ou* action limitée dans le temps?

3. Les actions qui apportent des informations secondaires sur la situation sont à l'imparfait. Les actions qui font avancer l'histoire sont au passé composé.

A la réunion, les gens **parlaient** entre eux et un étudiant **mettait** des chaises pour les retardataires. A 17 h 30, une étudiante **s'est levée** et **a demandé** le silence. La réunion **a commencé.**	*At the meeting, people were talking among themselves and a student was putting out chairs for the latecomers. At 5:30, a student stood up and asked for silence. The meeting began.*

informations secondaires *ou* actions qui font avancer l'histoire?

4. La condition ou la situation qui dure au passé pendant un temps indéfini est à l'imparfait. L'action qui interrompt ces circonstances est au passé composé.

Tout le monde **écoutait** un jeune homme qui **proposait** une campagne publicitaire anticrime quand quelqu'un **a crié** «Au secours!».	*Everyone was listening to a young man who was outlining an anti-crime campaign when someone screamed "Help!"*

situation qui dure *ou* interruption?

En analysant le paragraphe suivant, nous remarquons que le choix du passé composé ou de l'imparfait peut s'expliquer de plusieurs manières. Pouvez-vous en trouver d'autres?

Quand j'**avais** 16 ans [*description, âge*], je ne **savais** pas [*état d'esprit*] ce que je **voulais** faire [*un état qui dure indéfiniment, état d'esprit*] pendant les vacances. Un jour, je **regardais** la télévision [*action qui apporte des informations secondaires sur la situation, situation qui dure pendant un temps indéfini*] quand j'**ai vu** une publicité [*action qui interrompt*] sur le zoo de ma ville et j'**ai eu** une idée [*action qui fait avancer l'histoire*]. Le zoo **avait** sans doute besoin [*un état qui dure indéfiniment*] de jeunes pour accueillir les visiteurs, et moi, j'**aimais** les animaux [*état d'esprit*]. J'**ai téléphoné** tout de suite [*action qui fait avancer l'histoire, action limitée dans le temps*] et ils **ont accepté** [*action qui fait avancer l'histoire*] de me donner du travail. Quelle joie!

Récapitulation

L'IMPARFAIT	LE PASSE COMPOSE
une action habituelle	un changement d'habitude

la description:
    un état physique
    un état d'esprit
    le temps
    l'âge
    l'heure
	l'action:
	    une action limitée dans le
	        temps (le début et/ou la
	        fin peuvent être précisés)
	    une action qui arrive un certain
	        nombre de fois
	    une action soudaine
	    un changement d'état
	        d'esprit - state of mind
	    une succession d'actions

les actions qui apportent des informations secondaires sur la situation	les actions qui font avancer l'histoire
une situation qui dure au passé pendant un temps indéfini	l'action qui interrompt ces circonstances

Et si la pire des pollutions c'était celle qu'on mange

Choisissez de manger Bio.

Bonneterre

Dans tous les magasins d'alimentation biologique et naturelle

La sécurité alimentaire, une revendication croissante.°

revendication... *growing demand*

A. Moments exceptionnels. Découvrez l'histoire de Jacques en faisant des phrases complètes à partir des éléments suivants. Utilisez l'imparfait ou le passé composé selon le cas.

1. quand / je / avoir / douze ans / ma vie / être calme / sauf le jour où mon frère / se casser / la jambe pendant un match de hockey sur glace et le jour où je / rencontrer / Marie-Claire Baumier…

2. d'habitude, quand / ma sœur / inviter / ses amies à la maison, je / se cacher / parce que je / trouver / les filles stupides

3. mais le soir où elle / inviter / Marie-Claire / je / rester / dans le salon avec elles

4. ce soir-là, nous / écouter un compact disc de Céline Dion / et je / apprendre / que Marie-Claire / aimer / les mêmes chanteurs que moi!

5. je / tomber immédiatement / amoureux, mais elle / avoir déjà / quinze ans et elle / préférer les garçons plus âgés. Dommage!

6. je / être découragé / jusqu'au jour où je / rencontrer sa petite sœur Françoise

B. Un accident. Voici la description d'une belle journée d'automne interrompue par un accident. Mettez les verbes à l'imparfait ou au passé composé selon le contexte.

Un jour d'octobre, mon ami et moi _____¹ (*être*) assis à la terrasse d'un café à Nice. Il _____² (*être*) environ deux heures de l'après-midi. Le soleil _____³ (*briller*). Les feuilles _____⁴ (*changer*) de couleur. C'_____⁵ (*être*) magnifique. Tout d'un coup, une bicyclette _____⁶ (*se heurter contre: to run into*) une voiture dans la rue. Le cycliste _____⁷ (*tomber*) et _____⁸ (*se casser*) le bras. J'_____⁹ (*avoir*) très peur pour lui. J'_____¹⁰ (*appeler*) la police et une ambulance. Elles _____¹¹ (*arriver*) très vite. Les ambulanciers _____¹² (*mettre*) la victime dans l'ambulance et ils _____¹³ (*partir*).

C. **Interruptions.** Elise, Alain et leur professeur ont eu beaucoup de mal à se concentrer hier après-midi. Décrivez la scène en vous basant sur le modèle.

MODELE: le professeur / parler... le téléphone / sonner →
Le professeur parlait quand le téléphone a sonné.

1. Elise / lire... quelqu'un / frapper à la porte
2. Alain / poser des questions... un autre professeur / entrer
3. le professeur / essayer de répondre... ses livres / tomber par terre
4. Alain / corriger ses fautes... son stylo / se casser
5. Elise / écouter Alain... la cloche / sonner

Qu'est-ce qui s'est passé ensuite?

D. **Deux vies différentes.** Deux hommes parlent de leur passé et des choix qu'ils ont faits dans la vie. Mettez les verbes entre parenthèses à l'imparfait ou au passé composé, selon le cas.

PAUL: Quand j'_____¹ (*avoir*) 20 ans, je/j'_____² (*rencontrer*) la femme de ma vie et nous _____³ (*se marier*) un an plus tard. Ma femme _____⁴ (*vouloir*) devenir médecin, alors j'_____⁵ (*accepter*) de travailler dans un restaurant pour gagner de l'argent. Elle _____⁶ (*aller*) en classe et _____⁷ (*faire*) ses devoirs et je/j'_____⁸ (*travailler*) comme un fou pour tout payer. Après la fin de ses études, elle _____⁹ (*trouver*) un poste intéressant dans un hôpital, mais moi, je _____¹⁰ (*ne... pas pouvoir*) changer de travail. C'_____¹¹ (*être*) trop tard. Enfin je _____¹² (*devenir*) le patron du restaurant, mais je me demande aujourd'hui si j'_____¹³ (*être*) trop gentil avec ma femme. Est-ce que je serais (*would I be*) plus heureux aujourd'hui si j'_____¹⁴ (*avoir*) une autre profession?

JEAN: Moi, je/j'_____¹ (*aller*) à l'université pendant six ans et j'_____² (*obtenir*) ma maîtrise en philosophie en 1999. Après avoir terminé mes études, je/j'_____³ (*décider*) de faire le tour du monde. Je/J'_____⁴ (*visiter*) le Sénégal, où je/j'_____⁵ (*faire*) la connaissance d'un poète qui _____⁶ (*vivre*) en exil; je/j'_____⁷ (*passer*) trois mois en Russie où je/j'_____⁸ (*rencontrer*) une archéologue qui _____⁹ (*chercher*) une ville perdue et j'_____¹⁰ (*enseigner*) l'anglais à de jeunes Marocains qui _____¹¹ (*vouloir*) visiter les Etats-Unis. Mais même après tout cela, je _____¹² (*ne... pas encore savoir*) quelle direction prendre. Quand mes grands-parents _____¹³ (*mourir*), j'_____¹⁴ (*hériter*) d'une petite fortune, et maintenant je m'ennuie.

MISE EN PRATIQUE

A. **Paul et Jean.** Relisez les deux paragraphes précédents, puis, parlez avec votre camarade de la situation de ces deux hommes. Quels sont les avantages et les inconvénients de chaque mode de vie? Que pensez-vous des choix qu'ils ont faits?

Paul avait... mais il n'avait pas...
Jean a vu... mais il n'a pas trouvé...

B. 🖼 **Un moment inoubliable.** Décrivez pour vos camarades un événement inoubliable de votre vie. Indiquez ce qui se passait à ce moment-là (parlez du lieu, du temps qu'il faisait, de votre âge, de votre état d'esprit, etc.) et décrivez ce qui s'est passé de remarquable. Vos camarades vont vous poser des questions.

MODELE: J'avais vingt-deux ans. Comme je n'avais pas de voiture, je prenais le bus chaque jour et, je dois l'avouer, j'étais jalouse des gens qui rentraient plus vite que moi en voiture, et qui n'avaient jamais besoin d'attendre sous la pluie. Quand je suis montée dans le bus, le chauffeur m'a dit «Bonsoir, mademoiselle. Vous êtes la 500 000ème personne à monter dans ce bus et je suis heureux de vous informer que vous avez gagné $5 000. Nous espérons ainsi encourager d'autres personnes à prendre plus souvent le bus.» Toute contente, j'ai accepté l'argent… et non, je n'ai pas acheté de voiture!

Les pronoms objets directs et indirects

> **Q**UE SAVEZ-VOUS DEJA?
>
> Mettez le pronom objet direct ou indirect (**le, la, les, lui, leur**) convenable.
>
> 1. Tu vas recycler *ces journaux?* —Oui, je vais _____ recycler.
> 2. Quand est-ce que le gouvernement va limiter *la vente des armes à feu?* —J'espère qu'il va _____ limiter bientôt.
> 3. Qui a parlé *aux jeunes* des espèces en voie de disparition? —Le zoologue _____ a parlé des espèces en voie de disparition.
> 4. Comment est-ce qu'on réduit *la pollution de l'air?* —On _____ réduit si on ne prend pas sa voiture tous les jours.

Définition Un pronom objet remplace un nom. Le nom ou le pronom peuvent être l'*objet direct* (O.D.) ou l'*objet indirect* (O.I.) du verbe.

> Comment limiter **la pollution** (O.D.) en ville? On réserve des zones **aux piétons** (O.I.).

Formes

1. A la troisième personne, le pronom objet direct a trois formes et le pronom objet indirect a deux formes.

	PRONOM OBJET DIRECT	PRONOM OBJET INDIRECT
MASCULIN	le (l') ⎫	
FEMININ	la (l') ⎬	lui
PLURIEL	les	leur

Vas-tu recycler les bouteilles? —Non, Martine va **les** recycler.

Qui parle aux jeunes de la violence? —Les agents de police **leur** parlent de la violence.

2. Dans le cas des autres personnes et du pronom réfléchi **se,** on emploie les mêmes formes pour les objets directs et indirects.

PRONOMS OBJETS DIRECTS ET INDIRECTS	
me (m')	nous
te (t')	vous
se (s')	se (s')

OBJET DIRECT

Jacques **me** voit.
Je **t'**invite.
Ils **se** regardent.
Paul **nous** cherche.
Marie **vous** appelle.

OBJET INDIRECT

Jean **me** donne le vélo. (donner à)
Je **t'**écris. (écrire à)
Il **se** brosse les dents. (dents = *objet direct*)
Anne **nous** parle. (parler à)
Yves **vous** lit la lettre. (lettre = *objet direct*)

Emplois

Le pronom objet direct

Le pronom objet direct permet d'éviter la répétition d'un nom objet direct. Ce pronom précède le verbe auquel il se réfère.

Depuis combien de temps attends-tu **l'autobus?** —Je **l'**attends depuis cinq minutes seulement.

Prends-tu souvent **le bus?** —Oui, je dois **le** prendre tous les jours.

L'as-tu pris hier? —Non, je ne **l'**ai pas pris hier. Je **l'**ai manqué!

Le pronom objet indirect

1. Le pronom objet indirect remplace l'objet indirect seulement quand il s'agit d'une personne.* Il précède le verbe auquel il se réfère.

Tu as parlé **à Alain?** —Oui, je **lui** ai parlé hier.

2. Les verbes qui prennent un objet indirect sont surtout des verbes de communication et d'interaction entre personnes:

demander à	obéir à	ressembler à
donner à	parler à	servir à
écrire à	poser une question à	téléphoner à
expliquer à	rendre visite à	
montrer à	répondre à	

Je vais rendre visite **à mes grands-parents.** Je vais **leur** rendre visite.

Elle ressemble **à sa mère.** Elle **lui** ressemble.

---

*__A__ + *une chose* est remplacé par le pronom adverbial **y;** voir le chapitre 5.

L'accord au passé composé

1. Le participe passé s'accorde en genre et en nombre avec *un objet direct* qui *précède* le verbe.

> Il n'a pas pris **la bicyclette.** Il ne **l'**a pas **prise.**
>
> Isabelle a regardé **Agnès;** Agnès a regardé **Isabelle.** Elles **se** sont regardé**es.**

2. Le participe passé ne s'accorde jamais avec *un object indirect*, même devant le verbe.

> Il a parlé **à la chômeuse.** Il **lui** a parlé.
>
> Isabelle a écrit **à Agnès;** Agnès a écrit **à Isabelle.** Elles **se** sont écrit.

L'ordre de deux pronoms objets

Quand deux pronoms objets se suivent, ils doivent être dans l'ordre indiqué ici.*

me te se nous vous	devant	le la les	devant	lui leur

> Je **vous** rends **la poubelle.** Je **vous la** rends.
>
> Nous allons expliquer **le recyclage aux enfants.** Nous allons **le leur** expliquer.

MISE AU POINT

A. 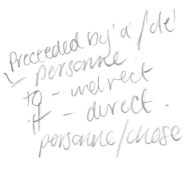 **Le pique-nique.** Vous allez faire un pique-nique. Avec un(e) camarade de classe, posez les questions suivantes à tour de rôle et répondez en substituant le pronom objet direct selon le modèle.

MODELE:　　VOUS: Invitons-nous les copains? (oui)

LUI/ELLE: Oui, nous les invitons.

1. Achètes-tu les produits recyclables qu'on propose ici? (oui)
2. Attendons-nous Christine? (oui)
3. Pouvons-nous recycler les fourchettes en plastique? (oui)
4. Allons-nous prendre la voiture? (non)
5. Marie a-t-elle préparé la salade? (oui)
6. Mourad a-t-il apporté le pain? (non)

B. **Les bonnes causes.** Beaucoup d'étudiants trouvent le temps d'aider les autres. Dites ce qu'ils font en substituant le pronom d'objet indirect approprié.

MODELE: Brigitte a parlé *au président* des espèces en péril.

Brigitte *lui* a parlé des espèces en péril.

---

*Dans le cas de l'impératif affirmatif, consultez le chapitre 6.

Pour vous aider

Le participe passé s'accorde *seulement* quand l'objet direct *précède* le verbe:

Où sont les vieux **magazines?**
—Je **les** (O.D.) ai **recyclés** (*accord*).

Et les ordures?
—Je **les** (O.D.) ai **mises** (*accord*) à la poubelle, puis j'ai **tiré** la **poubelle** (O.D., *pas d'accord*) sur le trottoir.

1. Sonia rend visite chaque semaine *à un jeune enfant malade.* **2.** Mona va lire des livres *à une étudiante aveugle* (*blind*) ce semestre. **3.** Luc a servi des repas de Noël *aux SDF.* **4.** Jérôme a donné des leçons de tennis *aux personnes âgées.* **5.** Olivier a décidé d'envoyer 50 francs par mois *à un enfant malien.*

6. **Réflexions.** Répondez aux questions suivantes par **oui** ou par **non** et remplacez l'expression en italique avec un pronom d'objet direct ou indirect.

MODELE: VOUS: Est-ce que tout le monde pratique *le covoiturage*?
LUI/ELLE: Non, en réalité, très peu de gens *le* pratiquent.

1. Est-ce que cette université encourage *le recyclage*?

2. En général, est-ce que les étudiants aiment prendre *l'autobus*?

3. Parlez-vous souvent de la pollution *à votre meilleur(e) ami(e)*?

4. Est-ce que cette ville réserve certaines rues *aux piétons*?

5. Pour vous, est-il facile ou difficile d'économiser *l'eau*?

6. Faut-il interdire les sacs en plastique *aux consommateurs*?

7. Qui parle *aux gens* des espèces en péril?

8. Avez-vous jeté *vos déchets* sur le trottoir cette semaine?

MISE EN PRATIQUE

Que peut-on faire? Avec un(e) partenaire, proposez des situations où vous pouvez avoir un rapport avec les personnes suivantes. Dans chaque cas, utilisez un pronom objet.

MODELE: le père Noël →
Je peux lui envoyer un message électronique, lui demander un cadeau, lui parler dans un grand magasin, lui rendre visite au pôle Nord, l'écouter parler, lui dire «Merci», le voir dans un film, lui laisser des biscuits et un verre de lait, etc.

1. votre prof de français

2. les autres étudiants en cours de français

3. votre meilleur(e) ami(e)

4. vos parents

5. votre acteur/actrice préféré(e)

6. ?

Reprise

A. Menaces. Dites ce qui menace l'environnement en mettant les verbes à l'imparfait ou au passé composé.

Pendant 1 000 ans, la population _____¹ (*rester*) relativement stable, mais au vingtième siècle, elle _____² (*tripler*). En 1998, la population du monde _____³ (*augmenter*) de 80 millions. L'augmentation la plus importante _____⁴ (*avoir*) lieu dans les pays en voie de développement. Jacques Cousteau et bien d'autres _____⁵ (*montrer*) que la croissance incontrôlée de la population _____⁶ (*menacer*) les ressources de la planète.

En 1998, on _____⁷ (*perdre*) environ 8 millions d'hectares (= *20,000,000 acres*) forestiers. Des dizaines d'espèces végétales ou animales _____⁸ (*disparaître*) dans les régions où les gens _____⁹ (*utiliser*) trop d'insecticides. On _____¹⁰ longtemps (*considérer*) la mer comme indestructible. Chaque année, des industries _____¹¹ (*se débarrasser*) de leurs déchets toxiques dans les fleuves du monde. De gros accidents pétroliers _____¹² (*dévaster*) récemment des kilomètres de côtes mondiales. Comme le disait Jacques Cousteau, il ne faut plus exploiter, il faut préserver. Etre prudent, c'est notre seul espoir.

Jacques Cousteau (1910–1997), océanographe et cinéaste, un grand ami de la mer

B. Au café. Une Française parle d'un jour typique de sa jeunesse. Mettez le paragraphe au passé en employant le passé composé et l'imparfait.

Mes copains et mes copines <u>ont</u> l'habitude de se retrouver après les cours au Café Montaigne. A chaque rencontre, tout le monde se serre la main ou s'embrasse. Les étudiants et les étudiantes rient, discutent et font des projets. Un jour, je lis un magazine dans le café quand François entre et met un franc dans le juke-box. Le juke-box ne marche pas. François le secoue (*shakes*) et un

disque se met à tourner. François s'assied à côté de moi et me dit «Salut».
J'appelle la serveuse et lui demande d'apporter un «Schweppes tonic» à mon
ami. Il fait très beau dehors. Après une demi-heure, nous quittons le café et
nous nous baladons sur le boulevard. Nous voyons des amis qui discutent près
de l'arrêt d'autobus. Nous nous arrêtons et comme nous avons tous faim, nous
cherchons un bon restaurant.

C. **Qu'est-ce qui s'est passé?** Les personnes suivantes étaient occupées quand
elles ont été dérangées. Avec un(e) partenaire, terminez les phrases en employant
le passé composé. Puis, comparez vos histoires avec celles des autres étudiants.

1. Il était trois heures et demie de l'après-midi. J'attendais l'autobus devant
l'université quand…
2. Samedi, le président faisait un discours télévisé. Soudain…
3. Mon camarade sortait les poubelles quand…
4. Il pleuvait. Nous cherchions un abri quand…
5. Mme Dupuy était au chômage depuis trois mois. C'était un lundi matin,
elle travaillait dans son jardin, quand…

D. **Médecins Sans Frontières.** Avec un(e) partenaire, répondez aux
questions en utilisant un pronom objet direct ou indirect. Suivez le modèle.

MODELE: Des médecins ont fondé *l'association MSF* pendant les années 70,
n'est-ce pas? (oui / en 1971)
—Oui, ils *l*'ont fondée en 1971.

1. Est-ce une association qui aide *les gens en difficulté?* (oui)
2. Est-ce que les médecins donnent de l'argent *aux pauvres?* (non / des
médicaments)
3. Est-ce que les médecins parlent *aux journalistes?* (oui)
4. Est-ce que les volontaires respectent *la dignité des pauvres?* (oui / parce que
c'est souvent la seule chose que ces gens possèdent)
5. Ont-ils aidé *les Somaliens* pendant la guerre? (oui / en 1991 et 1992)
6. Est-ce que l'association a gagné *le prix Nobel de la paix?* (oui / en 1999)
7. Peuvent-ils *m*'envoyer des informations sur l'association? (oui)
8. Est-ce que je peux consulter *leur site Web?* (oui)

Le français au bout des doigts

Des organismes bénévoles

Dans les pays francophones, il y a beaucoup d'organismes bénévoles qui ont pour but d'aider les gens en difficulté. En France, il y a Les Restos du Cœur, Médecins Sans Frontières, Droit au Logement et beaucoup d'autres. Comment connaître le fonctionnement de ces organismes? Beaucoup sont en ligne. Visitons donc quelques sites!

Les liens et les activités se trouvent à **www.mhhe.com/collage**.

CHAPITRE 5

A TABLE

Déjeuner au château Ripeau, dans la région bordelaise. Tout le monde profite de la bonne cuisine française.

Observez! Regardez la photo pour répondre aux questions suivantes.

1. Faites une liste de ce que vous voyez sur la table.

2. Qui semble aimer ce repas? Qui semble ne pas l'aimer?

3. Imaginez un repas typique dans votre pays ou votre communauté. Quelles sont les différences entre ce repas (français) et les repas chez vous?

Nous allons...

- parler de la cuisine et de vos préférences personnelles

- raconter des événements passés dans un contexte déjà au passé

- reprendre et annoncer des sujets

Points de repère

- L'article partitif; l'omission de l'article

- Les pronoms adverbiaux **y** et **en**

- Le plus-que-parfait

- Les pronoms démonstratifs invariables

Mots et expressions

LA NOURRITURE

l'aliment (*m.*) (item of) food
amer/amère tart, bitter
l'apparence (*f.*) appearance
la boîte can; box
cru(e) raw, uncooked
cuit(e) à la vapeur steamed
faire les courses to buy groceries; to do errands
faire cuire (au four à micro-ondes) to cook (in the microwave)
au four baked; in the oven
frais/fraîche fresh; cool
frit(e) fried
goûter to taste
grignoter to snack
perdre/prendre du poids to lose/gain weight
sain(e) healthy; wholesome, healthful
salé(e) salty, salted
sucré(e) sweet, sweetened
suivre un régime to be on a diet
la tranche slice
végétarien(ne) vegetarian

AU RESTAURANT

l'addition (*f.*) bill
la boisson (non) gazeuse (non)carbonated drink
bon marché inexpensive, reasonable (*price*)
le caissier / la caissière cashier
(à) la carte (from the regular) menu
cher/chère expensive; dear
comme as, in the way of
le menu à prix fixe meal at a fixed price (appetizer, main course, and dessert)
le plat principal main dish, main course
le pourboire tip
le serveur / la serveuse waiter, waitress
le service (non) compris service charge (not) included
le sommelier / la sommelière wine steward(ess)

APPLICATIONS   **A. Ressemblances.** Trouvez le terme qui complète chaque analogie.

> MODELE: *le serveur*: le plat
> le sommelier: le vin

1. _____: le supermarché
   manger: le restaurant

2. _____: perdre du poids
   trop grignoter: prendre du poids

3. _____: la serveuse
   la carte des vins: la sommelière

4. _____: prendre du poids
   cuit(e) à la vapeur: perdre du poids

5. _____: le serveur
   le salaire: l'employé

B. Familles de mots. Trouvez les deux expressions dans chaque groupe qui sont dans la même famille de mots.

> MODELE: goût; goutte; goûter

1. la boisson; boire; le bois
2. sévère; le serveur; servir
3. le caissier; la case; la caisse
4. élémentaire; l'aliment; alimentaire
5. américain; amer; amèrement
6. plat; plateau; platonique
7. apparence; apparaître; appartenir
8. la tranche; le train; trancher
9. la gazelle; le gaz; gazeux
10. sucre; sucer; sucré

C. Synonymes. Trouvez l'équivalent des mots suivants.

1. la note des dépenses au café, au restaurant, etc.   **2.** apprécier par le sens du goût   **3.** frire, griller, rôtir, etc.   **4.** l'aspect, l'extérieur d'une chose   **5.** un coffret en métal, en carton, etc. où on peut mettre quelque chose   **6.** la liste des plats composant un repas à prix fixe   **7.** assaisonné(e) avec du sel

DISCUTONS!

Pour parler de la cuisine: Il y a beaucoup de stéréotypes concernant la cuisine de différents pays. Pourtant, chaque pays a ses spécialités. Complétez les phrases suivantes en utilisant le nom des plats suggérés dans cette liste.

> VOCABULAIRE UTILE
>
> la choucroute (*sauerkraut*); du pain; des spaghettis; des rouleaux de printemps

1. En Italie, il y a de très bonnes tomates et on a la tradition de préparer des pâtes fraîches (*fresh pasta*) quand on veut servir _____.
2. Avec toutes les boulangeries que l'on trouve dans les villes et les villages de France, il n'y a pas de problème pour trouver _____.

3. En Chine, on enroule des légumes dans du papier de riz (*rice*) pour faire ____.

4. Beaucoup d'Allemands adorent les saucisses et le jambon, surtout sur un lit de chou mariné. Voilà pourquoi ____ est très populaire.

Est-ce qu'il y a une cuisine caractéristique dans votre pays ou votre région? Que pensez-vous des plats qui la composent? Est-ce que vous les appréciez? Si non, quelles(s) sorte(s) de cuisine(s) préférez-vous?

Structures

L'article partitif; l'omission de l'article

QUE SAVEZ-VOUS DEJA?

Regardez cette publicité sur un restaurant à Montréal.

Poulet B.B.Q.
B.B.Q. Chicken

Les Halles de la Gare
(514) 868-9669

Livraison/Delivery

LE MEILLEUR POULET A MONTREAL

C'est du moins ce qu'affirment nos clients! Depuis 1966, Les Rôtisseries Fusée servent du délicieux poulet BBQ partout en province à des prix défiant toute concurrence.[1] Pour les gens d'affaires, un service de livraison "Fusée" à pied, à l'abri des embouteillages[2] du centre-ville, vous assure un service rapide et un repas chaud à toute heure du jour.

[1]competition
[2]à l'abri... *Safe from the traffic jams.*

Après l'avoir lu, entourez tous les articles (indéfinis, définis et partitifs). Identifiez-les à l'aide des lettres **I**, **D** et **P.**

L'article partitif

Définition L'article partitif désigne une partie limitée de quelque chose.

Formes

L'article partitif se forme avec la préposition **de** et l'article défini (**le, la, l'**).

MASCULIN	FEMININ	DEVANT VOYELLE OU **h** MUET
du	de la	de l'

De nombreux Français prennent **du** vin aux repas.
Les enfants boivent **de l'**eau.
Pour faire **de la** citronnade, il faut des citrons.

A noter: **Des** est un article indéfini. Son singulier est toujours **un** ou **une.**

Emplois

1. On emploie l'article partitif pour indiquer la partie d'un tout.

    Je voudrais **du** bœuf. (pas le bœuf entier, seulement une portion)
    Il a mangé **de la** tarte. (pas toute la tarte)
    Elle a pris **du** melon. (pas tout le melon)

2. On emploie aussi l'article partitif avec des choses que l'on ne peut pas compter.

    C'est un chef qui a **de l'**imagination et **du** talent.

L'omission de l'article

1. Comme pour l'article indéfini, l'article partitif devient **de** après un verbe à la forme négative.

    Prenez-vous **du** sucre? —Non, merci, je **ne** veux **pas de** sucre.
    Voulez-vous **de la** crème? —Non, merci, je **ne** prends **pas de** crème.

    Exception: Après le verbe **être,** on garde l'article partitif.

    Ce **n'**est **pas de la** crème, c'est **du** fromage.

2. Après les adverbes et les expressions de quantité, on emploie **de** sans article.

assez de	*enough (of)*
beaucoup de	*a lot of, many, much*
un peu de	*a little (of)*
trop de	*too much, too many (of)*

Avec les verbes de préférence—**aimer, préférer, détester, adorer**—employez l'article défini.

J'adore **les** légumes.

Ma fille n'aime pas **les** tomates et elle déteste **le** céleri.

une bouteille de	a bottle of
un kilo de	a kilo of
une tasse de	a cup of
un verre de	a glass of

Tu as bu un peu **d'**eau.

A. Plats régionaux. Complétez ces recettes de cuisine en ajoutant les articles qui s'imposent (**du, de la, de l', de, d', un, une, des**).

1. Pour faire un cassoulet, il faut _____ porc, _____ haricots, _____ lard, _____ oignons, _____ persil, _____ ail, _____ thym, _____ mouton, _____ tomates, _____ vin blanc et _____ bouillon.
2. Pour faire une salade niçoise, il faut _____ laitue, _____ tomates, _____ olives, _____ pommes de terre, _____ poivrons, _____ thon à l'huile, _____ anchois, _____ œufs durs, _____ céleri, _____ haricots verts et _____ sauce vinaigrette.

B. Habitudes alimentaires. Interrogez un(e) camarade de classe afin de connaître ses habitudes alimentaires. Ensuite commentez ses réponses.

MODELE: manger / viande / le poisson →

    VOUS: Manges-tu de la viande ou préfères-tu le poisson?
    LUI/ELLE: Je mange de la viande.
    VOUS: Je ne mange pas de viande, je préfère le poisson.

1. boire / café / jus de fruits
2. manger / margarine / beurre
3. boire / lait écrémé / lait entier
4. commander / glace / yaourt
5. boire / boissons alcoolisées / boissons non alcoolisées
6. vouloir / eau minérale / Coca-Cola
7. ?

C. C'est logique. Avec un(e) partenaire, et en formant des phrases complètes, dites ce que mangent et boivent les personnes de la colonne **A.** Comparez vos réponses.

MODELE: Chez nous, les enfants mangent des sandwichs et boivent du lait.

Notez:
manger, prendre, boire, commander, vouloir
+ *l'article partitif ou indéfini*

préférer
+ *l'article défini*

A	B	C
les végétariens	le pâté	l'eau minérale
les gourmets	le tofu	le lait
les enfants	les escargots	la bière
les gens préoccupés	le gâteau au	le vin
de leur santé	chocolat	le Coca-Cola
les mannequins	les pâtes *(pasta)*	le jus de fruits
(fashion models)	les légumes	les boissons
les non-sportifs	le bifteck	décaféinées
?	les sandwichs	?
	?	

D.  **Qu'est-ce que c'est?** Définissez l'aliment mentionné. Suivez le modèle.

MODELE: un kiwi / fruit / légume →
Un kiwi, est-ce un fruit ou un légume?
—Un kiwi, ce n'est pas un légume, c'est un fruit. Il est vert, petit et sucré.

Attention:
L'article ne change
pas avec **être** au
négatif.
Ce n'est pas **un**
vin bien connu.

1. une pomme de terre / fruit / légume
2. un oignon / fruit / légume
3. une pizza / dessert / plat principal
4. une tarte / hors-d'œuvre / dessert
5. une olive / fruit / légume
6. le thé glacé / une boisson gazeuse / une boisson non gazeuse

MISE EN PRATIQUE

A. 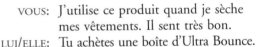 **Je fais les courses à Québec.** Choisissez un produit et, sans le nommer, expliquez aux membres de votre groupe ce que vous allez en faire. L'étudiant(e) qui devinera le nom du produit choisira à son tour un article.

MODELE:

VOUS: J'utilise ce produit quand je sèche mes vêtements. Il sent très bon.
LUI/ELLE: Tu achètes une boîte d'Ultra Bounce.

**ASSOUPLISSEUR DE TISSUS
ULTRA BOUNCE**
AU CHOIX, BTE 45-50
2,99

Vous pouvez également choisir
un article qui n'est pas dans
la publicité.

**THON PÂLE
MARCHÉ RICHELIEU**
EN MORCEAUX, BTE 184 g
99¢

**CROUSTILLES
YUM YUM**
SAVEURS VARIÉES, SAC 180-190 g
1,39

PAPIERS
MOUCHOIRS
MARCHÉ RICHELIEU
BLANCS, BTE 150

69¢

BISCUITS LIDO
FEUILLE D'ÉRABLE,
TARTES AUX FRAISES,
LUNCH CHOCOLAT OU
VANILLE, FORMAT BONI 450 g

2 49

SAUCISSES
FUMÉES BAR-B-Q
LAFLEUR
PAQUET 450 g

1 99

FROMAGE
SUISSE BEAUCE

5 49 /lb

12 10

B. **Souvenirs.** Quand vous étiez plus jeune, quels aliments et boissons aimiez-vous ou détestiez-vous? Discutez de vos habitudes alimentaires avec un(e) partenaire.

VOCABULAIRE UTILE

beurre d'arachide, biscuits, dinde, frites, fromage, fruit(s), gâteau, glace, légumes, poisson, poulet, rosbif, soupe, yaourt (glacé)...
Coca-Cola, eau, jus de fruits, lait, thé...
un peu, une portion, un sandwich au..., une tasse, un verre...

MODELE: quand vous étiez petit(e)? →
Quand j'étais petit(e), je buvais du lait et du jus de fruits. Selon ma mère, je ne mangeais pas de petits pois, mais j'adorais les carottes. Miam! Miam!

1. pour fêter votre anniversaire?
2. quand vous étiez malade?
3. pour célébrer les fêtes?
4. quand vous rentriez après l'école?
5. quand vous déjeuniez au lycée?
6. avant de vous coucher?

C. **Question de goût.** Avant d'interroger votre partenaire, essayez de deviner ses réponses. Discutez ensuite de vos choix avec lui/elle, puis changez de rôles. Combien de réponses aviez-vous devinées?

MODELE: prendre au petit déjeuner: jus d'orange ☒ jus de pamplemousse ☐

VOUS: Tu prends souvent du jus d'orange au petit déjeuner, n'est-ce pas?
LUI/ELLE: C'est vrai, je prends presque toujours du jus d'orange. Le pamplemousse est trop amer.
ou   Non, je prends du jus de pamplemousse. Je trouve que ça a meilleur goût (que le jus d'orange).

1. boire tous les jours: café ☐   eau ☐
2. prendre souvent pour le dîner: viande ☐   légumes ☐
3. manger chaque semaine: pizza ☐   pâtes ☐
4. ne... pas boire au déjeuner: lait ☐   Coca-Cola ☐
5. consommer souvent au restaurant: frites ☐   pommes de terre au four ☐
6. ne... jamais boire: jus de tomate ☐   tisane (*f.*) (*herbal tea*) ☐

D.  **JEU D'EQUIPE: Plat mystère.** Divisez la classe en deux équipes et formez des groupes de deux. Avec votre partenaire, choisissez un plat ou une boisson et énumérez les ingrédients qui entrent dans sa préparation. A tour de rôle, les groupes de l'équipe A lisent leurs listes d'ingrédients à l'équipe B qui essaie d'identifier les plats ou les boissons. C'est alors à l'équipe B de lire ses listes. L'équipe qui a identifié le plus de plats ou de boissons a gagné.

Les pronoms adverbiaux **y** et **en**

Le pronom adverbial **y**

Définition Le pronom adverbial **y** représente une chose, une idée ou un lieu. Il ne représente jamais une personne.

> Marc, es-tu allé **à la pâtisserie Pons?** —Oui, j'**y** suis allé ce matin.
> Tu es aussi passé **au marché?** —Non, je n'**y** suis pas passé.

Emplois

1. **Y** remplace des noms de lieu précédés d'une préposition de lieu—**à, chez, dans, en, sous, sur,** etc.—et se traduit par *there.*

   > Est-ce que Marcel va **à Aix-en-Provence?** —Oui, il **y** va.
   > Avez-vous dîné **chez eux?** —Oui, nous **y** avons dîné deux fois.
   > Va-t-il voyager **dans le Midi?** —Non, il ne va pas **y** voyager cet été.

2. **Y** remplace aussi **à** + *une chose* ou *une idée* et se traduit par *it* ou *about it.*

   > Je réponds **à la lettre.** J'**y** réponds.
   > Tu penses **à l'amour.** Tu **y** penses.

3. Au passé composé, on ne fait pas l'accord avec **y.**

   > François, as-tu pensé **aux vacances?** —Oui, j'**y** ai déjà pensé.

Cristal d'Arques.
On n'y pense
jamais assez.

Pour vous aider

penser **à** *to think about something, someone*

qu'est-ce que/que + penser de *what is (her, your, etc.) opinion of*

penser **que** + sujet/verbe *to think that*

Ils **pensent à** *leur voyage.*
Ils **y pensent.**

Le pronom adverbial **en**

Définition Le pronom adverbial **en** remplace un lieu, une chose, une idée et quelquefois une personne.

> Venez-vous **de Paris?** —Oui, j'**en** viens.
> As-tu acheté **des provisions?** —Non, je n'**en** ai pas acheté.
> Ont-ils **des amis français?** —Oui, ils **en** ont.

Emplois

1. **En** remplace **de** + *un nom de lieu.* Il se traduit par *from there.*

   Revenez-vous **de Strasbourg?** —Oui, nous **en** revenons.

2. **En** veut dire *some, any, of it, of them.* Il remplace

   a. l'article partitif + *nom de chose*

   > Il boit **de la bière.** Il **en** boit.
   > Nous achetons **du pain.** Nous **en** achetons.

   b. l'article indéfini + *nom de chose* ou *de personne*

   > Tu as **une boîte de sardines?** —Oui, j'**en** ai **une.**
   > Je connais **des chefs de cuisine.** J'**en** connais.

   c. les expressions de quantité et les nombres + *nom de chose* ou *de personne.* Avec **en**, répétez toujours le nombre ou l'expression de quantité.

   > Elle commande **trois desserts.** Elle **en** commande **trois.**
   > Il ne mange pas **trop de sucre.** Il n'**en** mange pas **trop.**

   d. les objets des verbes ou des expressions verbales qui prennent toujours la préposition **de** + *une chose*

avoir besoin de	être content(e) de / être ravi(e)
avoir envie de	de, etc.

   > Il a envie **de dessert.** Il **en** a envie.
   > Je suis contente **de te revoir.** J'**en** suis contente.

3. Au passé composé, on ne fait pas l'accord avec **en.**

   > Avez-vous déjà goûté **des escargots?** —Non, je n'**en** ai jamais goûté.

L'ordre de deux pronoms objets

Les pronoms adverbiaux **y** et **en** précèdent le verbe qu'ils complètent. S'ils se trouvent devant le même verbe, **y** précède toujours **en.**

Quand il y a deux
pronoms devant
une forme verbale,
**me, te, nous, vous,
se** précèdent tous
les autres.

Luc va **me** rendre
*mon livre de
cuisine.*
Luc va **me le**
rendre.

ORDRE DES PRONOMS OBJETS*									
me **te** **se** **nous** **vous**	devant	**le** **la** **les**	devant	**lui** **leur**	devant	**y**	devant	**en**	+ *verbe*

Il mange *des fraises*. Il **en** mange.
Je compte aller *à Paris*. Je compte **y** aller.
Il *m'*a donné *du fromage*. Il **m'en** a donné.
Nous avons envoyé *les recettes de Maman à Victor*. Nous **les lui** avons
envoyées.

Mise au point

A. **Un voyage dans le Midi.** Refaites les phrases en remplaçant les mots en
italique par le pronom adverbial **y.**

1. En septembre, nous allons *en Europe*.   **2.** Nous allons faire un voyage *dans
le Midi*.   **3.** Nous comptons aller *à Nice*.   **4.** Nos amis niçois nous ont
invités *chez eux*.   **5.** Nous les verrons bientôt *en France*.   **6.** Nous pensons *à
notre voyage* depuis longtemps.

B. **Mes amis bretons.** Refaites les phrases en remplaçant les mots en italique par
le pronom adverbial **en.**

1. Mes copains viennent *de Brest*.   **2.** Ils boivent toujours beaucoup *de cidre*.
3. Ils connaissent plusieurs *villes bretonnes*.   **4.** Les fermiers sont ravis *de voir
mes copains*.   **5.** Quand ils sont ensemble, ils parlent *du bon vieux temps*.
6. Ils se souviennent *de leur jeunesse*.   **7.** Ils sont fiers *de leur région*.   **8.** J'ai
envie *de passer quelque temps avec eux*.

C. *Y* **ou** *en?* Transformez les phrases en
employant les pronoms adverbiaux
(**y** ou **en**) qui s'imposent.

1. Nous allions au marché tous les
samedis.

2. Je suis content de tes progrès.

3. Tu ne penses pas à la cuisine
marocaine?

4. J'avais envie de pizza.

5. Je suis revenu d'Alsace.

*Moulay-Idriss, Maroc: Un boulanger
travaille au four commun du village.*

*Sauf avec l'impératif affirmatif. (Donnez-**les-moi.**
Ne **me les** donnez pas.) Voir le chapitre 6.

6. Elle n'a pas mangé assez de légumes.

7. Ils ont grignoté en voiture.

D. **Habitudes.** Interviewez un(e) camarade de classe afin d'apprendre à quoi il/elle s'intéresse, à quoi il/elle pense, etc.

MODELE: s'intéresser à la cuisine →

> VOUS: Est-ce que tu t'intéresses à la cuisine?
> LUI/ELLE: Oui, je m'y intéresse beaucoup. Et toi?
> VOUS: Non, je ne m'y intéresse pas du tout.

1. penser souvent à la politique   2. penser parfois aux problèmes écologiques 3. s'intéresser au cinéma français   4. faire attention aux résultats sportifs internationaux   5. s'intéresser à la psychologie   6. avoir besoin d'argent / pourquoi?   7. suivre un régime végétarien   8. grignoter devant la télévision / pourquoi?

MISE EN PRATIQUE

A. **Interview.** Un(e) étudiant(e) de première année, qui s'intéresse à la nourriture, vous pose des questions. Avec un(e) partenaire, répondez à trois questions, puis changez de rôles.

MODELE: (tu) manger souvent / au restaurant chinois près de l'université? →

> LUI/ELLE: Manges-tu souvent au restaurant chinois près de l'université?
> VOUS: Oui, j'y mange une fois par semaine. Leurs soupes sont les meilleures de la ville.

1. (tu) déjeuner souvent / au restaurant universitaire?
2. (tu) dîner / au centre-ville aujourd'hui?
3. que / (tu) acheter / au supermarché?
4. (on) pouvoir acheter un café / à la bibliothèque?
5. (on) pouvoir apporter son café / en cours?
6. (on) pouvoir acheter de la nourriture / à la librairie de l'université?

B. **SONDAGE: Préférences.** Faites une liste de trois choses que vous aimez manger et de trois choses que vous aimez boire. Dites quand vous mangez et buvez ces choses. Ensuite, demandez à deux camarades de classe s'ils / si elles ont les mêmes habitudes alimentaires que vous. Utilisez le partitif et des pronoms.

MODELE: VOUS: Je bois du jus de fruits le matin, et toi?
> LUI/ELLE: Non, mais j'en bois le soir.
> *ou*   Non, je n'en bois pas.
> *ou*   Oui, moi aussi j'en bois le matin.

Comparez vos résultats avec ceux des autres membres de la classe. Qui mange ou boit quelque chose d'original ou de surprenant?

Le plus-que-parfait

Définition Le plus-que-parfait est un passé du passé.

> Dès que nous **avions commandé** notre café, nous avons demandé l'addition.

> *As soon as we had ordered our coffee, we asked for the check.*

Formation

On forme le plus-que-parfait avec l'imparfait de l'auxiliaire **avoir** ou **être** et le participe passé du verbe.

		manger	partir	se lever
	je (j')	avais mangé	étais parti(e)	m'étais levé(e)
	tu	avais mangé	étais parti(e)	t'étais levé(e)
	il/elle/on	avait mangé	était parti(e)	s'était levé(e)
	nous	avions mangé	étions parti(e)s	nous étions levé(e)s
	vous	aviez mangé	étiez parti(e)(s)	vous étiez levé(e)(s)
	ils/elles	avaient mangé	étaient parti(e)s	s'étaient levé(e)s

Le plus-que-parfait =
the "had" tense

I had eaten . . .
I had left . . .
I had gotten up . . .

> Véronique **était arrivée** au restaurant avant nous. Nous **nous étions donné** rendez-vous pour 7 h, mais il était presque 8 h quand nous sommes arrivés. Nous étions en retard parce que nous **avions manqué** notre bus.

Emplois

1. On emploie le plus-que-parfait pour exprimer une action accomplie avant une autre action passée.

Patrice **était** déjà **sorti** quand j'ai téléphoné pour l'inviter à dîner.
Camille m'a remerciée pour le fromage que je lui **avais envoyé.**

Patrice had already gone out when I phoned to invite him to dinner.
Camille thanked me for the cheese that I had sent her.

2. On emploie le plus-que-parfait pour indiquer une action *habituelle passée* qui précède une autre action *habituelle passée*, généralement à l'imparfait.

En général, quand nous **avions acheté** des ingrédients frais, nos plats étaient très bons.
D'habitude, quand Denis **avait fini** ses devoirs, il prenait un goûter.

Generally, when we had purchased fresh ingredients, our dishes were very good.
Usually, when Dennis had finished his homework, he had a snack.

A. Jeu de logique. Trouvez dans la colonne **B** la fin logique des phrases de la colonne **A.**

A

1. Il ne pouvait pas payer l'addition…
2. Le caissier a fermé la caisse…
3. Le sous-chef a réchauffé (*reheated*) le plat principal…
4. La serveuse était fatiguée…
5. Une femme est sortie du restaurant…
6. La sommelière voulait savoir…

B

a. parce qu'elle avait travaillé toute la journée.
b. qui avait commandé du champagne.
c. où elle avait dîné avec des amies.
d. parce qu'il avait oublié sa carte de crédit.
e. une fois que les derniers clients étaient partis du café.
f. parce qu'il avait refroidi (*gotten cold*).

B. Le passé. Complétez les propos suivants avec *le passé composé* ou *le plus-que-parfait*. Choisissez le verbe approprié et mettez-le au temps convenable.

VERBES

devenir / donner / perdre / préparer / se réveiller

1. Cendrillon a pu aller au bal royal parce que sa bonne fée (*fairy godmother*) lui _____ une très belle robe et des pantoufles de verre (*glass slippers*).
2. Le prince n'avait pas faim quand il _____ ce matin parce qu'il avait bien dîné la veille (*the night before*).

3. Quand Henri-Pierre était enfant, il adorait aller chez sa grand-mère. Généralement, quand elle _____ quelque chose à manger, comme un gâteau à la vanille, c'était délicieux.

4. Le nez de Pinocchio _____ très long parce qu'il avait dit beaucoup de mensonges (*lies*).

5. Maryse n'a pas reconnu son ancien camarade de classe parce qu'il _____ beaucoup de poids.

6. **Une soirée ratée.** Annie et Paul avaient prévu une soirée romantique au restaurant. Mais les choses ne se sont pas passées comme ils le voulaient. Avec un(e) partenaire, terminez les phrases en utilisant le plus-que-parfait.

VOCABULAIRE UTILE

ne… pas aller chez le teinturier (*dry cleaners*)
donner leur table à un autre couple
oublier de changer l'huile
laisser son argent chez elle

ne… pas se souvenir à quelle heure ils avaient rendez-vous
vendre la dernière bouteille à quelqu'un d'autre
ne… pas faire d'autres réservations
ne… pas choisir le bon restaurant

MODELE: La voiture de Paul est tombée en panne parce qu'il…
La voiture de Paul est tombée en panne parce qu'il avait oublié de changer l'huile.

1. Annie était en retard parce qu'elle…
2. En plus, elle n'avait pas la robe qu'elle voulait parce qu'elle…
3. En arrivant au restaurant, ils ont découvert que l'hôtesse…
4. Une fois à table, Paul a commandé leur vin préféré, mais le sommelier…
5. Paul a pensé qu'Annie…
6. Ils ont quand même (*anyway*) dîné là parce qu'ils…
7. La fin du repas a été un désastre parce qu'Annie…

MISE EN **PRATIQUE**

TROUVEZ QUELQU'UN QUI… **Le passé des autres.** Cherchez dans la classe des camarades pouvant répondre aux questions suivantes. (La même personne peut répondre à plusieurs questions.)

Quel(le) étudiant(e)…

1. avait commencé à faire du français avant d'aller au lycée? A quel âge?
2. avait vécu dans un autre état avant de venir dans cette université? Où?
3. n'avait pas visité ce campus avant de venir faire ses études ici? Pourquoi?
4. a un parent qui avait voyagé à l'étranger avant de se marier? Où? Quand?
5. avait visité autant de pays étrangers que vous au début de l'année? Combien?

Les pronoms démonstratifs invariables

QUE SAVEZ-VOUS DEJA?

Complétez le dialogue avec **c'est** ou **ça.**

RACHID: Tu veux aller au restaurant ce week-end?

MARTINE: _____¹ une excellente idée, mais _____² dépend où on va. Tu sais que je suis végétarienne.

RACHID: Eh bien, pour le restaurant, _____³ m'est égal. J'aime tout.

MARTINE: _____⁴ parfait. Alors _____⁵ moi qui choisis le restaurant et je t'appelle?

RACHID: Aucun problème. Alors, à tout à l'heure au téléphone.

Définition Le pronom démonstratif invariable remplace un nom de chose ou une situation. Il n'a pas d'antécédent spécifié.

Formes

C'est bien.
Ça dépend.
J'aime **ceci** mais je n'aime pas **cela.**

Emplois

1. Le pronom démonstratif invariable (neutre) s'emploie comme sujet ou comme objet du verbe.

   On emploie **ce** comme sujet du verbe **être.** *

   $$\textbf{Ce} + \textbf{être} + \begin{cases} \textit{article (ou déterminatif) + nom de personne ou de chose} \\ \textit{adverbe} \\ \textit{nom propre} \end{cases}$$

   C'est mon dessert préféré.
   C'était un bon restaurant.
   Ce n'est pas loin d'ici.
   C'est Jacques. Et **ce** sont ses camarades de chambre.

   A noter: S'il y a un pronom objet devant **être,** on emploie **cela** ou **ça.**

Cela m'est égal.	*That's fine with me.*
Ça y est.	*That's it.*

2. On emploie **ce** + **être** + *adjectif masculin* pour reprendre l'idée d'une proposition précédente.

   Ce chef fait bien la cuisine, **c'est évident.**
   Manger de la salade, **c'est** très **important.**

---

*Voir l'explication de l'article indéfini dans le chapitre 2.

3. On emploie **cela** ou **ça** suivi de n'importe quel verbe (autre que le verbe **être**) pour reprendre une idée déjà exprimée.

   Tu veux te préparer un sandwich pour midi?

   —**Ça** dépend.   *It (That) depends.*
   —**Cela** ne vaut pas la peine.   *It's not worth the trouble.*

4. On emploie **ceci** et **cela** comme objets du verbe pour désigner des choses qui ne sont pas identifiées par un nom et que l'on peut montrer du doigt.

   Aimez-vous **ceci** ou préférez-vous **cela?**
   Je vais acheter **ceci,** mais je ne vais pas prendre **cela.**

MISE AU POINT

A. A midi. Complétez les phrases avec **ce/c'** ou **ça.**

—Qui est-_____¹?
—_____² est Mme Duclos, la patronne du Café des Sports.
—Est-_____³ un bon café?
—_____⁴ n'est pas mon café favori, et _____⁵ est bien dommage parce que _____⁶ est près de la fac.
—Ah, _____⁷ est bête! Mais il y a d'autres restaurants près de la fac?
—Ne m'en parle pas. _____⁸ sont des self-services. Mais _____⁹ m'est égal parce que d'habitude je rentre chez moi pour déjeuner.

B. Propos. Choisissez **ceci** ou **cela/ça.**

1. _____ ne vaut pas la peine.
2. Vous allez dîner au Restau-U? —_____ dépend.
3. Comment _____ va? —_____ va bien.
4. Je n'ai pas fini la leçon. —_____ ne fait rien.
5. _____ lui est tout à fait égal.
6. Qu'est-ce que vous préférez, _____ ou _____? —Je préfère _____.

Reprise

A. Un dessert délicieux. Complétez la recette en employant les articles (définis, indéfinis ou partitifs) qui s'imposent.

Pour faire une mousse au chocolat, il faut _____¹ sucre, _____² chocolat, une cuillerée (*spoonful*) _____³ kirsch, _____⁴ beurre, _____⁵ œufs et _____⁶ crème. Mais il ne faut pas mettre _____⁷ vanille. Si vous faites attention à votre ligne, ne mangez pas trop _____⁸ mousse, parce que ça fait grossir.

B. Faire le marché. Madeleine vous raconte ce qu'elle a fait cet après-midi. Employez les articles (définis, indéfinis ou partitifs) qui s'imposent.

Je voulais faire _____¹ courses, mais je n'avais pas _____² argent, alors je suis passée à la banque. Ensuite, je suis allée à l'épicerie où j'ai acheté un kilo _____³ fromage (j'adore _____⁴ fromage), _____⁵ eau minérale, une boîte _____⁶ thon (je déteste _____⁷ thon, mais ça ne fait pas grossir!), deux cents grammes _____⁸ olives et _____⁹ laitue. Malheureusement, l'épicier n'avait plus _____¹⁰ tomates. Ensuite, je suis allée chez le boucher où j'ai acheté une tranche _____¹¹ jambon et _____¹² bifteck. Je n'ai pas pris _____¹³ côtelettes d'agneau, parce qu'elles étaient trop chères. Après, chez le boulanger, j'ai choisi _____¹⁴ croissants et beaucoup _____¹⁵ petits pains pour le petit déjeuner. Chez le marchand de vin, j'ai pris _____¹⁶ vin rouge et aussi une petite bouteille _____¹⁷ vin blanc (je préfère _____¹⁸ vin blanc). Après tout cela, je suis rentrée chez moi! Ouf!

C. On sort ce soir? Répondez aux questions de votre amie en utilisant un pronom objet direct, un pronom objet indirect, **y** ou **en.** Vos réponses seront en général affirmatives.

1. Aimes-tu la nourriture sénégalaise?

2. Connais-tu un bon restaurant sénégalais?

3. Est-ce que tu es allé(e) à ce restaurant récemment?

4. Parles-tu à la serveuse en wolof ou en français?

5. As-tu pris un yassa au poulet?

6. Veux-tu m'inviter à ce restaurant?

7. A-t-on besoin de téléphoner au patron pour réserver une table?

8. A quelle heure est-ce qu'on se retrouve au restaurant?

D. **Et avant ça?** A votre avis, que s'est-il passé avant les actions et situations décrites ici? Mettez-vous en petits groupes. Chaque personne exprime une possibilité dans une phrase au plus-que-parfait. Suivez le modèle.

MODELE: Marc a quitté son travail.
E1: Avant, il s'était disputé avec son patron.
E2: Avant, il avait déjà trouvé un nouvel emploi.
E3: Avant, il avait refusé de travailler le week-end.

1. Les étudiants sont arrivés à la fac le jour de la rentrée.

2. J'ai quitté la maison ce matin.

3. Vous avez acheté une nouvelle voiture.

4. Nous avons pris un dessert.

5. Nellie et Anne ont servi le dîner.

6. Tous mes amis sont venus fêter mon anniversaire.

E. Mais tu as tout fait! Il y a quelques mois, Janine voulait aider son frère à préparer une fête, mais Christophe avait déjà tout fait. Mettez les verbes au présent, au passé composé, à l'imparfait ou au plus-que-parfait.

En général, je/j' _____¹ (*travailler*) chez SOS Pizza jusqu'à 7 h, mais comme je/j' _____² (*décider*) d'aider Christophe avec la fête, ce soir-là je/j' _____³ (*partir*) du travail à 3 h. Mon patron _____⁴ (*être*) sympa; il me/m' _____⁵ (*donner*) trois grandes pizzas avant mon départ. Quand je/j' _____⁶ (*arriver*) chez mon frère, je/j' _____⁷ (*avoir*) l'intention de faire le ménage, parce qu'en général il _____⁸ (*refuser*) de le faire. Mais, miracle, il _____⁹ (*ranger déjà*) toutes ses affaires et il _____¹⁰ (*passer même*) l'aspirateur! Eh bien, avec mes trois pizzas, nous _____¹¹ (*ne... pas avoir*) besoin de beaucoup plus. Je lui _____¹² (*proposer*) de faire une salade verte, mais il me/m' _____¹³ (*dire*) de regarder dans le frigo. Il _____¹⁴ (*préparer*) une super salade, et il _____¹⁵ (*faire*) une vinaigrette! Et comme boissons, il _____¹⁶ (*acheter*) de la bière et des jus de fruits. Vraiment, ce jour-là, il _____¹⁷ (*penser*) à tout!

F. Au bureau des réclamations. Complétez les phrases avec un pronom démonstratif invariable.

Je n'aime pas ce supermarché. Il ferme à 19 h et _____¹ est trop tôt pour moi. _____² est stupide d'avoir ce genre d'horaire. _____³ me donne envie de chercher un autre magasin. En plus, _____⁴ ne me plaît pas quand la caissière refuse de chercher le prix de quelque chose. _____⁵ n'est pas ma faute si _____⁶ n'est pas marqué! Vraiment, _____⁷ sont toujours les clients qui souffrent. Je trouve ça trop injuste!

Paris, au marché: Les beaux fruits et légumes, produits de l'agriculture biologique, sont faciles à trouver en France.

Le français au bout des doigts

La cuisine «francophone»

Connaissez-vous les spécialités de différents pays ou régions francophones?

Les liens et les activités se trouvent à **www.mhhe.com/collage**.

Surprise
Voyage au Maroc
autour des tajines

CHAPITRE 6

VILLES, VILLAGES ET PROVINCES

Paris: A la gare de Lyon. Quelle joie de partir en vacances!

Départ en vacances. Choisissez quatre personnes sur la photo. Imaginez une destination et une activité pour chacune de ces personnes.

Imaginez que vous êtes sur cette photo. Où allez-vous?

Nous allons...

- donner des ordres et faire des suggestions
- parler de l'avenir
- former des hypothèses

Points de repère

- L'impératif
- Le futur simple
- Le conditionnel présent

Mots et expressions

LE TOURISME

l'aller (*m.*) one-way ticket; **l'aller-retour** round-trip ticket
l'auberge (*f.*) inn; **l'auberge de jeunesse** youth hostel
les bagages (*m.*) luggage
la carte de crédit credit card
le chèque de voyage traveler's check
la consigne (automatique) check-room (luggage lockers)
faire du tourisme to sightsee
le passeport (en règle) (valid) passport
passer la douane to go through customs
le paysage scenery, landscape
se renseigner (sur) to get information, ask (about)
la station (balnéaire / de ski) (seaside/ski) resort
le TGV (le Train à grande vitesse) French high-speed train (*interurban*)
le vol (complet) (full) flight
voyager (dans le monde entier / léger) to travel (all over the world / light)

SUR LA ROUTE

l'autoroute (*f.*) highway, expressway
le carrefour intersection
la carte routière road map
le coffre trunk (*of a vehicle*)
la contravention (traffic) ticket
doubler to pass
être en panne to break down (*mechanically*)
faire le plein (d'essence) to fill up (with gas)
le feu rouge/orange/vert red/amber/green light
freiner to use the brakes
garer la voiture to park the car
klaxonner to honk the horn
le panneau road sign
le permis de conduire driver's license
ralentir to slow down (*a vehicle*)
rouler to go, travel along
la (bonne/mauvaise) route (right/wrong) road

APPLICATIONS **A.** **Associations.** Quels termes de **Mots et expressions** associez-vous avec les personnages suivants?

1. l'étudiant(e) qui voyage à l'étranger
2. la célébrité qui part en vacances
3. une personne en voiture
4. l'agent de police

B. **Ressemblances.** Trouvez le terme qui complète chaque analogie.

MODELE: *faire du tourisme*: les touristes
étudier: les étudiants

1. _____: la voiture
l'eau: le bateau
2. _____: les bagages
le parking: la voiture
3. _____: le véhicule
nourrir: l'être humain
4. _____: le touriste étranger
le permis de conduire: le chauffeur
5. _____: les étudiants
l'hôtel à trois étoiles: les hommes et femmes d'affaires

C. **Synonymes.** Trouvez l'équivalent des expressions suivantes.

1. dépasser un véhicule
2. l'endroit où deux routes s'entrecroisent
3. le trajet en avion
4. la partie d'un pays que la nature présente à l'observateur
5. le billet permettant de partir et de revenir
6. se déplacer avec très peu de bagages

DISCUTONS!

Pour nous rappeler nos voyages: Faites une liste de quatre villes que vous avez visitées.

Je suis allé(e) à _____, à _____, à _____ et à _____.

Maintenant, mentionnez une activité que vous avez faite à chaque endroit.

A votre avis, est-il important de voyager? Pourquoi? Pourquoi pas? A quel âge doit-on voyager? Que doit-on faire pour bien profiter d'un voyage?

Structures

L'impératif

Définition L'impératif est le mode qui permet d'exprimer un ordre, un conseil ou un souhait.

> **Tourne** à droite!
> **Ralentissez** aux carrefours!
> Ne **roulez** pas trop vite.
> **Rapporte**-moi un cadeau, s'il te plaît.

Formation

On forme l'impératif en utilisant la deuxième personne du singulier (**tu**) et la première et la deuxième personnes du pluriel (**nous** et **vous**) du présent de l'indicatif sans le pronom sujet.

Formes régulières

	travailler	finir	attendre	se lever
AFFIRMATIF	travaille travaillons travaillez	finis finissons finissez	attends attendons attendez	lève-toi levons-nous levez-vous
NEGATIF	ne travaille pas ne travaillons pas ne travaillez pas	ne finis pas ne finissons pas ne finissez pas	n'attends pas n'attendons pas n'attendez pas	ne te lève pas ne nous levons pas ne vous levez pas

Devant les pronoms y et en, on garde le -s final de la forme **tu** des verbes en -er, en -frir et en -vrir.

Parle de ton voyage! → **Parles-en!**

Va au marché! → **Vas-y!**

1. A la forme **tu** de l'impératif des verbes en **-er, -frir** et en **-vrir,** le **s** final est supprimé. A la forme **tu** de l'impératif des verbes en **-ir** et **-re,** on garde le **s** final.

   Tu parles. → **Parle!**   Tu attends. → **Attends!**
   Tu obéis. → **Obéis!**   Tu ouvres. → **Ouvre!**

2. A la forme pronominale de l'impératif, on garde le pronom réfléchi. A l'affirmatif, le pronom suit le verbe. Au négatif, le pronom précède le verbe.

   Asseyez-**vous!** Ne **vous** inquiétez pas!

3. **Toi** remplace **te** à la forme affirmative de l'impératif pronominal. **Te** s'emploie seulement au négatif.

   Lève-**toi!** Ne **te** lève pas!

Formes irrégulières

Quatre verbes ont des formes irrégulières à l'impératif.

avoir	être	savoir	vouloir
aie	sois	sache	—
ayons	soyons	sachons	—
ayez	soyez	sachez	veuillez*

L'ordre des pronoms objets avec l'impératif

1. A la forme affirmative de l'impératif, les pronoms objets et adverbiaux suivent le verbe. L'ordre de deux pronoms est ainsi: *objet direct* devant *objet indirect* devant **y** ou **en.**

   Regarde *les montagnes.* → Regarde-**les.**
   Donnez *la carte au touriste.* → Donnez-**la-lui.**
   Allez-**vous-en!**
   Donnez-**moi** *de l'argent.* → Donnez-**m'en.**

2. On emploie les formes **moi** et **toi** à la place de **me** et **te** à la forme affirmative de l'impératif si elles sont en position finale.

   Vous m'envoyez *la carte de crédit.* → Envoyez-**la-moi.**
   Tu *t'*amuses bien. → Amuse-**toi** bien!

3. A la forme négative de l'impératif, les pronoms objets et les pronoms adverbiaux précèdent le verbe.†

   Ne **lui** parle pas.   N'**en** achète pas.
   Ne **nous** asseyons pas.   Ne **me le** donnez pas.

---

*Vouloir** est employé uniquement à la forme **vous** de l'impératif: **Veuillez vous asseoir.** *Please sit down.*
†Voir le chapitre 5, l'ordre de deux pronoms objets.

A. Bons conseils. Vous conduisez votre nouvelle voiture. Votre conscience vous guide. Imaginez ce qu'elle vous dit. Suivez le modèle.

MODELE: rouler trop vite →
                VOTRE CONSCIENCE: Ne roule pas trop vite!

1. doubler ces voitures
2. être prudent(e)
3. se dépêcher
4. freiner brusquement

5. dépasser la vitesse autorisée
6. s'arrêter au feu rouge
7. klaxonner près de cet hôpital
8. me / obéir

B. Le code de la route. Qu'est-ce que nous devons faire ou éviter de faire pour rester de bons conducteurs? Suivez les modèles.

MODELES: respecter les limitations de vitesse →
             Respectons les limitations de vitesse.

           rouler trop vite →
             Ne roulons pas trop vite.

1. être prudents
2. suivre les autres voitures de trop près
3. s'arrêter aux feux verts
4. savoir reconnaître les panneaux

5. obéir au code de la route
6. conduire sans permis
7. toujours se dépêcher
8. renverser (*hit*) les piétons

C. Conseils. Votre ami(e) a l'intention de faire certaines choses. Réagissez de façon logique.

MODELE: LUI/ELLE: Je vais prêter ton auto à ma camarade Irène.
            VOUS: Mais non, ne la lui prête pas. Elle ne conduit pas bien!

1. Je vais téléphoner à ton petit ami / ta petite amie.   2. Je vais emprunter ta carte de crédit.   3. Je vais aller à la montagne cet après-midi.   4. Je vais t'accompagner à la montagne.   5. Je vais passer ton passeport à tes amis.
6. Je vais t'offrir un voyage à Tahiti pour ton anniversaire.

**1990F* une semaine Club Festival à Bodrum.
Chéri, cache ta joie.**

Avec un verbe pronominal, le pronom utilisé (**te, toi, nous** ou **vous**) est un pronom réfléchi.

—Bon voyage, mon ami! Amuse-**toi** bien! Ne **t'**inquiète pas! Tout ira bien.

A l'impératif, le pronom sujet n'est jamais utilisé.

—**Regarde!** Le feu va passer au rouge. **Freine! Freine! Freine!**

A. **Solutions.** Vous avez certains problèmes. Votre camarade de classe vous aide à les résoudre (*solve*). Suivez le modèle.

MODELE: VOUS: J'ai très très faim.
LUI/ELLE: Alors, prépare-toi un sandwich et mange-le.

1. J'ai un examen très difficile demain.
2. J'ai mal à la tête.
3. Je suis très fatigué(e).
4. J'ai des ennuis avec mon/ma camarade de chambre.

5. Ma voiture est en panne.
6. Je m'ennuie dans cette ville.
7. J'ai perdu mes chèques de voyage.
8. ?

B. **Mais où est-ce que j'ai déjà entendu cela?** Faites cet exercice à deux. Proposez à votre partenaire trois phrases à l'impératif que l'on pourrait entendre dans un endroit bien précis (dans la classe de français, à la maison, dans la voiture, à la douane, etc.). Le rôle de votre partenaire est de deviner où se trouve la personne qui donne ces ordres. Changez ensuite de rôles.

MODELE: E1: N'attendons plus! Ta sœur ne viendra pas.
E1: Asseyons-nous devant. J'ai oublié mes lunettes.
E1: Parlez plus bas, s'il vous plaît. Nous n'entendons pas le film. →
E2: On est au cinéma!

Le futur simple

QUE SAVEZ-VOUS DEJA?

Complétez les phrases suivantes à l'affirmatif ou au négatif pour parler de votre avenir. Utilisez le futur simple et faites les changements nécessaires.

1. Dans cinq ans, je/j' _____ (*avoir*) deux enfants.
2. Dans deux ans, je/j' _____ (*habiter*) la même ville que j'habite maintenant.
3. Dans deux ans, mon ami(e) _____ (*être*) toujours mon ami(e).
   (*son nom*)

Définition Le futur simple indique une action à un moment de l'avenir.

Nous **voyagerons** ensemble cet été.
Il **prendra** la bonne route la prochaine fois.

Formation

1. Le futur simple des verbes réguliers est formé en ajoutant les terminaisons **-ai, -as, -a, -ons, -ez, -ont** à l'infinitif. Pour les verbes en **-re,** on enlève le **-e** final de l'infinitif.

	parler	finir	perdre
je	parler**ai**	finir**ai**	perdr**ai**
tu	parler**as**	finir**as**	perdr**as**
il/elle/on	parler**a**	finir**a**	perdr**a**
nous	parler**ons**	finir**ons**	perdr**ons**
vous	parler**ez**	finir**ez**	perdr**ez**
ils/elles	parler**ont**	finir**ont**	perdr**ont**

2. Les verbes comme **lever, appeler** et **employer** changent d'orthographe au futur simple. Les terminaisons sont régulières.

lever: e → è			
je	l**è**verai	nous	l**è**verons
tu	l**è**veras	vous	l**è**verez
il/elle/on	l**è**vera	ils/elles	l**è**veront

e → è: acheter, lever, promener

appeler: l → ll			
j'	appe**ll**erai	nous	appe**ll**erons
tu	appe**ll**eras	vous	appe**ll**erez
il/elle/on	appe**ll**era	ils/elles	appe**ll**eront

l → ll: appeler

employer: y → i			
j'	emplo**i**erai	nous	emplo**i**erons
tu	emplo**i**eras	vous	emplo**i**erez
il/elle/on	emplo**i**era	ils/elles	emplo**i**eront

y → i: employer, ennuyer, essayer, payer

3. Les verbes comme **espérer** (**é** à l'avant-dernière syllabe) gardent l'orthographe de l'infinitif à toutes les formes du futur.

espérer			
j'	esp**é**rerai	nous	esp**é**rerons
tu	esp**é**reras	vous	esp**é**rerez
il/elle/on	esp**é**rera	ils/elles	esp**é**reront

é = é: espérer, préférer, répéter, célébrer

++ +

4. Plusieurs verbes ont un radical irrégulier au futur, mais les terminaisons sont régulières.

avoir	j'**aur**ai
faire	je **fer**ai
aller	j'**ir**ai
être	je **ser**ai
savoir	je **saur**ai
falloir	il **faudr**a
valoir	il **vaudr**a
venir	je **viendr**ai
vouloir	je **voudr**ai
devoir	je **devr**ai
pleuvoir	il **pleuvr**a
recevoir	je **recevr**ai
courir	je **courr**ai
envoyer	j'**enverr**ai
mourir	je **mourr**ai
pouvoir	je **pourr**ai
voir	je **verr**ai

M A R O C

VOUS APPRENDREZ QU'ICI, LA PREMIERE EMOTION A DEJA 3000 ANS.

Emplois

On emploie le futur

Pour faire une observation générale, on utilise **quand** et les deux verbes sont au présent.

Quand on **voyage**, on élargit l'esprit.

1. pour exprimer une action ou une situation à venir

Ferons-nous du camping cet été?
J'**aurai** mon permis de conduire dans un mois.

2. à la place de l'impératif pour modérer un ordre

Tu te **dépêcheras** d'aller te coucher.
Vous **serez** polis avec les invités.

Avec **si** + *le présent*, utilisez le présent, le futur proche, le futur simple ou l'impératif.

Si tu **vas** à la montagne, **reste** dans mon chalet.

Nous **allons venir** ce soir si tu **es** libre.

3. dans les propositions subordonnées qui commencent par **quand** si l'action se place dans l'avenir. La proposition principale peut être au futur ou à l'impératif.

Quand je **voyagerai** en Europe, je **prendrai** le TGV.	*When I travel in Europe, I'll take the TGV.*
Donne-moi un coup de téléphone quand tu **arriveras**.	*Call me when you arrive.*

4. dans la proposition principale quand la proposition subordonnée commence par **si** de condition (*if*) + *un verbe au présent*

Si tu **vas** à la montagne, tu **pourras** rester dans mon chalet.
Nous **viendrons** chez vous ce soir si vous **voulez**.

A. **Chez une voyante** (*fortune-teller*). Adrienne projette de partir en vacances. Mais, avant de partir, elle va consulter une voyante. Avec un(e) camarade de classe, jouez les deux rôles d'après le modèle.

MODELE: je / être heureux →
     ADRIENNE: Est-ce que je serai heureuse?
     LA VOYANTE: Oui, vous serez heureuse.

1. je / aller en vacances
2. je / voyager dans le monde entier
3. je / acheter une voiture
4. un(e) ami(e) / venir avec moi
5. nous / s'ennuyer ensemble
6. nous / s'amuser
7. nous / voir les Alpes
8. nous / célébrer le 14 juillet là-bas
9. je / ramener des souvenirs
10. on / se revoir après les vacances

> **N'oubliez pas:** la prononciation de la lettre **r** est cruciale au temps futur: j'achèterai, on s'ennuiera, on célébrera, etc.

B. **Vacances.** Avec un(e) partenaire, complétez les phrases suivantes avec le présent de l'indicatif ou le futur simple.

MODELES: Quand on voyage,... →
    Quand on voyage, on rencontre beaucoup d'étudiants dans les auberges de jeunesse.

    Quand je voyagerai dans les montagnes Rocheuses cet été,... →
    Quand je voyagerai dans les montagnes Rocheuses cet été, je prendrai beaucoup de photos des paysages sauvages.

1. Quand on n'a pas beaucoup d'argent pour ses vacances,...
2. Quand on a envie de passer des vacances consacrées à l'aventure,...
3. Quand on a besoin de vacances calmes,...
4. Quand nous passerons quelques jours à Paris,...
5. Quand nous quitterons Paris,...
6. Quand nous serons de retour chez nous,...

C. **Rêverie d'hiver.** En hiver, on aime rêver de vacances. Sylvie, qui a déjà séjourné au Club Med, essaie de convaincre son nouveau mari des joies du Club. Complétez les phrases en mettant les verbes au futur simple.

1. Si nous prenons nos vacances au printemps, nous _____ (*aller*) au Club Méditerranée à la Guadeloupe.
2. Je _____ (*pouvoir*) te montrer de très belles plages au Club Méditerranée, puisque j'en suis déjà un G.M. («gentil membre»).
3. Les G.O. («gentils organisateurs») _____ (*être*) bien contents de nous accueillir.
4. Ce _____ (*être*) merveilleux d'y passer deux semaines; et si on a le temps, on _____ (*visiter*) aussi le Club Méditerranée à Cancún au Mexique.
5. Je _____ (*faire*) de la plongée sous-marine, je _____ (*nager*), je _____ (*bronzer*) au soleil.
6. S'il y a des voyages organisés, nous _____ (*partir*) à la découverte d'autres villages.
7. On _____ (*faire*) la connaissance de gens intéressants, on _____ (*s'amuser*) bien.

8. Quand nous en _____ (*avoir*) l'habitude, nous _____ (*pouvoir*) nous promener toute la journée dans les collines.
9. Le soir, on _____ (*prendre*) un pot avec les nouveaux copains.

MISE EN PRATIQUE

SONDAGE: **Dans cinq ans...** Interviewez trois camarades de classe pour découvrir comment ils envisagent leur avenir. Utilisez les catégories suivantes pour poser vos questions. Ensuite, parlez des projets d'avenir d'un(e) de vos camarades.

1. marié(e)/célibataire?
2. enfants?
3. ville?
4. profession?
5. activités?
6. vacances?

Le conditionnel présent

QUE SAVEZ-VOUS DEJA?

Complétez les phrases de la colonne **A** de façon logique en utilisant les phrases de la colonne **B**.

A

1. Si j'achetais une voiture,... *C*
2. Si nous n'avions pas de cours,... *D*
3. Si nos amis voyageaient plus,... *A*.
4. Si j'allais au Sénégal,... *B*

B

a. ils seraient moins stressés.
b. je visiterais l'île de Gorée, près de Dakar.
c. je ne prendrais plus le bus.
d. nous pourrions faire un petit voyage.

Pour vous aider

Les verbes au *conditionnel* = would . . . (if . . .)
Les verbes au *futur simple* = will . . .

Elle **mettrait** (*would put*) les bagages à la consigne si...

Elle **mettra** (*will put*) les bagages à la consigne.

Définition Le conditionnel est un mode qui exprime une action possible dépendant d'une certaine condition.

Si je n'avais pas de voiture, je **prendrais** le train.
Nous ne **pourrions** pas partir si la voiture était en panne.

Formation

1. Pour former le conditionnel présent, on ajoute les terminaisons de l'imparfait **-ais, -ais, -ait, -ions, -iez, -aient** à l'infinitif. On laisse tomber le **-e** final des verbes en **-re**.

	parler	finir	rendre
je	parler**ais**	finir**ais**	rendr**ais**
tu	parler**ais**	finir**ais**	rendr**ais**
il/elle/on	parler**ait**	finir**ait**	rendr**ait**
nous	parler**ions**	finir**ions**	rendr**ions**
vous	parler**iez**	finir**iez**	rendr**iez**
ils/elles	parler**aient**	finir**aient**	rendr**aient**

Si j'avais plus de courage, je **doublerais** cette voiture.
Nous **ralentirions** s'il commençait à pleuvoir.
Ils nous **attendraient** en route s'ils avaient le temps.

2. Les verbes qui ont des changements d'orthographe au futur simple ont les mêmes changements au conditionnel présent.

Il se **lèverait** si tu l'appelais.
Nous **appellerions** Paul s'il était chez lui.
J'**essaierais** cette route si je savais où elle menait.
Nous **répéterions** la question si vous nous écoutiez.

3. Les verbes qui sont irréguliers au futur simple ont les mêmes irrégularités au conditionnel présent.

Si j'avais des vacances, je **serais** très content; j'**irais** en France et je **ferais** du ski.

e → è:	acheter, lever, promener
I → II:	appeler
y → i:	employer, ennuyer, essayer, payer
é = é:	espérer, préférer, répéter, célébrer

Emplois

1. Le conditionnel de **devoir, pouvoir** et **vouloir** est utilisé comme forme de politesse dans une requête, un souhait ou un conseil.

Monsieur, je **voudrais** bien vous parler.
Madame, est-ce que je **pourrais** venir dans votre bureau?
Vous **devriez** (*should*) vous adresser à la police.

2. Le conditionnel présent est utilisé avec **si** (*if*) de condition + *un verbe à l'imparfait ou au plus-que-parfait* selon le sens.

| Si je **prenais** le petit déjeuner tous les jours, j'**aurais** plus d'énergie. | *If I ate breakfast every day, I would have more energy.* |
| Si j'**avais pris** le petit déjeuner ce matin, je n'**aurais** pas faim maintenant. | *If I had eaten breakfast this morning, I wouldn't be hungry now.* |

Voici la concordance des temps avec la conjonction **quand** et la conjonction **si.**

Pour vous aider

Au conditionnel:
vouloir = *would (not) like*

devoir = *should (shouldn't)*

pouvoir = *could (couldn't)*

Ils **voudraient** faire du tourisme.

On **ne devrait pas** klaxonner pour doubler.

Qui **pourrait** nous indiquer la rue de Rivoli?

RECAPITULATION		
	Condition	Résultat
quand +	*le présent* *le futur* +	*le présent* *le futur*

Quand le moteur **est** en panne, j'**appelle** un mécanicien.
Je **voyagerai quand** j'**aurai** des vacances.

| **si** + | *le présent* + | { *le présent* *le futur proche* *le futur* *l'impératif* |

Si tous les vols **sont** complets, nous **prendrons** le TGV.

			RECAPITULATION			
si	+	$\begin{cases} l'imparfait \\ le\ plus\text{-}que\text{-}parfait \end{cases}$		+		*le conditionnel*
				+		*le conditionnel*

Si nous **avions** beaucoup de bagages, nous **prendrions** un taxi.

Si nous **avions fait** une réservation, nous **aurions** une chambre d'hôtel pour ce soir.

MISE AU POINT

A. **La politesse.** Avec un(e) camarade de classe, exprimez poliment les idées suivantes, à l'aide du conditionnel présent.

1. Je veux aller à la mer.   **2.** Peux-tu m'aider? Je suis en panne.   **3.** Vous ne devez pas doubler à droite.   **4.** Nous voulons faire le plein à la prochaine station-service.   **5.** Pouvez-vous garer votre voiture là-bas?

B. **Si...** Dites ce que vous feriez si votre vie était un peu différente.

MODELE: avoir plus d'argent →
          Si j'avais plus d'argent, je partirais en Europe.

1. prendre des vacances cette semaine   **2.** acheter une voiture   **3.** recevoir une bourse (*scholarship*)   **4.** gagner à la loterie   **5.** être en panne   **6.** étudier beaucoup   **7.** avoir mal à la tête   **8.** recevoir une contravention   **9.** pouvoir

C. **En voyage.** Trouvez dans la colonne **B** la fin logique des phrases de la colonne **A,** et imaginez dans quel pays chaque personne se trouve.

Pays possibles: l'Allemagne, l'Angleterre, le Canada, l'Egypte, l'Italie, le Maroc, le Sénégal

A	B
Quand je me promène,	elle arriverait dans ce pays.
Si nous regardions derrière nous,	allez dans ce pays de l'Afrique du Nord.
Si Paul et Virginie étaient venus ici,	j'entends des gens qui parlent wolof.
Quand je serai dans ce pays,	nous verrions la tour de Pise.
Si vous voulez manger un bon couscous,	vous visiterez les musées de Montréal.
Si Catherine prenait l'Eurostar entre Paris et Londres,	ils pourraient visiter les pyramides.
Vous verrez beaucoup d'art inuit quand	je parlerai allemand.

Pour vous aider

Comment dit-on «could» en français?

1. could = were able to = **pouvoir** *à l'imparfait* + *conditionnel*

Si je **pouvais**, je voyagerais dans le monde entier.

If I **could** *(If I* **were able to**)*, I would travel all over the world.*

2. could = It would be possible to = **pouvoir** *au conditionnel* + *infinitif*

Je **pourrais** apprendre tant de choses!

I **could** *(It* **would be possible** *to) learn so much!*

A. **Circonstances.** Expliquez à votre partenaire dans quelles circonstances les personnes suivantes feraient les choses indiquées. Utilisez l'imparfait et le conditionnel, et formez au moins deux hypothèses dans chaque cas. Suivez le modèle.

MODELE: nous / ralentir / si / ?
        Nous ralentirions *si nous voyions un agent de police.*
 ou: Nous ralentirions *si l'on freinait brusquement devant nous.*
 ou: Nous ralentirions *s'il pleuvait.*

1. je / freiner / si / ?
2. nous / s'arrêter dans une station de service / si / ?
3. mes amis / klaxonner / si / ?
4. nous / obtenir un passeport / si / ?
5. les Américains / passer la douane / si / ?
6. je / voyager léger / si / ?

B. **Nos rêves.** Mettez-vous à trois et complétez les phrases suivantes à votre façon en utilisant le conditionnel présent ou le futur simple.

1. Si j'ai un peu de temps libre ce week-end,...
2. Si un(e) ami(e) m'invite à dîner ce soir,...
3. Si j'ai assez d'argent à la fin du mois,...
4. Si mes parents m'offraient le voyage pour aller en France,...
5. Si je trouvais 500 euros en passant devant un magasin à Paris,...
6. Si je rencontrais le grand amour de ma vie en voyage,...
7. Si j'avais acheté une nouvelle voiture la semaine dernière...
8. Si j'étais parti(e) en vacances hier...

MISE EN
PRATIQUE

N'oubliez pas:
Le verbe après **si**
n'est jamais au
conditionnel.

Reprise

A. **Choses de la vie.** Avec un(e) partenaire, regardez les images suivantes. Imaginez les ordres, conseils ou suggestions que les personnes se donnent.

1.   2.

3.　　　　　　　　　　　　　　4.

B. Quand je serai grand... Un enfant discute de son avenir. Mettez ses remarques au futur.

> MODELE: quand / être grand / quitter la campagne →
> Quand je serai grand, je quitterai la campagne.

1. quand / avoir dix-huit ans / aller en ville
2. quand / aller à l'université / déménager (*to move*)
3. quand / avoir de l'argent / acheter une voiture
4. quand / connaître bien la ville / sortir souvent
5. quand / être en cours / faire attention
6. ?

C. Conditions. Faites des phrases d'après le modèle.

> MODELE: si / il / avoir son permis de conduire / il / être heureux →
> S'il avait son permis de conduire, il serait heureux.

1. si / je / être riche / je / voyager dans le monde entier
2. si / nous / aller à la montagne / nous / passer la nuit dans une auberge
3. si / vous / se dépêcher / vous / arriver à l'heure
4. si / elles / avoir le temps / elles / passer chez nous
5. si / il / vouloir venir / il / acheter des chèques de voyage

D. A mon avis. Trouvez dans la colonne **B** la fin logique des phrases de la colonne **A.**

A	B
1. Si l'on diminue le coût de l'essence de 50%,...	a. je lui en parle.
2. Si l'on repoussait l'âge minimum pour le permis de conduire à 20 ans,...	b. je conduirai partout (*everywhere*).
	c. adressez-vous à l'agence Avis dans le hall principal de l'aéroport.
3. Si un voisin fait trop de bruit,...	d. je préfère vivre au centre-ville.
4. Quand je déménagerai,...	e. je ne pourrais pas conduire.
5. Quand j'ai le choix,...	f. je voyagerai en Afrique.
6. Si vous voulez louer une voiture,...	g. je resterai en contact avec tous mes amis.
7. Quand j'aurai mon passeport,...	

E. Voyage au Canada. Mettez chaque verbe au temps et au mode appropriés.

1. Quand je/j' _____ (*aller*) au Canada, je prendrai l'avion jusqu'à Toronto. Je visiterai un peu la ville si j'_____ (*avoir*) le temps, mais si je suis pressé(e), je _____ (*rester*) à l'aéroport et j'_____ (*attendre*) mon avion pour Québec.

2. Au fait, si je n'allais pas à Québec, je _____ (*passer*) certainement quelques jours dans le Canada anglophone.

3. Si j'avais le temps, je _____ (*visiter*) tout le pays et je _____ (*faire*) des tas de choses intéressantes.

4. Mais je serai content(e) quand je _____ (*être*) à Québec, car les gens _____ (*parler*) français. Quand j'_____ (*arriver*) à l'hôtel, je _____ (*mettre*) mes valises dans ma chambre et je _____ (*chercher*) un guide qui me _____ (*faire*) voir la ville.

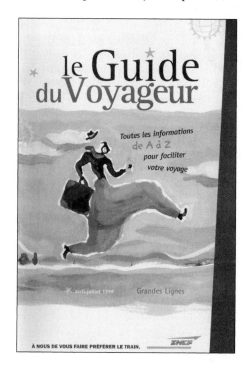

le **Guide** du**Voyageur**

Toutes les informations de A à Z pour faciliter votre voyage

avril-juillet 1998   Grandes Lignes

À NOUS DE VOUS FAIRE PRÉFÉRER LE TRAIN.   SNCF

Le français au bout des doigts

Voyager en train

Vous voulez vous renseigner sur ce qu'il faut faire pour voyager en train en France.

Les liens et les activités se trouvent à **www.mhhe.com/collage**.

7

LES MEDIAS ET LA TECHNOLOGIE

On surfe, on clique, on s'amuse à Cyberia Internet café.

Comment est-ce que vous communiquez avec vos amis? Parlez de deux personnes. Utilisez les expressions suivantes pour vous aider.

se voir   s'écrire des lettres
se téléphoner   s'envoyer des messages électroniques

Avec mon ami(e)_____:
                          (*nom*)

Avec mon ami(e)_____:
                          (*nom*)

Nous allons...

- exprimer des obligations
- exprimer des désirs, souhaits et préférences
- donner des opinions
- exprimer des certitudes et des doutes

Points de repère

- Le présent du subjonctif
- L'emploi obligatoire du subjonctif
- Le subjonctif par rapport à l'infinitif
- Le subjonctif par rapport à l'indicatif
- Le subjonctif passé

Mots et expressions

LE MATERIEL (*HARDWARE*)

l'écran (*m.*) screen
l'imprimante (*f.*) printer
le magnétoscope VCR
le Minitel terminal connected to a French on-line information system
l'ordinateur (*m.*) computer
le portable portable computer; cell phone
le téléviseur TV set

L'ERE DE L'INFORMATION

effacer to delete (*on a computer*)
en ligne on-line
enregistrer to record, tape
s'informer (sur) to inform oneself (about)
la page d'accueil home page
le(s) renseignement(s) (*m.*) information
le réseau network
sauvegarder to save (*electronic file*)
télécharger to download

LES MEDIAS

les actualités (*f.*) news
censurer to censor
la couverture par les médias media coverage
diffuser to broadcast
l'émission (*f.*) (*radio, TV*) program
en différé prerecorded
en direct live
l'enquête (*f.*) investigation
faire un reportage to do a story
l'hebdomadaire (*m.*) weekly publication
le journal de 20 heures the evening news
le mensuel monthly publication
le quotidien daily paper
la rubrique column; heading

A. Ressemblances. Trouvez le terme qui complète chaque analogie présentée.

MODELE: *le Minitel*: la France
Internet: le monde

1. _____: une émission (de radio, de télévision)
publier: un livre

2. _____: un film
photocopier: un document, un texte

3. _____: un(e) journaliste
faire du commerce: un homme / une femme d'affaires

4. _____: le journal de 20 heures
en différé: la publicité télévisée

5. _____: la semaine
le mensuel: le mois

6. _____: un site Web
la table des matières (*contents*): un livre

B. Familles de mots. Trouvez les deux expressions dans chaque série qui sont dans la même famille de mots.

MODELE: le couvent, <u>la couverture</u>, <u>couvrir</u>

1. imprimer, opprimant, imprimante
2. télécharger, télécarte, téléchargement
3. résigné, se renseigner, le renseignement
4. informel, information, s'informer
5. portable, portatif, port
6. effaçable, façade, effacer
7. actuellement, actuaire, actualité
8. vison, voir, téléviseur
9. la censure, censurer, être censé
10. sauver, sauvegarder, savoir
11. l'étiquette, enquêter, l'enquête

C. Synonymes. Trouvez l'équivalent des expressions suivantes.

1. communiquer, transmettre
2. l'ensemble des lignes de communication
3. un journal qui paraît tous les jours
4. dans un journal, une catégorie d'articles
5. l'appareil avec lequel on enregistre des émissions télévisées
6. une machine électronique capable de traiter un grand nombre d'informations
7. la surface sur laquelle se reproduit une image
8. le bulletin d'information télévisé le soir

Discutons!

Pour se renseigner: Sur quels médias comptez-vous pour savoir ce qui se passe dans le monde? Numérotez la liste suivante pour indiquer ce que vous consultez (1 = le plus souvent; 5 = le moins souvent).

_____ la radio   _____ Internet

_____ la télévision   _____ un magazine hebdomadaire

_____ un quotidien

Est-ce que les gouvernements du monde devraient contrôler les informations qui sont diffusées par les journaux? par la télévision? sur Internet? Répondez avec **un peu, beaucoup** ou **pas du tout.** Expliquez votre point de vue et donnez des exemples pour le justifier.

Structures

Le présent du subjonctif

QUE SAVEZ-VOUS DEJA?

Indicatif ou subjonctif? Indiquez si les verbes en italique sont à l'indicatif (**I**) ou au subjonctif (**S**). Expliquez comment vous le savez.

MODELE: __*S*__ Nos professeurs veulent que nous *soyons* à l'heure. →
C'est le subjonctif, parce qu'il est précédé par **vouloir que.**

__*I*__ **1.** J'espère que tu *comprends* ce reportage.

__*S*__ **2.** Mes profs veulent que je *lise* les journaux français.

__*S*__ **3.** Il faut que le journaliste *dise* la vérité.

__*S*__ **4.** Il semble que nous *ayons* accès à beaucoup d'informations grâce à Internet.

__*S*__ **5.** Je ne veux pas que le gouvernement *fasse* des lois pour contrôler Internet.

Définition Le mode *de l'indicatif* exprime une réalité objective. *Le subjonctif* est le mode qui indique la subjectivité. Comparez les phrases suivantes.

INDICATIF (LA CERTITUDE)	SUBJONCTIF (LA SUBJECTIVITE)
Nous **regardons** le journal de 20 heures tous les soirs.	Il est important **que** nous **regardions** le journal de 20 heures tous les soirs.

Formation

Terminaisons. Pour former le présent du subjonctif des verbes, on ajoute les terminaisons **-e, -es, -e, -ions, -iez, -ent** au radical. (Exceptions: **avoir** et **être**.)

Verbes à un radical. Pour former le présent du subjonctif de la plupart des verbes, on utilise le radical de la troisième personne du pluriel (la forme **ils/elles**) de l'indicatif présent.

<table>
<tr><td></td><td>parler: parl-</td><td>finir: finiss-</td><td>rendre: rend-</td></tr>
<tr><td>...que je</td><td>parle</td><td>finisse</td><td>rende</td></tr>
<tr><td>...que tu</td><td>parles</td><td>finisses</td><td>rendes</td></tr>
<tr><td>...qu'il/elle/on</td><td>parle</td><td>finisse</td><td>rende</td></tr>
<tr><td>...que nous</td><td>parlions</td><td>finissions</td><td>rendions</td></tr>
<tr><td>...que vous</td><td>parliez</td><td>finissiez</td><td>rendiez</td></tr>
<tr><td>...qu'ils/elles</td><td>parlent</td><td>finissent</td><td>rendent</td></tr>
</table>

> Au subjonctif présent, les formes **nous** et **vous** sont identiques à celles de *l'imparfait* de l'indicatif.

A noter: Certains verbes irréguliers (verbes comme **conduire, connaître, dire, écrire, mettre, offrir, partir** et **suivre**) se conjuguent de la même façon au subjonctif (que je **mett**e, que nous **conduis**ions).

Verbes à deux radicaux. Pour certains verbes, on utilise le radical de la première personne du pluriel (la forme **nous**) de l'indicatif présent pour les formes **nous** et **vous** au subjonctif.

<table>
<tr><td colspan="4">boire: boiv-
buv-</td></tr>
<tr><td>...que je</td><td>boive</td><td>...que nous</td><td>buvions</td></tr>
<tr><td>...que tu</td><td>boives</td><td>...que vous</td><td>buviez</td></tr>
<tr><td>...qu'il/elle/on</td><td>boive</td><td>...qu'ils/elles</td><td>boivent</td></tr>
</table>

Voici d'autres verbes qui ont deux radicaux au subjonctif.

> *Notez:*
> Indicatif: **je dois**
> Subjonctif: **que je doive**
>
> Indicatif: **je prends**
> Subjonctif: **que je prenne**
>
> Indicatif: **je reçois**
> Subjonctif: **que je reçoive**
> etc.

acheter	que j'**achète**	que nous **achet**ions
appeler	que j'**appelle**	que nous **appel**ions
croire	que je **croie**	que nous **croy**ions
devoir	que je **doive**	que nous **dev**ions
envoyer	que j'**envoie**	que nous **envoy**ions
jeter	que je **jette**	que nous **jet**ions
mourir	que je **meure**	que nous **mour**ions
payer	que je **paie**	que nous **pay**ions
préférer	que je **préfère**	que nous **préfér**ions
prendre	que je **prenne**	que nous **pren**ions
recevoir	que je **reçoive**	que nous **recev**ions
venir	que je **vienne**	que nous **ven**ions
voir	que je **voie**	que nous **voy**ions

Formes subjonctives irrégulières

Trois verbes irréguliers ont un seul radical au subjonctif.

	faire: *fass-*	pouvoir: *puiss-*	savoir: *sach-*
...que je	**fass**e	**puiss**e	**sach**e
...que tu	**fass**es	**puiss**es	**sach**es
...qu'il/elle/on	**fass**e	**puiss**e	**sach**e
...que nous	**fass**ions	**puiss**ions	**sach**ions
...que vous	**fass**iez	**puiss**iez	**sach**iez
...qu'ils/elles	**fass**ent	**puiss**ent	**sach**ent

Voici trois verbes impersonnels au subjonctif.

falloir	pleuvoir	valoir
...qu'il **faille**	...qu'il **pleuve**	...qu'il **vaille**

Quatre verbes irréguliers ont deux radicaux au subjonctif.

	aller: *aill-* / *all-*	avoir: *ai-* / *ay-*	être: *soi-* / *soy-*	vouloir: *veuill-* / *voul-*
...que je (j')	**aill**e	**ai**e	**soi**s	**veuill**e
...que tu	**aill**es	**ai**es	**soi**s	**veuill**es
...qu'il/elle/on	**aill**e	**ai**t	**soi**t	**veuill**e
...que nous	**all**ions	**ay**ons	**soy**ons	**voul**ions
...que vous	**all**iez	**ay**ez	**soy**ez	**voul**iez
...qu'ils/elles	**aill**ent	**ai**ent	**soi**ent	**veuill**ent

A noter: Les *terminaisons* d'**avoir** et d'**être** sont irrégulières.

- -

MISE AU POINT

A. **Etre branché** ("*with it*"). Que faut-il faire pour être à la mode aujourd'hui? Expliquez à tour de rôle ce qui est de rigueur. Commencez chaque réponse avec **il faut que** ou **il n'est pas nécessaire que**.

MODELE: avoir une belle voiture neuve →
    Il faut qu'on ait une belle voiture neuve.
ou Il n'est pas nécessaire qu'on ait une belle voiture neuve.

1. connaître les meilleurs restaurants
2. savoir utiliser un disque optique compact
3. avoir un ordinateur à la maison
4. suivre des feuilletons (*soap operas*)
5. étudier dans une université renommée
6. s'informer sur les scandales
7. lire la rubrique sportive tous les jours
8. répondre tout de suite aux messages électroniques
9. ?

Pour vous aider

Notez la différence entre
Il ne faut pas et **Il n'est pas néces-saire.**

Il n'est pas néces-saire que nous habitions un quartier chic.
(We **don't have to** live in a fancy neighborhood.)

Il ne faut pas que tu mettes un short pour aller à l'opéra.
(You **mustn't** wear shorts to the opera.)

B. **La Nétiquette.** Pour être un(e) internaute poli(e), il y a certaines règles à respecter. Choisissez des éléments de chaque colonne pour indiquer comment se comporter en ligne.

MODELE: Les gens préfèrent qu'on ne soit pas vulgaire en ligne.

A	B	C
On suggère que	les gens	bien comprendre la nétiquette
Il vaut mieux que	je	faire du pollupostage (*spamming*)
Les gens préfèrent que	vous	écrire de longues réponses compliquées
Je déteste que	on	être vulgaire(s) en ligne
Il est nécessaire que	tout le monde	limiter les transferts de gros fichiers (*files*)
		lire attentivement le courrier avant de répondre

Maintenant, comparez vos phrases avec celles d'un(e) partenaire. Avez-vous donné la même importance aux différentes suggestions? Y a-t-il des choses qui vous énervent (*irritate*) plus qu'elles n'énervent votre partenaire? Expliquez.

LES FRIMOUSSES: SYMBOLES POUR INTERNET

:)	= je suis content(e)
: (	= je suis mécontent(e)
: D	= je ris
:, (	= je pleure
:- >	= je suis sarcastique
;)	= je te fais un clin d'œil (*wink*)
[:)	= j'écoute mon baladeur (*walkman*)
:- x	= je ne dis rien
0:-)	= je suis innocent(e)

L'emploi obligatoire du subjonctif

QUE SAVEZ-VOUS DEJA?

Les médias. Exprimez ces opinions sur les médias en utilisant les éléments suivants. N'oubliez pas de conjuguer les verbes correctement. Ensuite, dites si vous êtes d'accord avec cette opinion.

1. Les parents / regretter / qu'il y / avoir / des émissions violentes à la télévision à 7 h du soir.
2. Les professeurs / douter / que les émissions éducatives / être / très efficaces (*effective*).
3. Il / être / nécessaire que le gouvernement / faire / de la censure.
4. Certaines personnes conservatrices / vouloir / que les jeunes / pouvoir / regarder plus d'émissions moralisatrices.

1. On emploie le subjonctif quand il y a deux sujets différents et une expression

   a. de **doute**

   douter que
   il est douteux que
   il est improbable que
   il est (im)possible que
   il semble que

   *Je **doute que** cette correspondante **ait** raison.*
   *Il **ne semble pas qu'**elle **dise** la vérité.*

   b. d'**opinion**

   il est bizarre/bon/important/(in)utile/juste/normal/ridicule/temps (etc.) que
   il vaut mieux que

   *Il **est important que** les caméras **soient** libres de tout filmer.*
   *Il **est regrettable que** la télévision **rende** les crimes spectaculaires.*

   c. de **volonté**

   demander que
   désirer que
   il est nécessaire que
   il faut que
   préférer que
   suggérer que
   vouloir que

   *Il **faut que** nous **ayons** un modem connecté à notre ordinateur pour accéder aux services Minitel.*
   *La technicienne **suggère que** nous **achetions** un ordinateur compact avec un écran de seize pouces (*inches*).*

> Dans la langue parlée, on utilise souvent **c'est** au lieu d'**il est**:
>
> C'est bon que...

> Le mot anglais DOVE vous rappellera ces emplois du subjonctif:
>
> **D**oute
> **O**pinion
> **V**olonté
> **E**motion

d. d'**émotion**

avoir peur que*... (ne)
être désolé/furieux/heureux/ravi/surpris/triste (etc.) que
il est dommage que
regretter que

Ce journaliste **est surpris que** *les gens* ne **puissent** pas toujours distinguer
le vrai du faux à la télévision.
Il **regrette que** *le public* ne **sache** plus que croire.

2. On emploie le subjonctif quand la phrase contient une des conjonctions suivantes et deux sujets différents.

à condition que	*provided that*
à moins que... (ne)†	*unless*
avant que... (ne)†	*before*
pour que	*in order that, so that*
sans que	*without*

*J'*achèterai cette vidéocassette, **à
moins que** *tu* ne l'**aies** déjà.

*I'll buy this videocassette, unless
you already have it.*

3. Les deux conjonctions suivantes demandent toujours le subjonctif. Le sujet peut être le même ou différent dans les deux propositions.

bien que	*although*
jusqu'à ce que	*until*

Nathalie est en Roumanie **jusqu'à ce qu'***elle* **finisse** son reportage sur la crise économique.

MISE AU POINT

A. **Hésitations.** Avec un(e) partenaire, exprimez vos opinions en ce qui concerne le rôle des médias. Utilisez une expression de doute ou d'opinion, puis faites un commentaire approprié. Suivez le modèle.

MODELE: Il y a trop d'images choquantes à la télé. →
Il est regrettable qu'il y ait tellement d'images choquantes à la télé.
Les enfants sont très impressionnables.

1. On ment à la télévision.
2. Le public fait toujours confiance aux journalistes.
3. Un article est toujours moins impressionnant qu'une image télévisée.
4. Les journalistes veulent toujours renseigner le public de façon responsable.
5. La presse a le droit de manipuler les images télévisées pour influencer le public.
6. La télévision est responsable de la montée du sensationnalisme dans les médias.

---

*Dans la langue écrite, on emploie un **ne** explétif avec l'expression **avoir peur.** Il n'a pas de valeur négative:
J'ai peur que mon ami **ne soit** malade. (*I'm afraid that my friend is sick.*) Dans la langue parlée, ce **ne**
explétif est facultatif (*optional*).

†On emploie le **ne** explétif avec **à moins que** et **avant que.** Il n'a pas de valeur négative.

Avec plus de 300 journalistes, le journal Le Monde *aide les Français à se tenir au courant. Des lecteurs dans le monde entier peuvent également profiter de son édition électronique.*

B. Aujourd'hui. Trouvez dans la colonne **B** la fin logique des phrases de la colonne **A**.

A

1. J'ai reçu ton e-mail après…
2. On va relire tout le dossier pour…
3. Nous travaillerons jusqu'à…
4. Elle a téléchargé le document avant…
5. Il t'a téléphoné parce…

B

a. que tu as oublié ton portable chez lui.
b. que nous ne soyons arrivés.
c. que j'aie tous les détails.
d. ce que tout le monde comprenne.
e. que tu étais parti.

C. Demandes. Imaginez qui (professeur, parent, ami[e], médecin, etc.) exprime les souhaits (*wishes*) suivants. Avec un(e) partenaire, jouez le rôle de cette personne en suivant le modèle.

MODÈLE: faire un exposé oral demain →

LE PROFESSEUR: Je veux que vous fassiez un exposé oral demain.

1. apprendre à accéder aux services Minitel
2. se souvenir de mon anniversaire cette année
3. boire plus d'eau et moins de boissons sucrées
4. faire des économies ce semestre
5. venir me parler si vous ne comprenez pas les devoirs
6. prendre deux aspirines et me téléphoner demain matin
7. utiliser une imprimante à laser

Maintenant, ajoutez trois autres demandes que l'on vous fait régulièrement.

Un cybercafé près de la Sorbonne. Un sandwich, un café et un accès facile à l'autoroute de l'information!

D. **Les cybercafés du monde francophone.** Avec un(e) partenaire, imaginez les situations suivantes dans des cybercafés. Choisissez une des expressions en italique, et mettez les verbes au subjonctif.

MODELE: Les élèves vont souvent au cybercafé au lieu d'aller en classe.
Certains professeurs sont *mécontents/contents*... →
Certains professeurs sont mécontents que les élèves aillent au cybercafé.

1. Dans le Web Bar à Paris, on peut écouter de petits concerts pendant qu'on consulte le Web. Les jeunes sont *ravis/mécontents*...
2. Au Mali, dans le cybercafé Spider, vous payez 2 000 Fcfa*/heure si vous êtes un adulte et 1 000 Fcfa/heure si vous êtes étudiant. C'est *normal/bizarre*...
3. Au cybercafé de Toulon, on prend rendez-vous pour une session Internet guidée. Il est *indispensable/inutile*...
4. Au Café de la Paix, les Belges n'ont qu'un ordinateur à leur disposition. C'est *fantastique/regrettable*...
5. A l'Etrange Bar à Québec, les parents peuvent consulter une Webcam en ligne pour voir si leur enfant est au bar. Les jeunes *sont surpris / ne sont pas surpris*...
6. A Cyber-Espace à Rabat, un Marocain choisit entre une salle fumeurs et une salle non-fumeurs. Il *faut que/qu' / n'est pas nécessaire que/qu'*...

- -

MISE EN PRATIQUE

Interactions. Quelles mesures faut-il prendre dans les cas suivants? Discutez-en avec vos camarades de classe en utilisant le subjonctif.

1. Vous voulez organiser une soirée avec vos copains. Dites ce que vous devez faire pour vous préparer.

MODELE: Il faut que nous achetions des boissons, et que...

2. Le médecin vient de vous dire que vous êtes en mauvaise santé et vous conseille de faire certaines choses et d'en éviter d'autres pour améliorer votre santé.

MODELE: Je suggère que vous fassiez de longues promenades, et que...

---

*Fcfa = le franc de la Communauté financière africaine. C'est la monnaie utilisée dans beaucoup de pays africains francophones.

3. Un étudiant a manqué deux semaines de cours. Vous lui donnez des conseils pour rattraper son retard (*catch up*).

MODELE: Il est important que tu ailles voir ton prof, et que…

4. Ta sœur a plus de 1 000 messages dans sa boîte aux lettres électronique. Dites-lui ce qu'elle doit faire.

MODELE: Il est absolument nécessaire que tu répondes aux messages importants et que…

Le subjonctif par rapport à l'infinitif

QUE SAVEZ-VOUS DEJA?

Le journalisme. Terminez chaque phrase de façon logique en utilisant un des éléments qui la suivent.

1. Les journalistes enregistrent leurs interviews à condition _____.
   a. d'avoir un monocycle
   b. que la personne soit d'accord

2. Les éditeurs lisent les articles avant _____.
   a. de les publier
   b. que le journaliste ne les écrive

3. Les gens regardent la rubrique «Cinéma» pour _____.
   a. avoir des renseignements sur des films
   b. que leurs amis puissent trouver un restaurant

4. Un journaliste ne peut pas assister à notre réunion privée à moins _____.
   a. que nous ne l'invitions
   b. d'avoir un perroquet bleu

1. On emploie le subjonctif après une expression de doute, d'opinion, de volonté ou d'émotion s'il y a deux sujets différents dans la phrase. S'il n'y a qu'un seul sujet, le deuxième verbe est à l'infinitif.

SUBJONCTIF (DEUX SUJETS)

Elle voulait que *tu* **fasses** ce reportage pour le journal de 20 heures.
Il est important que *nous* **lisions** des mensuels étrangers.

INFINITIF (UN SUJET)

Elle voulait **faire** ce reportage pour le journal de 20 heures.
Il est important **de lire** des mensuels étrangers.

2. On emploie le subjonctif après les conjonctions suivantes s'il y a deux sujets différents dans la phrase. S'il n'y a qu'un seul sujet, le deuxième verbe est à l'infinitif.

> Après une expression d'opinion ou d'émotion, utilisez **de**.
>
> Je suis triste **de** partir.
>
> Avec **il faut** et **il vaut mieux**, l'infinitif suit le verbe (*sans de*).
>
> **Il faut** limiter le nombre de jeux télévisés le soir.

DEUX SUJETS	UN SUJET

pour que
sans que
à condition que
à moins que (ne)
avant que (ne)
} + *subjonctif*

pour
sans
à condition de
à moins de
avant de
} + *infinitif*

*J'*ai reçu cette somme **à condition que** *nous* **partions** demain.
Le producteur téléphonera **avant que** *vous* **ne quittiez** le studio.

*J'*ai reçu cette somme **à condition de partir** demain.
Le producteur téléphonera **avant de quitter** le studio.

MISE AU POINT

A. **Suggestions.** Mettez-vous à quatre et dites ce qu'il faut ou ce qu'il ne faut pas faire dans chaque situation en utilisant un infinitif.

MODELE: Si l'on veut courir un marathon? →
    On doit courir régulièrement.
    Il est essentiel d'acheter des chaussures convenables.
    Il ne faut pas s'entraîner tous les jours.
    Il serait utile d'étudier les vidéos de coureurs célèbres.

1. Si l'on veut être en bonne santé?
2. Si l'on veut acheter un ordinateur?
3. Si l'on veut voyager à l'étranger l'été prochain?
4. Si l'on veut trouver un(e) camarade de chambre?
5. Si l'on veut voir un nouveau film passionnant?

B. **Amour en ligne?** Peut-on vraiment connaître quelqu'un dans le cyberespace? Avec un(e) partenaire, jouez les deux rôles en vous basant sur le modèle.

MODELE: E1: être ravi / t'écrire
    E2: être ravi / tu / m'écrire →
    E1: Je suis ravi de t'écrire.
    E2: Je suis ravi que tu m'écrives.

1. E1: il / être nécessaire / avoir / beaucoup de choses en commun
   E2: ce / être / fantastique / nous / avoir / beaucoup de choses en commun
2. E1: je / aimer / te dire / des choses personnelles
   E2: je / aimer / tu / me dire / des choses personnelles
3. E1: il faut / aller / au cybercafé ensemble
   E2: je / préférer / nous / parler en ligne

4. E1: je / vouloir / te rencontrer
   E2: eh non / je / ne pas vouloir / nous / se rencontrer
5. E1: est-ce que tu / avoir peur / me trouver / bizarre?
   E2: je / avoir peur / tu / me trouver / bizarre
6. E1: ?
   E2: ?

A. **TROUVEZ QUELQU'UN QUI... Rapports médiatiques.**
Cherchez dans votre classe des camarades pouvant répondre aux questions suivantes. La même personne peut répondre à plusieurs questions. Mentionnez les noms des étudiants et les faits pertinents.

Quel(le) étudiant(e)…

1. aime regarder les mêmes émissions à la télévision que vous? Quelles émissions?
2. voudrait avoir une carrière dans les médias un jour? Quelle profession?
3. ne sait pas se servir du magnétoscope pour enregistrer une émission? Pourquoi?
4. doute que la télévision soit la meilleure façon de s'informer? Pourquoi?
5. peut nommer deux journaux français? Quels journaux?
6. utilise l'ordinateur pour faire les mêmes choses que vous? Quelles activités?
7. est content(e) qu'il y ait plus de 500 chaînes à la télévision? Pourquoi?

B. **Pourquoi?** En groupes, dites pour quelles raisons les personnes suivantes font les activités indiquées. Complétez chaque phrase avec l'infinitif de votre choix en suivant le modèle.

MODELE: On / lire / (un quotidien? *MacWorld? Télérama?*) afin de… →
On lit un quotidien afin de s'informer sur les actualités mondiales.
On lit *MacWorld* afin d'avoir les derniers renseignements sur le matériel Macintosh.
On lit *Télérama* afin de choisir une émission.

1. On / utiliser / (un magnétoscope? un téléphone? un ordinateur?) / pour…
2. Tout le monde / acheter / (une imprimante? un téléviseur? un modem?) / afin de…
3. Les étudiants / aller / (au restaurant universitaire? à la librairie? à la bibliothèque?) / afin de…
4. Nous / lire / la rubrique (cinéma? horoscope? voyages?) / pour…

Le subjonctif par rapport à l'indicatif

QUE SAVEZ-VOUS DEJA?

Sceptique ou fanatique? Mettez la forme correcte du verbe approprié pour compléter chacune des phrases. Ensuite, dites quelle personne est sceptique sur la qualité des informations qui existent sur le Web.

VOCABULAIRE UTILE: avoir, être, faire, lire, mettre

ELLE: Je pense que les sites Web _____ fantastiques.

LUI: Crois-tu qu'on _____ toujours des choses exactes sur le Web?

ELLE: Pourquoi? Est-ce que tu penses qu'il y _____ des erreurs sur les sites?

LUI: J'espère que tu _____ les informations d'un œil critique.

ELLE: Ah, là, je suis sûre que tu _____ ça tout le temps!

Certains verbes de pensée peuvent être suivis de l'indicatif *ou* du subjonctif. A l'affirmatif, ils indiquent une certitude et on emploie l'indicatif. A l'interrogatif et au négatif, ils indiquent un doute et on utilise souvent le subjonctif. Le verbe **espérer,** qui exprime le désir, suit les mêmes règles.

il (me/te/lui/nous/vous/leur) **semble que**	**croire que**
il est certain que	**espérer que**
il est évident que	**être certain(e)(s) que**
il est probable que	**être sûr(e)(s) que**
il est sûr que	**penser que**
il est vrai que	**trouver que**
etc.	

SUBJONCTIF (DOUTE)	INDICATIF (CERTITUDE)
Crois-tu que cette émission **soit** en direct?	—**Je crois qu'**elle **est** en différé.
Est-il sûr que Yahoo! France **soit** facile à utiliser?	—**Nous sommes certains qu'**on **peut** l'utiliser sans problèmes.

A. **Un entretien.** Une journaliste interroge le candidat socialiste aux prochaines élections. Il répond toujours par l'affirmative. Jouez les deux rôles.

MODELE: LA JOURNALISTE: Est-il certain que vous *ayez* l'appui de la majorité?
          LE CANDIDAT: Oui, il est certain que j'*ai* l'appui de la majorité.

1. Pensez-vous que les électeurs veuillent un changement radical?
2. Est-il sûr que votre parti sache défendre les intérêts de tous?
3. Croyez-vous que les mouvements ouvriers doivent être soutenus?
4. Trouvez-vous que le chômage soit notre plus gros problème?
5. Est-il vrai que votre programme puisse mettre fin à la crise économique?

B. **L'ordinateur.** Que pense-t-on des usages de l'ordinateur? Complétez les questions suivantes et posez-les à un(e) partenaire qui vous donnera son opinion à ce sujet.

VOCABULAIRE UTILE

transmettre/fournir: des informations essentielles/inutiles
être: indispensable / facile à utiliser / accessible à tout le monde
devoir: savoir se servir d'un ordinateur / censurer certaines messageries à thème adulte
pouvoir: apprendre une langue / mieux faire ses devoirs à l'aide de l'ordinateur

1. Est-ce que tes grands-parents pensent que les ordinateurs…?
2. Crois-tu que les réseaux…?
3. Est-il vrai qu'Internet…?
4. Penses-tu que l'on…?
5. Trouves-tu que…?
6. ?

Nécessités? Dites à votre partenaire si vous pensez que l'on utilise les choses suivantes pour faire quelque chose de sérieux ou pour s'amuser. Justifiez votre réponse, puis changez de rôles.

EXPRESSIONS UTILES

(ne pas) croire/espérer/penser/trouver que
(ne pas) être certain(e)/sûr(e) que

le portable →

Je pense que le portable est indispensable pour beaucoup de gens, comme les gens qui voyagent et les parents qui veulent rester en contact avec leurs enfants.

Je ne suis pas sûr(e) que tout le monde ait besoin d'un portable. Beaucoup de gens, comme les jeunes en particulier, l'utilisent pour s'amuser, pour appeler leurs amis dix fois par jour parce qu'ils s'ennuient, etc.

1. le portable (*ordinateur*)   2. l'imprimante   3. le magnétoscope
4. l'ordinateur   5. le téléviseur   6. le quotidien

Le subjonctif passé

QUE SAVEZ-VOUS DEJA?

Points de vue. Reliez les éléments des deux colonnes pour former des phrases logiques.

A	B
1. Je suis désolée que tu…	a. aient dit la vérité pendant les dernières élections.
2. Je doute que les journalistes…	b. soient arrivées au restaurant avant nous.
3. Nous sommes contents que Marie et Anne…	c. soit devenu plus important que le téléphone.
4. Il est possible que le courrier électronique…	d. te sois cassé la jambe au ski.

Formation

On forme le subjonctif passé à l'aide du subjonctif présent de l'auxiliaire **avoir** ou **être** et du participe passé du verbe.

	parler	venir	se lever
…que je/j'	aie parlé	sois venu(e)	me sois levé(e)
…que tu	aies parlé	sois venu(e)	te sois levé(e)
…qu'il/elle/on	ait parlé	soit venu(e)	se soit levé(e)
…que nous	ayons parlé	soyons venu(e)s	nous soyons levé(e)s
…que vous	ayez parlé	soyez venu(e)(s)	vous soyez levé(e)(s)
…qu'ils/elles	aient parlé	soient venu(e)s	se soient levé(e)s

Est-il certain qu'elle **ait** déjà **parlé** avec la speakerine?
Je ne crois pas qu'elles **soient parties** hier.
Est-il vrai qu'elle **se soit levée** plus tôt que les autres?

Emploi

On emploie le subjonctif passé si l'action du verbe de la proposition subordonnée a eu lieu avant celle du verbe de la proposition principale.

Je suis contente que vous **soyez venus** hier soir.

J'avais peur que tu **n'aies oublié** de sauvegarder le document.

I am happy that you came last night.

I was afraid that you had forgotten to save the document.

le nouveau

DETECTIVE

magazine d'enquêtes

DENVER: PRIS AU PIÈGE COMME UN ANIMAL, LE PÊCHEUR SE TRANCHE LA JAMBE AVEC SON COUTEAU

MISE AU POINT

A. **Un journal à scandales.** Dans *Le Nouveau Détective*, il y a beaucoup d'articles bizarres. Commentez les titres suivants, d'après le modèle, en utilisant le subjonctif passé et les expressions suggérées.

EXPRESSIONS UTILES

Il est bizarre que…
Il est peu probable que…
J'ai peur que…
Je doute que…
Je ne crois pas que…
Je ne pense pas que…

MODELE: «Des extraterrestres ont kidnappé mon fils hier soir!» →
Je doute que des extraterrestres aient kidnappé son fils.

1. «Une dame de 95 ans a épousé mon frère de 15 ans!»
2. «Hier matin, mon chien m'a parlé en chinois!»
3. «Nous avons découvert un crocodile dans notre salle de bains!»
4. «L'actrice millionnaire a perdu tout son argent à Las Vegas!»
5. «Les dinosaures ont construit des maisons!»
6. «L'espèce humaine est venue de l'espace!»

B. **Pas de chance!** Votre ami(e) vous explique les malheurs qui lui sont arrivés, et vous réagissez. Jouez les deux rôles avec un(e) camarade de classe. Ensuite, inversez les rôles.

MODELE: VOTRE AMI(E): Samedi, j'ai eu un accident de voiture.

VOUS: Oh, je suis désolé(e) que tu aies eu un accident de voiture.

1. Hier soir, j'ai manqué la réunion. *que tu aies manqué la reunion*
2. Ce matin, mon ordinateur est tombé en panne. *que votre ord. sois tombé.*
3. Le week-end dernier, un voleur a pris mon magnétoscope. *qu'un... ait pris*
4. Cet après-midi, je me suis fait mal au bras. *que tu te sois fait mal au bras*
5. Aujourd'hui, ma camarade et moi, nous nous sommes disputé(e)s.
   que vous vous soyez disputées

6. **Propos entendus au café.** Mettez les verbes entre parenthèses au temps (présent ou passé) du subjonctif qui s'impose.

1. J'aimerais que tu _lises_ (*lire*) cet article tout de suite.
2. Il est normal qu'ils ne _sois mari_ (*se marier*) pas encore.
3. Je suggère que vous _alliez_ (*aller*) à la banque cet après-midi.
4. Il est bon qu'elle _sois rentré_ (*rentrer*) à l'heure hier.
5. C'est dommage qu'il _sois cassé_ (*se casser*) le bras.
6. J'avais peur que vous ne _sois été_ (*être*) malade.
7. Nous étions étonnés qu'il _parte_ (*partir*) si tôt.
8. Il serait préférable qu'ils _____ (*s'en aller*) demain.
   en sois allé

MISE EN PRATIQUE

Une télé-maman? Regardez le dessin. Avec un(e) partenaire, dites ce que vous pensez de cette scène. Refaites les phrases oralement ou par écrit en utilisant l'une des expressions données et le subjonctif passé. Suivez le modèle.

EXPRESSIONS UTILES

Je doute que… / Je ne crois (pense) pas que… / J'ai peur que…
Il est douteux/(im)possible/(im)probable/dommage/ridicule/bizarre que…

MODELE: Cette mère a décidé de se mettre dans le téléviseur. →
Il est absurde que cette mère ait décidé de se mettre dans le téléviseur.

1. Cet enfant a demandé de manger devant le téléviseur.
2. Cette mère a préparé le repas dans le téléviseur.
3. Cet enfant a mangé devant le téléviseur hier.
4. Le père de cet enfant s'est mis dans le téléviseur hier.
5. Les parents de cet enfant ont mangé devant le téléviseur quand ils étaient jeunes.

Reprise

A. Débat. Les membres d'un comité sur la violence à la télévision discutent de certains problèmes. Transformez les phrases suivantes en utilisant les mots entre parenthèses.

MODELE: Le gouvernement prend des mesures pour améliorer la situation. (Nous voulons que…) →
Nous voulons que le gouvernement prenne des mesures pour améliorer la situation.

1. Il y a une dose ininterrompue de violence à la télévision. (Nous regrettons que…)
2. Il faut censurer le contenu des émissions violentes. (Pensez-vous que…)
3. Les consommateurs font pression sur l'industrie pour changer le contenu des émissions. (Il est urgent que…)
4. Les adultes veulent des émissions sans sexe ni violence. (Croyez-vous que…)
5. Tout le monde lit des articles sur les effets de la télévision. (Nous voulons que…)
6. Nous pouvons censurer le langage vulgaire de certaines émissions. (Il est temps que…)

B.  **Les journaux.** Comment sont les quotidiens chez vous? Ont-ils le sens des responsabilités? Ont-ils tendance à couvrir des nouvelles à sensation ou cherchent-ils à informer?

Posez trois questions sur la presse écrite à votre partenaire. Utilisez un élément tiré de chacune des colonnes suivantes, et mettez les verbes de la colonne **C** au subjonctif. Votre partenaire répondra à vos questions en utilisant le subjonctif ou l'indicatif selon le cas. Changez ensuite de rôles.

MODELE: Penses-tu que les journaux soient assez sérieux? →
Oui, je pense qu'ils sont très sérieux.
ou Non, je ne pense pas qu'ils soient assez sérieux. Il y a souvent trop d'articles superficiels et sensationnels.

A	B	C
Est-il possible que	les sports	être trop violent(e)(s)
Penses-tu que	les bandes dessinées	divertir
Est-il normal que	la météo	fournir des renseignements utiles
Est-il bon que	les mots croisés	
Crois-tu que	la presse écrite	être la rubrique la plus lue
Est-il vrai que	les journalistes	vouloir influencer ou informer
Trouves-tu que	les journaux	
?	la causette (*chatroom*)	servir le public
	?	être assez sérieux/sérieuse(s)
		?

Qu'est-ce qu'ils lisent tous devant cette statue du Quartier latin?

C.  **Recommandations.** En groupes, transformez ces généralités en conseils spécifiques. Placez ces conseils dans des contextes précis. Suivez le modèle.

MODELE: Il est important de lire. →

Il est important que vous lisiez vos e-mails avant de les effacer.

Il est important que tout le monde lise plusieurs mensuels régulièrement.

Il est important qu'un médecin lise les résultats de recherches récentes dans sa spécialité.

Il est important qu'un(e) journaliste à la télévision lise son texte correctement et naturellement.

1. Il est nécessaire de finir.   **2.** Il est essentiel d'écrire.   **3.** Il faut être patient.   **4.** Il ne faut pas avoir peur.   **5.** Il vaut mieux boire.   **6.** Il vaut mieux répondre tout de suite.

D. **Interview.** Vous interviewez une célébrité. Complétez les questions suivantes et posez-les à votre partenaire qui répondra. Utilisez le subjonctif ou l'infinitif selon le cas.

1. Croyez-vous que la presse… ?
2. Est-il vrai que vous… ?
3. Avez-vous demandé cette interview afin de… ?
4. Etes-vous surpris(e) que votre public… ?
5. Voudriez-vous continuer à travailler jusqu'à ce que… ?

Le français au bout des doigts

Les médias et le monde moderne

Pour savoir ce qui se passe en France et dans le monde, les Francophones peuvent consulter plusieurs sites créés par les chaînes de télévision, par les journaux et par les magazines.

Les liens et les activités se trouvent à **www.mhhe.com/collage**.

La deuxième chaîne de télévision marocaine

CHAPITRE 8 LES SPECTACLES

—*Tu peux le croire?*
—*Quoi?*
—*Que nous nous sommes promenés sur le lac de Côme. Une après-midi d'avril.*

Observez! Au théâtre, les spectateurs regardent les comédiens avec beaucoup d'attention. Comment sont-ils? Que disent-ils? Regardez la photo et terminez les phrases avec des adjectifs qui décrivent Nagg et Nell, deux personnages de *Fin de partie,* une pièce de théâtre de Samuel Beckett.

1. Nagg? Il est _____ et _____.
2. Nell est _____ et _____.
3. Ils sont _____.

Maintenant imaginez une réplique (*line*) pour chaque personnage.

Nagg: _____   Nell: _____

Nous allons...

- parler de la création des spectacles
- exprimer des opinions sur différents types de spectacles

Points de repère

- Les pronoms relatifs
- Les pronoms relatifs indéfinis

Mots et expressions

CINEMA, THEATRE, MUSIQUE

assister à une représentation to attend (go to) a performance

attirer to attract

avoir du succès to be a hit

la bande-annonce (*movie*) trailer

la bande sonore soundtrack

le billet ticket

le compositeur / la compositrice composer

le dénouement (heureux) (happy) ending

le dessin animé (film) cartoon

les effets (*m.*) **spéciaux** special effects

l'entracte (*m.*) intermission

faire du théâtre / du cinéma to act; to be an actor

le film d'action (d'amour, d'animation, d'horreur) action (romantic, animated, horror) film; **le film policier** detective movie, mystery

le générique (film) credits

le héros hero; **l'héroïne** (*f.*) heroine

l'intrigue (*f.*) plot

jouer dans un film to act in a film

le metteur en scène stage director

passer un film to be showing a film

le personnage character (*in a movie, play, novel, etc.*)

la pièce (de théâtre) play

le prix price; prize

le producteur / la productrice producer

le public audience, public

le réalisateur / la réalisatrice film director

la répétition rehearsal

réserver une place to reserve a seat

le/la scénariste scriptwriter

la scène stage; scene; **sur scène** on stage

les sous-titres (*m.*) subtitles

le spectacle (*live*) performance

la suite sequel

tourner/réaliser un film to shoot/make a film

la vedette star; **en vedette** starring, featuring

la version (doublée, originale) (dubbed, original) version

APPLICATIONS   **A. Analogies.** Complétez chaque analogie avec le terme approprié.

MODELE: *le metteur en scène*: une pièce
le réalisateur: un film

1. _____: les acteurs (*deux ou trois possibilités*)
chanter: les chanteurs
2. _____: le compositeur
les dialogues: l'écrivain
3. _____: un spectacle
les spectateurs: un match de football
4. _____: un film ou une pièce
l'auteur: un livre
5. _____: une pièce
l'écran: un film

B. Définitions. Trouvez l'équivalent des termes suivants.

le générie
le prix
rentrade
les effetspeciaux

1. où sont indiqués les noms des collaborateurs, producteurs, etc. d'un film
2. le coût; une récompense qui honore une personne
3. l'intervalle qui sépare un acte du suivant
4. des procédés techniques qui attirent l'attention du spectateur
5. faire un film *réaliser un film*
6. auteur de scénarios de films *la/le scénariste*
7. les sons qui accompagnent l'image dans un film *la bande sonore*
8. l'ensemble des événements dans un film, une pièce, etc. *l'intrigue*
9. être présent(e) (à un spectacle) *le public*
10. une publicité pour un nouveau film *la bande annonce*

C. Antonymes. Trouvez le contraire des termes suivants.

1. le début
2. l'échec, le fiasco
3. un personnage secondaire (*deux possibilités*)
4. ce qui précède

D. Familles de mots. Trouvez dans chaque groupe les termes qui appartiennent à la même famille de mots.

MODELE: la répétition répéter réparer

1. le son sonore le songe
2. la suite suisse suivre
3. la jouissance jouer le jeu
4. l'attitude attirer l'attirance
5. le spectacle la spéculation spectaculaire
6. le placard le placement la place
7. réserver le réseau la réservation
8. animation animal animé
9. blé doublé doublage

Pour parler du cinéma: Certains films mettent en avant des éléments spécifiques de l'art cinématographique.

A votre avis, quels films, récents ou classiques, insistent sur les éléments suivants? Mettez le nom d'un film dans chaque catégorie.

_____ les costumes _____ les effets spéciaux _____ les décors

_____ les acteurs _____ le scénario _____ les cascades (*stunts*)

Qu'est-ce qui vous attire au cinéma? Les effets spéciaux? L'intrigue? Les bons acteurs? Les décors et les costumes? La bande sonore? Expliquez. En général, qu'est-ce que vous aimez le mieux? Un film original? Un remake? Une suite? Pourquoi?

Structures

Les pronoms relatifs

QUE SAVEZ-VOUS DEJA?

Qui sont ces gens? Formez des phrases logiques en liant les segments de la colonne **A** à ceux de la colonne **B.**

A	B
1. Julia Roberts est une actrice qui — *sujet*	2 a. les films ont beaucoup de succès.
2. Harrison Ford est un acteur dont	3 b. beaucoup d'Américains connaissent.
3. Gérard Depardieu est une vedette que — *non sujet*	1 c. a fait beaucoup de films.

Définition Un pronom relatif relie deux phrases ou deux propositions.

La réalisatrice est bien connue. Elle tourne ce film.
La réalisatrice **qui** tourne ce film est bien connue.

Le film était bon. Nous avons vu le film hier soir.
Le film **que** nous avons vu hier soir était bon.

Formes

<table>
<tr><td rowspan="4">Un seul pronom a deux formes:
que, qu'</td><td>SUJET (PERSONNE OU CHOSE)</td><td>**qui**</td></tr>
<tr><td>OBJET (PERSONNE OU CHOSE)</td><td>**que, qu'**</td></tr>
<tr><td>OBJET DE **de** (PERSONNE OU CHOSE)</td><td>**dont**</td></tr>
<tr><td>UN LIEU, UN MOMENT (ADVERBE)</td><td>**où**</td></tr>
</table>

Emplois des pronoms relatifs *qui* et *que*

Après **qui**, le verbe peut être au singulier *ou* au pluriel.

1. Le pronom relatif **qui** s'emploie comme *sujet* pour les personnes et les choses.

   Le chanteur **qui** est sur scène s'appelle M C Solaar.
   Les films **qui** passent à Paris coûtent 45F.

Après **que (qu')**, il faut un sujet et un verbe.

2. Le pronom relatif **que** s'emploie comme *objet direct* pour les personnes et les choses.

   Le chanteur **que** tu regardes s'appelle M C Solaar.
   Les films **qu'**il a **loués*** ne coûtaient pas cher.

Tunisie, un joueur de tambour berbère: Comme d'autres pays où le français exerce une certaine influence, la Tunisie a toujours gardé ses traditions culturelles.

---

*Le participe passé s'accorde en genre et en nombre avec un objet direct qui *précède* le verbe: La pièce **qu'**il a **écrite** était amusante.

A. A mon avis. Voici quelques opinions sur les spectacles. Complétez les phrases avec le pronom relatif **qui** ou **que,** puis donnez votre opinion sur ces sujets.

MODELE: Les enfants aiment les dessins animés *qui* sont drôles et qui ne sont pas violents. →
—A mon avis, les dessins animés de ce genre n'ont pas d'effet négatif sur les enfants.

1. Les pièces de théâtre *qui* ont un message politique sont les meilleures. —A mon avis,…

2. Les musiciens *qui* jouent dans la rue ont souvent beaucoup de talent. —A mon avis,…

3. Le ballet est une forme d'art *que* les jeunes trouvent ennuyeuse. —A mon avis,…

4. C'est le prix des places *qu'* empêche (*prevents*) les étudiants d'aller plus souvent à des concerts de rock. —A mon avis,…

5. Le cirque est un spectacle *qui* est réservé aux enfants. —A mon avis,…

B. Au cinéma. Carine parle du dernier film qu'elle a vu avec un copain. Reliez les deux phrases avec le pronom relatif **qui** ou **que.**

MODELE: Samedi, je suis sortie avec un ami. Il adore le cinéma. →
Samedi, je suis sortie avec un ami *qui* adore le cinéma.

1. Nous avons vu un film français. Il était trop violent pour moi.

2. Un homme voulait transformer l'héroïne en assassin. Cet homme travaillait pour le gouvernement.

3. L'héroïne devait tuer plusieurs personnes. Elle ne connaissait pas ces personnes.

4. Un soir, au supermarché, elle a rencontré un garçon. Elle trouvait ce garçon très sympathique.

5. Ce garçon a protégé l'héroïne contre son employeur. Son employeur était amoral et dangereux.

6. J'ai beaucoup aimé le dénouement. Le dénouement était surprenant.

A. **La musique.** Avec un(e) partenaire, terminez les phrases suivantes d'une façon originale en utilisant **qui** ou **que** selon les modèles.

MODELES: *Carmen* est un opéra français qui attire un grand public.
Le jazz est une musique que peu de jeunes écoutent.

1. Le rap est une musique qui…
2. Le rap est une musique que…
3. Céline Dion est une chanteuse qui…
4. Céline Dion est une chanteuse que…

qui = *that/which*
pour les choses,
who pour les gens
que = *that/which*
pour les choses,
whom pour les gens

Oprah Winfrey est
une célébrité **qui**
(*who*) provoque et
qui (*who*) inspire.

Tom Hanks est un
acteur **que** (*whom*)
j'admire.
. . . .

5. «Frère Jacques» est une chanson d'enfant qui…
6. Mozart est un compositeur que…
7. La musique est une chose qui…
8. L'opéra est un genre musical que…

B. **Descriptions.** Mettez-vous à quatre. Les membres de chaque groupe complètent à tour de rôle les descriptions données. Ensuite, comparez vos réponses avec celles des autres groupes.

MODELE: *La Vie est belle* est un film que tu devrais voir. C'est un film qui met en scène des gens extrêmement courageux qui sont une source d'inspiration pour nous tous.

1. _____ est un film que je revois toujours avec plaisir. C'est un film qui/ que…
2. Le dernier film que j'ai vu était _____. Dans ce film il y avait un homme / une femme qui/que…
3. _____ est un acteur / une actrice que tout le monde aime voir. C'est une personne qui/que…
4. Un film que je refuse de voir est _____. C'est un film qui/que…
5. _____ est un des meilleurs films de tous les temps. C'est un film qui/ que…

Emplois du pronom relatif objet de la préposition *de*: *dont*

Le pronom relatif **dont** est très souvent employé pour remplacer la préposition **de** + *une personne* ou *une chose*.

Dont remplace

1. **de** + *nom* (*about which, about / of whom*). Voici quelques expressions qui prennent la préposition **de.**

avoir besoin de	*to need*
avoir envie de	*to want*
avoir peur de	*to be afraid of*
entendre parler de	*to hear about*
être content(e)/ravi(e) (etc.) de	*to be happy/thrilled (etc.) with*
parler de	*to talk about*
rêver de	*to dream about*
se souvenir de	*to remember*

Le film **dont nous parlons** est canadien.	*The film we're talking about is Canadian.*
La maison **dont je rêve** a une très belle vue.	*The house I dream about has a very beautiful view.*

2. **de** + *nom* pour indiquer la possession (*whose*). L'ordre des mots est *nom* +
   dont + *sujet* + *verbe* (+ *objet*).

Sylvester Stallone est un acteur
**dont les films sont très
populaires en France.**

Sylvester Stallone is an actor
*whose films are very popular
in France.*

La réalisatrice **dont j'admire les
films** est Colline Serreau.

The director whose films I admire
is Colline Serreau.

A. **Au festival de Cannes.** On présente les gagnant(e)s des prix au public. Suivez
le modèle.

MODELE: la vedette du film d'horreur / tous les enfants / avoir peur →
          Voici la vedette du film d'horreur dont tous les enfants ont peur.

1. la chanteuse / tout le monde / parler
2. le comédien / le public / être si fier
3. le producteur / toute vedette / avoir besoin
4. le metteur en scène / vous / entendre parler
5. l'actrice française / vous / se souvenir certainement

> **dont** + *sujet* +
> *verbe*

B. **Le cinéma.** Employez le pronom relatif (**qui, que, dont**) qui s'impose.

1. Les films français _que_ le public européen préfère sont liés aux concepts
   d'intelligence, de romantisme et d'amour.
2. Charlie Chaplin, Fred Astaire et Jerry Lewis sont trois acteurs _que_ les
   Français aiment beaucoup les films.
3. Sophie Marceau est une actrice _qui_ a joué dans des films français et
   américains.
4. Le César pour le meilleur film est un prix _dont_ tous les réalisateurs ont
   envie.
5. *Les Dix Commandements* est un des films américains _qui_ a eu le plus de
   succès en France.
6. Dracula est un personnage _dont_ tous les enfants ont peur.
7. Cinquante pour cent des films _que_ les Français ont vus dans les 12 mois
   derniers étaient américains.
8. En général, ce sont les moins de 25 ans _qui_ vont le plus souvent au cinéma.
9. Gérard Depardieu est une vedette de cinéma _dont_ le fils est aussi un acteur.

JEU D'EQUIPE: Identifications. Avec un(e) partenaire, choisissez un
acteur / une actrice, un réalisateur / une réalisatrice, un film ou une pièce de
théâtre, puis décrivez à tour de rôle cette personne ou cette œuvre en utilisant
qui, que ou **dont.** Chaque groupe lit ses phrases à la classe qui essaie alors
d'identifier la célébrité, le film ou la pièce en question. Suivez le modèle.

MISE EN
PRATIQUE

«YEAH, BABY! YEAH!»

MODELES: Je pense à un acteur canadien qui a joué le rôle d'Austin Powers dans des films avec beaucoup de succès. →
C'est Mike Myers.

Je pense à un acteur dont la femme est aussi célèbre. Lui, il a joué dans *Mission Impossible II* et sa femme a joué avec lui dans *Eyes Wide Shut*. →
C'est Tom Cruise. Et elle, c'est Nicole Kidman.

L'emploi de l'adverbe relatif où

On emploie généralement l'adverbe relatif **où** (*where, when*) quand l'antécédent est *un lieu* ou *un moment*.

Le village **où** il habitait figurait dans ce documentaire.

L'année **où** il a tourné ce film, il a eu des ennuis.

The village where he lived was in this documentary.
The year he made this film, he had some trouble.

MISE AU POINT

A. Au cinéma. Employez le relatif **(qui, que, dont, où)** qui s'impose.

1. La place _que_ j'ai choisie était confortable.
2. Les réalisateurs européens _qui_ tournent des westerns font surtout des parodies.
3. Les producteurs _dont_ vous parlez sont assez connus.
4. Le compositeur _dont_ ils ont entendu beaucoup de bien n'est pas disponible en ce moment.
5. L'année _où_ j'étais en France, Martin Scorsese a présidé le jury au festival de Cannes.
6. La salle _où_ ce film passe est peu fréquentée.
7. Le comique _dont_ les spectacles sont si drôles travaille dur.

8. Le film _qui_ joue en même temps que *Les Iles Galapagos* s'appelle *Le Vieil Homme et la mer.*

9. J'ai horreur des reptiles _dont_ on parle dans ce film.

10. Montréal est la ville _où_ nous pouvons trouver le cinéma IMAX Vieux-Port.

B. «L'Enfant sauvage.» Racontez l'intrigue de ce film classique de François Truffaut, l'un des réalisateurs français les plus aimés. Remplacez les mots en italique par des pronoms relatifs, et reliez les deux phrases.

1. «L'Enfant sauvage» est un film. François Truffaut a réalisé *ce film* en 1971.

2. C'est une histoire vraie. *Cette histoire* se passe en 1797.

3. Dans la forêt, on trouve un enfant. *L'enfant* vit comme un animal sauvage.

4. On emmène l'enfant sauvage à l'Institut des Sourds-Muets. Le docteur Jean Itard le découvre *à l'Institut.*

5. Le docteur emmène chez lui l'enfant. Le docteur s'occupe *de l'enfant.*

6. L'enfant, Victor, apprend le français. Il trouve *le français* difficile au début.
7. Le docteur regarde le visage de Victor. *Sur son visage*, il voit des larmes de frustration.
8. Victor fait des progrès. Le docteur est fier *de ses progrès*.

MISE EN PRATIQUE

 Les films que je connais. Mettez sur le tableau suivant le nom d'un film qui correspond, à votre avis, à chaque catégorie—même si vous ne l'avez pas vu. Ensuite, parlez de ces films avec votre partenaire et demandez-lui son avis sur leur qualité.

Nul	*Pas super*	*Moyen*	*Bien*	*Génial*
___	___	___	___	___

Exprimez vos opinions en utilisant les propositions suivantes.

C'est un film
  qui…
  que…
  dont le réalisateur / la réalisatrice…
  où…

MODELE: VOUS: «Alien» est un film que je n'ai pas beaucoup aimé. C'est un film où l'on voit…

Pas super

 LUI/ELLE: Moi, je l'ai beaucoup aimé. Est-ce que tu te souviens de la scène où… ?

Génial

Les pronoms relatifs indéfinis

Définition Le pronom relatif indéfini remplace une idée non spécifiée.

> Elle ne dit pas **ce qui** l'intéresse.
> Le producteur fera **ce qu'**il voudra.
> Il a acheté **ce dont** il avait besoin.
> Je ne sais pas à **quoi** le héros pense.

Formes

SUJET	**ce qui**
OBJET DIRECT	**ce que, ce qu'**
OBJET DE LA PREPOSITION **de**	**ce dont**
OBJET D'UNE AUTRE PREPOSITION	**(à, etc.) quoi**

Pour vous aider

ce qui, ce que = what
ce dont = what, about what
quoi = which, what

Ce dont elle parle, c'est de son dernier film.

What she's talking about is her latest film.

Emplois

Les pronoms relatifs indéfinis représentent une idée.

1. On emploie **ce qui** comme sujet. Le verbe qui l'accompagne est toujours au singulier.

   Ce qui m'amuse, c'est le cinéma.

2. On emploie **ce que** comme objet. Le sujet et le verbe qui suivent sont au singulier ou au pluriel selon le contexte.

> Je n'ai pas compris **ce qu'**ils disaient.

3. On emploie **ce dont** comme objet d'un verbe qui s'utilise avec la préposition **de**.

> Elle sait toujours **ce dont** j'ai envie.
> (*avoir envie de*)

4. On emploie **quoi** comme objet d'une préposition autre que **de** (**à, après,** etc.).

> Achète les billets, **après quoi** nous chercherons nos places.

MISE AU POINT

A. **Proverbes.** Avec un(e) partenaire, complétez les proverbes suivants avec **ce qui** ou **ce que**. Ensuite, choisissez deux proverbes et, à l'aide d'un exemple, dites pourquoi vous êtes d'accord ou n'êtes pas d'accord avec ces idées.

1. On ne désire pas *ce qu'* on ne connaît pas.
2. *Ce que* vous voulez que les autres fassent pour vous, faites-le pour eux.
3. *Ce qui* vaut la peine d'être fait vaut la peine d'être bien fait.
4. Que l'homme ne sépare pas *ce que* Dieu a uni.
5. *Ce qui* est difficile peut être vite fait et *ce qui* est impossible demande du temps.
6. Qui fait toujours *ce qu'* il *veut* fait rarement *ce qu'* il *doit*.

B. **Interview.** Vous parlez à une actrice très célèbre. Posez vos questions. Votre partenaire va y répondre. Suivez le modèle.

MODELE: avoir envie / être seule →

> VOUS: De quoi avez-vous envie?
> ELLE: Ce dont j'ai envie, c'est d'être seule.

Notez:
Il faut utiliser **de** (**d'**) après **c'est** dans une phrase commençant par **ce dont**.

1. être contente / mon succès
2. être fière / mon Oscar
3. se souvenir / mon premier rôle important
4. avoir besoin / un réalisateur
5. avoir peur / ne pas avoir de succès

C. **Jeu de traduction.** Voici la liste des films prévus cette semaine dans deux ciné-clubs du Quartier latin. Avec deux camarades de classe, traduisez chaque titre en anglais ou en français, selon le cas. Notez vos traductions.

Ensuite, comparez vos traductions avec celles des autres groupes et choisissez les meilleures.

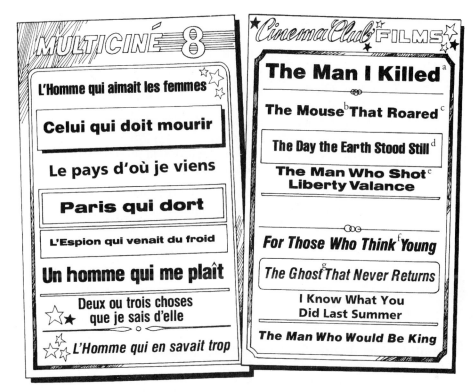

Pour vous aider

Les pronoms relatifs sont *toujours* exprimés en français, mais ils ne sont pas toujours utilisés en anglais.

Le film **que** nous avons loué était affreux.

The film we rented was awful.

La pièce a commencé le jour **où** nous avons acheté nos billets.

The play started the day we bought our tickets.

. . . .

[a]*to kill* = tuer
[b]*mouse* = souris (*f.*)
[c]*to roar* = rugir
[d]*to stand still* = s'arrêter de tourner
[e]*to shoot* = ici, tuer
[f]*to think* = ici, avoir l'esprit
[g]*ghost* = fantôme (*m.*)

D. Préférences. Qu'est-ce que vous aimez au cinéma? Complétez les phrases avec les pronoms relatifs indéfinis ou définis appropriés.

1. _____ me plaît à Paris, ce sont les cinémas.
2. Au cinéma, vous achetez votre billet, après _____ vous entrez dans la salle.
3. _____ j'aime voir au cinéma, ce sont les dessins animés _____ l'on passe avant le grand film.
4. A l'entracte, _____ j'ai envie, c'est d'acheter les bonbons _____ l'on montre sur l'écran pendant les publicités.
5. Je vois tout _____ je veux voir.
6. _____ mon ami préfère, ce sont les films étrangers en version originale.

Au cinéma. Avec un(e) partenaire, dites ce qui vous plaît et ce qui vous déplaît au cinéma. Répondez à tour de rôle aux questions suivantes en utilisant **ce qui.** Suivez le modèle.

MODELE: VOUS: Qu'est-ce qui te fatigue au cinéma?
          LUI/ELLE: Ce qui me fatigue au cinéma, ce sont les films d'action.
                      Je les trouve très ennuyeux. Et toi?

MISE EN **PRATIQUE**

VOUS: Ce qui me fatigue au cinéma, ce sont les films qui durent trois heures et demie. C'est vraiment trop long, je trouve.

1. Qu'est-ce qui t'amuse?
2. Qu'est-ce qui t'intéresse?
3. Qu'est-ce qui t'ennuie?
4. Qu'est-ce qui t'offense?

Maintenant, répondez à tour de rôle aux questions suivantes en utilisant **ce que** dans vos réponses.

MODELE: VOUS: Qu'est-ce que tu aimes ou qu'est-ce que tu n'aimes pas dans un film historique?

LUI/ELLE: Ce que j'aime dans un film historique, ce sont les décors et les costumes. Et toi?

VOUS: Ce que je n'aime pas, moi, ce sont les stéréotypes— Napoléon, Cléopâtre, etc.

1. Qu'est-ce que tu (n')aimes (pas) dans un film d'action?
2. Qu'est-ce que tu (n')aimes (pas) dans un film d'horreur?
3. Qu'est-ce que tu (ne) voudrais (pas) voir dans un film musical?
4. Qu'est-ce que tu (ne) voudrais (pas) voir dans un film d'amour?

Reprise

A. Savoir-faire au théâtre. Si vous voulez aller au théâtre en France, il vaut mieux connaître certains détails. Reliez les deux phrases en employant les formes correctes des pronoms relatifs.

1. Les gens doivent réserver leurs places à l'avance. Les gens veulent aller au théâtre à Paris.
2. Les pièces se terminent avant le dernier métro. Les pièces commencent à 21 heures.
3. Le prix égale le prix d'un repas dans un bon restaurant. On paie ce prix pour aller au théâtre.
4. Il faut payer le vestiaire (*coatroom*). On laisse son manteau au vestiaire.
5. Les acteurs et les actrices sont souvent célèbres. On les voit à Paris.
6. La Comédie-Française a un répertoire de grandes pièces classiques. Les Français sont très fiers de la Comédie-Française.

B. Un obstiné. Denise fait des projets pour ce soir. Complétez sa conversation avec Alain en utilisant les pronoms relatifs définis ou indéfinis qui s'imposent.

DENISE: Tu veux aller au ciné? Le film _____¹ passe au Cinéma Rivoli est très bien.

ALAIN: Quelle sorte de film est-ce? Tu sais qu'on passe rarement des films _____²j'aime.

DENISE: Le film _____³ je parle est américain. C'est un western, *L'Impitoyable*.

ALAIN: _____⁴ je préfère, c'est regarder la télé.

DENISE: _____⁵ je veux faire, c'est aller au cinéma! Veux-tu vraiment rester à la maison?

ALAIN: Ce dont⁶ j'ai besoin, c'est de me coucher tôt ce soir.

DENISE: Ce que⁷ je n'aime pas, c'est que tu es paresseux... Alors, fais ce que⁸ tu veux, je vais passer un coup de téléphone à Solange.

6. **SONDAGE: Et toi...** Interviewez trois camarades afin de mieux les connaître. Utilisez des pronoms relatifs indéfinis, et notez les réponses qu'on vous donne. A la fin, chaque membre de la classe raconte ce qu'il a appris.

MODELE: Qu'est-ce qui t'intéresse? →
Ce qui m'intéresse, c'est le jazz.
ou Ce qui m'intéresse, ce sont les films de Meg Ryan.

1. Qu'est-ce qui t'amuse?
2. Qu'est-ce que tu détestes?
3. De quoi as-tu envie?
4. De quoi as-tu besoin?
5. Qu'est-ce qui te plaît à l'université?
6. ?

Le français au bout des doigts

Que faire ce soir?

Un concert vous tente? Vous avez entendu parler d'une nouvelle pièce de théâtre? Votre acteur/actrice préféré(e) joue dans un nouveau film? Il est facile d'organiser une soirée parfaite grâce à Internet.

Les liens et les activités se trouvent à **www.mhhe.com/collage**.

croisière *cruise*

CHAPITRE 9

LE TEMPS DE VIVRE

La finale d'EURO2000 a mis face-à-face les équipes française et italienne.

Une victoire inoubliable. Le football est un sport très important pour les Français. Quand l'équipe française «Les Bleus» a gagné l'EURO2000, c'était une victoire inoubliable. Quels sports sont importants dans votre ville? pour votre université? pour vous personnellement? Mettez **V** pour ville, **U** pour université ou **M** pour «moi».

_____ le rugby

_____ le volley-ball

_____ le basket-ball

_____ le baseball

_____ le hockey

_____ le football américain

_____ le golf

_____ l'escalade (*climbing*)

_____ le ski

_____ le tennis

_____ le surf des neiges

_____ ? _____

Nous allons...

- discuter du temps libre et des intérêts personnels
- parler des circonstances et des événements futurs
- former des hypothèses sur des situations passées

Points de repère

- Le futur antérieur
- Le conditionnel passé
- La concordance des temps: Récapitulation

ots et expressions

se blesser to hurt, injure oneself
se casser to break
le coureur / la coureuse runner
courir to run
la course race
l'entraînement (*m.*) training
s'entraîner to train, work out
l'entraîneur / l'entraîneuse trainer
l'équipe (*f.*) team; **l'équipier / l'équipière** team member
être au mieux de sa forme to be in top shape
faire match nul to tie
faire une randonnée à pied (à vélo) to go hiking (biking)
la médaille medal
mener to lead; to be winning; **mener deux à zéro** to lead two to nothing
le moniteur / la monitrice (d'aérobic) (aerobics) instructor
organiser les Jeux olympiques to hold the Olympic games
le patin skate
le patinage ice skating; **faire du patinage** to ice skate
la planche à roulettes skateboard; **faire de la planche à roulettes** to go skateboarding
les rollers (*m.*) rollerblades; **faire du roller** to go rollerblading

les sports (*m.*) **(d'hiver, en plein air, nautiques)** (winter, outdoor, water) sports

EN BONNE (MAUVAISE) SANTE

attraper (une maladie, un rhume, un virus) to catch (a disease, a cold, a virus)
l'avenir (*m.*) future
cancérigène cancer-causing, carcinogenic
déçu(e) disappointed
être de bonne (mauvaise) humeur to be in good (low) spirits
faire de l'exercice (régulièrement) to exercise (regularly)
la forme (être en forme, se mettre en forme) fitness (to be in good shape, to get in shape)
la fumée smoke
gêner to bother
manger sainement to eat right; **manger léger** to eat light (*foods*)
non fumeur nonsmoking
le régime (équilibré, intensif, allégé) (balanced, crash, lowfat) diet
le remède remedy
se remettre to recover
rendre malade to make (*one*) sick

APPLICATIONS

A. Ressemblances. Trouvez le terme qui complète chaque analogie.

MODELE: *la médaille*: les athlètes
l'Oscar: les acteurs

1. _____: courir
   le patineur / la patineuse: faire du patinage
2. _____: physique
   le professeur: mental
3. _____: être malheureux/euse
   être de bonne humeur: être content(e)
4. _____: se remettre
   une maladie: être malade

B. Associations. Quels termes de **Mots et expressions** associez-vous avec les personnes et les situations suivantes?

1. les cigarettes
2. être en bonne santé
3. se mettre au régime
4. les athlètes olympiques
5. tomber malade
6. gagner
7. les transports des jeunes
8. perdre un match

C. Synonymes. Trouvez l'équivalent des termes suivants.

1. une personne qui enseigne certains sports
2. le temps à venir
3. se faire mal, se faire une blessure
4. où les deux adversaires terminent à égalité
5. des patins en ligne
6. faire une promenade à la campagne ou en forêt
7. recouvrer la santé
8. se rompre, être mis en morceaux
9. une chaussure destinée à glisser (*glide*)

DISCUTONS!

Pour parler du temps libre: Que feriez-vous si vous aviez beaucoup de temps libre? Et si vous aviez de l'argent? Complétez les phrases en décrivant vos propres réactions.

1. Si j'avais une journée de libre,...
2. Si mes amis et moi avions une semaine de libre,...
3. Si j'avais un mois de libre et 2 000 dollars US,...
4. Si mon ami(e) _____ et moi avions une année de libre et 10 000 dollars US,...

Quel est le rôle des loisirs dans la vie actuelle? Discutez de ce que vous faites quand vous avez du temps libre et mentionnez l'effet que ces activités ont sur la qualité de votre vie en général.

Paris, dimanche matin au jardin du Luxembourg: L'exercice leur procure santé et bien-être.

Structures

Des projets antistress. En général, les actions suivent un ordre logique. Utilisez le futur de l'auxiliaire **avoir** ou **être** pour compléter les phrases suivantes.

1. J'irai au gymnase quand ma carte d'adhérent (*membership*) _____ arrivée.

2. Nous ferons du canoë quand nous _____ mis de la crème solaire.

3. Quand le patron me cherchera au bureau à 20 h, je _____ déjà parti!

4. Quand ils _____ acheté de bonnes chaussures de marche, mes amis iront à la montagne.

5. Vous pourrez partir en vacances quand vous _____ terminé ce projet.

Le futur antérieur

Définition Le futur antérieur décrit une action qui sera accomplie à un moment à venir ou avant une autre action future.

> J'**aurai fini** mon entraînement à midi.
> Quand on **aura gagné** le match, on ira ensemble fêter la victoire.

On fait du canoë dans les Gorges de l'Ardèche.

Canoë - Le Pont d'Arc

Formation

On forme le futur antérieur avec le futur simple de l'auxiliaire **avoir** ou **être** et le participe passé du verbe.

		jouer	partir	se lever
je (j')		aurai joué	serai parti(e)	me serai levé(e)
tu		auras joué	seras parti(e)	te seras levé(e)
il/elle/on		aura joué	sera parti(e)	se sera levé(e)
nous		aurons joué	serons parti(e)s	nous serons levé(e)s
vous		aurez joué	serez parti(e)(s)	vous serez levé(e)(s)
ils/elles		auront joué	seront parti(e)s	se seront levé(e)s

Lorsque nous **aurons joué,** nous irons dîner ensemble.

Quand le médecin **sera parti,** l'infirmier s'occupera du malade.

Elle **se sera levée** avant notre arrivée.

After we've played, we'll go have dinner together.

When the doctor has gone, the nurse will take care of the patient.

She'll have gotten up before our arrival.

Emplois

On emploie le futur antérieur

1. pour marquer une action qui sera terminée à un moment précis dans l'avenir.

Il **aura fini** le travail à six heures.	*He will have finished the work by six o'clock.*
Dans un mois, ils **auront terminé** leur voyage.	*In a month, they will have completed their trip.*

2. dans les propositions subordonnées qui commencent par **aussitôt que** (*as soon as*), **dès que** (*as soon as*), **lorsque** (*when*), **quand, une fois que** (*once*) et **après que.** Le futur antérieur marque une action future qui sera terminée *avant* l'action de la proposition principale. L'action de la proposition principale est au futur simple.

Aussitôt que nous **aurons fini** le match, nous ferons la fête.	*As soon as we've played the game, we'll have a party.*
Paul sera heureux quand il **aura terminé** la course.	*Paul will be happy after (when) he's finished the race.*

- -

MISE AU POINT

A. L'heure du rendez-vous. Plusieurs étudiants vont au gymnase ce soir. Mettez les phrases suivantes au futur antérieur, puis décidez à quelle heure les étudiants devront se retrouver s'ils veulent partir ensemble.

MODELE: Monique / finir ses devoirs vers six heures et demie →
Monique aura fini ses devoirs vers six heures et demie.

1. Jean-Pierre / terminer sa répétition à sept heures
2. Gilles / faire ses courses vers cinq heures
3. Claudine / achever sa rédaction vers sept heures moins le quart
4. Didier et Diane / revenir de leur répétition à sept heures et quart
5. Marie-Madeleine / finir de faire le ménage à cinq heures et quart
6. Colin / rentrer de son travail à cinq heures et demie
7. Les copains pourront donc tous partir ensemble à _____.

B. Mesures à prendre. La santé est une chose fragile. Il faut donc la soigner. Complétez ces remarques en mettant les verbes au futur simple ou au futur antérieur.

1. Tu _____ (*tousser: to cough*) moins quand tu _____ (*s'arrêter*) de fumer.
2. Quand les gens _____ (*comprendre*) que trop de soleil peut être dangereux, ils _____ (*mettre*) plus de crème solaire.
3. Lorsque nous _____ (*éliminer*) le SIDA, les gens n'en _____ (*mourir*) plus.
4. Je/J' _____ (*se sentir*) mieux dès que je/j' _____ (*faire*) un peu de gymnastique.

5. Ma sœur _____ (*appeler*) ton entraîneur personnel dès que tu lui _____ (*donner*) son numéro de téléphone.
6. Une fois que Patrick _____ (*se remettre*) de son opération, il _____ (*reprendre*) son entraînement.

MISE EN **PRATIQUE**

Projets d'avenir. Avec un(e) partenaire, posez-vous les questions suivantes sur votre vie future. Ensuite, comparez vos réponses avec celles des autres étudiants. Quelles idées aimez-vous le mieux?

MODELE: aussitôt que / finir ce cours →
VOUS: Qu'est-ce que tu feras aussitôt que tu auras fini ce cours?
LUI/ELLE: Aussitôt que j'aurai fini ce cours, j'en suivrai un autre.
ou Aussitôt que j'aurai fini ce cours, j'écrirai mes mémoires… en français!

1. aussitôt que / finir ce semestre (trimestre)
2. quand / terminer tes études
3. une fois que / obtenir un passeport
4. lorsque / trouver un appartement
5. dès que / se marier
6. quand / revenir de vacances
7. ?

Le conditionnel passé

QUE SAVEZ-VOUS DEJA?

Pas moi! Votre sœur Camille a fait beaucoup de choses la semaine dernière pour se détendre, mais vos amis et vous n'auriez jamais fait de choses semblables! Mettez les phrases au conditionnel passé en suivant le modèle.

MODELE: CAMILLE: J'ai marché pendant cinq heures sous la pluie.
Je/J'… →

MOI: Je n'aurais jamais marché pendant cinq heures sous la pluie!

1. CAMILLE: J'ai lu un livre de philosophie Zen. Nous…
2. CAMILLE: Je suis allée voir un gourou. Je/J'…
3. CAMILLE: J'ai médité en regardant mes pieds. Mes amis…
4. CAMILLE: Je me suis enfermée dans une chambre noire. Je/J'…
5. CAMILLE: J'ai écouté de la musique New Age. Nous…

Définition Le conditionnel passé exprime une conséquence possible d'une condition au passé.

Nous **serions allés** aux Jeux olympiques si un pays européen les avait organisés.

We would have gone to the Olympics if a European country had hosted them.

Humour

Vous n'auriez pas vu passer mon chat?

Formation

On forme le passé du conditionnel avec **avoir** ou **être** au conditionnel présent et le participe passé du verbe.

	jouer	partir	se lever
je (j')	aurais joué	serais parti(e)	me serais levé(e)
tu	aurais joué	serais parti(e)	te serais levé(e)
il/elle/on	aurait joué	serait parti(e)	se serait levé(e)
nous	aurions joué	serions parti(e)s	nous serions levé(e)s
vous	auriez joué	seriez parti(e)(s)	vous seriez levé(e)(s)
ils/elles	auraient joué	seraient parti(e)s	se seraient levé(e)s

Si vous aviez vu Paul, vous **auriez été** fier de lui.
S'il avait plu, elle **serait restée** à la maison.
Si j'étais allé avec eux au match, je **me serais** beaucoup **amusé.**

Rappel:
si + il/ils = **s'il/s'ils**
si + elle/elles
= **si elle / si elles**

Emplois

1. On emploie le conditionnel passé pour *une action* ou *une situation* qui ne s'est pas réalisée dans le passé. Elle dépend d'une condition introduite par **si** suivi du plus-que-parfait.

Si j'**avais gagné** le match, je
  serais devenu champion.
Nous **aurions vu** le championnat
  si nous **étions allés** au
  gymnase.

If I had won the match, I would
  have become champion.
We would have seen the
  championship if we had gone to
  the gymnasium.

2. On emploie le conditionnel passé pour *un projet* qui ne s'est pas réalisé dans le passé.

J'**aurais** bien **voulu** vous rejoindre, mais j'ai dû rester au bureau.

I would have liked to join you, but I had to stay at the office.

Elle **aurait dû** finir son travail, mais elle ne l'a pas fait.

She should have finished her work, but she didn't.

3. On emploie le conditionnel passé pour rapporter un fait incertain. C'est surtout le style des mass-médias.

Il y **aurait eu** un accident au stade. Deux athlètes **se seraient** légèrement **blessés.** Un autre **se serait cassé** la jambe.

There's been an accident reported at the stadium. Apparently, two athletes were slightly injured. Another is said to have broken a leg.

Mise au point

A. Transformations. Mettez les verbes suivants au conditionnel passé.

1. vous aurez joué
2. nous aurons vu
3. elle sera partie
4. tu te seras amusé
5. je n'aurai pas perdu
6. ils n'auront pas gagné
7. on se sera remis
8. nous nous serons entraînées
9. vous ne vous serez pas blessés
10. tout le monde sera revenu

B. Du temps perdu? Alex pense au temps qu'il a passé en France. Il comprend ce qu'il *aurait pu faire*. Mettez l'infinitif approprié au conditionnel passé.

C'est vrai, j'habitais assez loin du gymnase, mais je/j' _____[1] prendre l'autobus pour y aller. J'avais des copains qui jouaient tous les jours au volley-ball. Ils me/m' _____[2] à jouer avec eux si je leur en avais parlé, mais j'étais trop timide.

inviter
pouvoir

Il y avait aussi quelques étudiants qui allaient au centre des sports jouer au ping-pong. Ils _____[3] avec moi si je n'avais pas été si paresseux. Et puis, je sais qu'il y avait des matchs de rugby le samedi; si je n'étais pas resté au lit jusqu'à midi, je/j' _____[4] la connaissance des membres de l'équipe. Je/J' _____[5] un ballon, un sac de sport et un short si je n'avais pas dépensé tout mon argent de poche bêtement.

acheter
faire
jouer

Et je/j' _____[6] tous les jours si j'avais eu de bonnes chaussures confortables. Je/J' _____[7] plus souvent de la ville si j'avais loué un vélomoteur, mais je n'avais jamais assez de temps. Si je n'avais pas autant perdu mon temps, je/j' _____[8]!

se promener
s'amuser
sortir

Maintenant, décrivez une époque où vous avez vous aussi perdu votre temps.

Pour vous aider

Au futur antérieur, le verbe auxiliaire (**avoir** ou **être**) est au *futur*:

tu **auras** joué,
elle **sera** allée,
etc.

Au conditionnel passé, le verbe auxiliaire est au *conditionnel*:

tu **aurais** joué,
elle **serait** allée,
etc.

Est-ce que tu **auras** fini ton match à 6 h?

Tu **aurais** fini ton match à 6 h s'il n'avait pas plu.

6.  **Résultats incertains.** Vous travaillez aux Jeux olympiques et on vous pose des questions sur les résultats d'hier. Vous n'avez pas encore de nouvelles définitives, et vous répondez en employant le conditionnel passé. Changez de rôles après trois questions.

MODELE: Qui est arrivé en tête de ces Jeux hier? →
L'Allemagne serait arrivée en tête des Jeux avec une médaille en luge.

QUESTIONS

1. Qui a gagné en patinage artistique?
2. Qui a fini première dans le Super-G dames?
3. Combien de spectateurs ont vu la finale du combiné alpin messieurs?
4. Quelle équipe a gagné la médaille d'or en patinage de vitesse?
5. Qui s'est contenté du bronze en basket?
6. ?

REPONSES SUGGEREES

a. 40 000
b. les Américains
c. une Canadienne
d. un couple anglais
e. les Français
f. l'Allemagne
g. la Russie
h. l'Italie
i. ?

Née au Canada, mais de nationalité française, Mary Pierce fait preuve de son talent à Roland Garros l'été de l'an 2000.

A. **SONDAGE: Ile déserte.** Imaginez une belle île dans l'océan Pacifique… ensoleillée, tropicale, pittoresque et déserte! Demandez à trois camarades de classe ce qu'ils auraient fait s'ils avaient appris qu'ils allaient se retrouver sur cette île pour une période indéterminée. Ensuite, comparez les réponses.

MODELE: que / étudier / avant d'arriver sur cette île? →
VOUS: Si tu avais pu, qu'est-ce que tu aurais étudié avant d'arriver sur cette île?
LUI/ELLE: J'aurais étudié la botanique pour savoir quelles plantes sauvages je pouvais manger.

Si tu avais pu…

1. quels objets / apporter / pour t'amuser?
2. quels objets / apporter / pour survivre?
3. qui / inviter?
4. qui / ne pas inviter?
5. combien de temps / consentir à rester sur cette île? Pourquoi?

B. **JEU D'EQUIPE: A sa place…** Mettez-vous à deux. Choisissez ensemble un personnage réel ou fictif et dites quels aspects de sa vie vous auriez vécus différemment.

Lisez ensuite vos suggestions aux membres de la classe qui vont essayer de deviner le nom des personnages en question.

SUGGESTIONS

le comte Dracula   Marie-Antoinette
Elvis   Marilyn Monroe
le Petit Prince   ?

MODELE: A sa place, je serais restée en Autriche. Je ne serais pas venue à Paris. Je ne me serais pas mariée avec Louis. J'aurais donné du pain aux pauvres. Je n'aurais pas dit «Qu'ils mangent de la brioche.» Je n'aurais pas perdu la tête! Qui suis-je?

La concordance des temps: Récapitulation

QUE SAVEZ-VOUS DEJA?

L'escalade au Québec. Pour faire de l'escalade, il faut respecter certaines conditions. Mettez les verbes entre parenthèses aux temps indiqués à la fin de chaque phrase. Ensuite, associez chaque phrase avec une des photos à la page suivante.

MODELE: Si je/j' ____ (*ne… pas avoir*) peur, je/j' ____ (*faire*) de l'escalade. (*présent/futur*) →
          ____ Si je n'ai pas peur, je ferai de l'escalade.

____ 1. Si je/j' ____ (*s'entraîner*) au Roc-Gym, je/j' ____ (*être*) en forme comme cette jeune fille. (*imparfait/conditionnel*)

____ 2. Si nous ____ (*être*) moins paresseux, nous ____ (*ne… pas rester*) au chalet tout l'après-midi. (*plus-que-parfait/conditionnel passé*)

____ 3. Si cet homme ____ (*ne… pas aimer*) l'eau, il ____ (*ne… pas s'amuser*) à descendre dans le canyon. (*imparfait/conditionnel*)

a.

b.

c.

d. (Canyonning chute Jean Larose)

(Chalet aux palissades)

Chaque phrase de condition a deux propositions: la proposition *subordonnée* introduite par **si** exprime une possibilité ou une condition, et la proposition *principale* en indique le résultat.

LA CONCORDANCE DES TEMPS			
Proposition subordonnée avec si de condition			**Proposition principale**
si + le présent		+	le présent le futur proche le futur l'impératif
si + l'imparfait		+	le conditionnel présent
si + le plus-que-parfait		+	le conditionnel présent le conditionnel passé

A. A mon avis. Trouvez dans la colonne **B** la fin logique des phrases de la colonne **A,** et dites qui aurait pu dire ces phrases (ami[e], professeur, parent, patron[ne], etc.).

A	B
1. Si vous voulez augmenter votre salaire,…	a. tu n'aurais pas besoin d'emprunter de l'argent à tes amis.
2. Si vous écriviez un peu plus clairement,…	b. travaillez davantage.
3. Si ton oncle avait fait un petit effort,…	c. je te dirais ce que je pense de toi.
4. Si ces deux filles avaient fait du sport,…	d. elles auraient été plus en forme à la fin de l'année.
5. Si j'avais un peu plus de courage,…	e. vos devoirs seraient plus faciles à lire.
6. Si tu n'avais pas dépensé tant d'argent le mois dernier,…	f. nous pourrons partir en vacances cet été.
7. Si nous n'avons pas trop d'impôts à payer,…	g. ta tante Mathilde ne l'aurait pas quitté.

B. Le marathon de Paris. Vos ami(e)s et vous voudriez participer au marathon cette année. Dites comment vous allez vous y préparer. Parlez de vos résolutions et de leurs conséquences. Suivez le modèle.

Si + présent + futur simple

MODELE: Si j'arrive en ville de bonne heure, je serai plus détendu(e) avant la course.

A	B
arriver de bonne heure	être prêt(e)
s'entraîner	entendre des conseils utiles
courir quarante kilomètres par semaine	faire des progrès considérables
me reposer assez	être plus sûr(e) de moi
étudier des vidéos de coureurs célèbres	être en forme
parler à d'autres coureurs	connaître la route
participer à d'autres courses pendant l'année	pouvoir me débrouiller
?	être plus détendu(e)
	?

C. La rentrée. Vous rencontrez un(e) camarade à la rentrée des classes. Vous avez tous (toutes) les deux passé des vacances difficiles. Commentez vos vacances en utilisant les éléments donnés. Suivez le modèle.

MODELE: LUI/ELLE: Si je n'avais pas décidé de faire de l'alpinisme, je ne me serais pas tellement fatigué(e).

VOUS: S'il n'avait pas fait mauvais, j'aurais pu nager tous les jours.

Si + plus-que-parfait + conditionnel passé

A

ne... pas amener sa petite sœur
apporter plus d'argent
ne... pas faire mauvais
ne... pas se perdre
ne... pas tomber malade
ne... pas décider de...
aller...
?

B

pouvoir...
ne... pas se fatiguer
ne... pas s'ennuyer
aller dans les discos
manger dans un restaurant
    trois étoiles
rencontrer l'homme / la femme
    de ses rêves
voir...
?

 **Avez-vous de la compassion?** Chaque membre du groupe réagit aux phrases suivantes en utilisant **si** + *le présent*, **si** + *l'imparfait* ou **si** + *le plus-que-parfait*.

MODELE: Oh! J'ai mal au ventre! →
Si tu manges moins, tu ne seras pas aussi souvent malade.
ou Si tu n'avais pas mangé tout le gâteau, tu ne serais pas malade.
ou Si j'avais su que tu étais allergique au chocolat, je n'en aurais pas mis dans le gâteau.

1. Zut! J'ai raté mon examen.
2. Je ne suis plus en forme.
3. J'ai faim.
4. J'ai attrapé un rhume.
5. Je ne peux pas arrêter de fumer.
6. J'ai oublié mes patins.
7. ?

Reprise

A. On ne s'ennuiera pas! Vos camarades et vous avez l'intention d'aller à la Guadeloupe. Qu'est-ce que vous ferez aussitôt que vous serez arrivés? Suivez le modèle.

MODELE: lorsque / je / acheter de la crème solaire / nous / pouvoir / se promener →
Lorsque j'aurai acheté de la crème solaire, nous pourrons nous promener.

1. quand / nous / arriver / à Point-à-Pitre / nous / trouver un magasin d'équipement sportif

MISE EN PRATIQUE

Pour vous aider

Quand on forme des phrases avec **si**, les formes des verbes sont parallèles en français et en anglais.

Si je **fais** de l'exercice, je **suis** de bonne humeur.
If I exercise, I'm in a good mood.

Si j'**avais commencé** à m'entraîner l'an dernier, je **serais** en forme maintenant.
If I had started to work out last year, I would be in good shape now.

2. dès que / nous / trouver / un magasin d'équipement sportif / nous / louer / des planches à voile (*sailboards*)
3. lorsque / on / louer / des planches à voile / on / chercher / une belle plage
4. aussitôt que / je / monter / sur la planche / je / être renversé(e) / par une grosse vague
5. quand / je / tomber / pour la quinzième fois / je / sortir / de l'eau et je / se mettre / tranquillement au soleil

B. **Histoires traditionnelles.** Complétez chaque phrase avec un verbe au conditionnel passé et un dénouement original.

1. Si le Petit Chaperon rouge n'avait jamais rencontré le loup (*wolf*),…
2. Si Cendrillon n'avait pas perdu sa pantoufle de verre (*glass slipper*),…
3. Si Pinocchio avait toujours dit la vérité,…
4. Si Dracula n'était pas rentré avant le lever de soleil,…
5. Si Roméo et Juliette ne s'étaient pas suicidés,…
6. Si le prince charmant n'avait pas embrassé la Belle au bois dormant (*Sleeping Beauty*),…

C. **Hypothèses.** Demandez à un(e) camarade de compléter les phrases suivantes avec un verbe au conditionnel passé. Indiquez ensuite la réponse qui vous a le plus étonné(e). Changez ensuite de rôles.

1. Si je n'étais pas venu(e) dans cette université,…
2. Si mes parents avaient eu neuf enfants,…
3. Si j'avais trouvé un petit génie (dans une bouteille),…
4. Si j'avais vécu au dix-huitième siècle,…
5. Si j'avais décidé de chercher du travail au lieu de faire des études,…
6. ?

D. **Un crime.** Un journaliste annonce qu'un club sportif a été cambriolé (*burglarized*), mais il n'est pas encore certain des faits. Jouez le rôle du journaliste en vous basant sur le modèle.

MODELE: deux voleurs / entrer dans le club hier soir →
Deux voleurs seraient entrés dans le club hier soir.

1. ils / entrer par la porte arrière
2. ils / blesser un gardien
3. ils / prendre de l'argent et de l'équipement
4. ils / faire des exercices avant de partir
5. ils / s'échapper dans un gros camion

E. **Conditions et conséquences.** Interrogez un(e) camarade de classe en vous servant des suggestions suivantes. Attention aux temps des verbes.

MODELE: si tu vas à Chamonix →

      VOUS: Si tu vas à Chamonix, profiteras-tu de la montagne?

  LUI/ELLE: Bien sûr, je ferai une randonnée en montagne si je vais à Chamonix.

1. si tu gagnes un voyage gratuit   **2.** si tu finis tes études cette année   **3.** si tu travaillais au gymnase   **4.** si tu avais beaucoup de temps libre   **5.** si tu avais été plus en forme l'été dernier   **6.** si tu étais sorti(e) hier soir   **7.** si tu étais tombé(e) amoureux/amoureuse à l'âge de 16 ans   **8.** si tu pouvais changer le monde

Prenez note des réponses intéressantes et mentionnez-les à la classe. Les autres étudiants sont libres de commenter.

Le français au bout des doigts

Se détendre

Dans le monde d'aujourd'hui, tout va tellement vite que parfois les gens oublient comment se détendre. Que font les habitants de pays francophones pour combattre le stress? Et où peut-on se renseigner pour découvrir de nouvelles activités? Sur Internet, bien sûr!

Les liens et les activités se trouvent à **www.mhhe.com/collage**.

Randonnée à cheval en Provence: Les activités en plein air deviennent de plus en plus populaires en France.

CHAPITRE 10
LE FRANÇAIS DANS LE MONDE

De la plus petite île au plus grand pays, la francophonie réunit des peuples divers vivant sur les cinq continents. Ici deux garçons des Comores lisent une bande dessinée française bien connue.

Un plaisir universel. Connaissez-vous la série de bandes dessinées *Astérix*? Le personnage principal est un Gaulois. (*Gaulois* = gens qui vivaient en France avant les Romains.) Pourquoi pensez-vous que ces garçons des îles Comores lisent une bande dessinée française?

Nous allons...

- parler des pays du monde
- exprimer la négation
- signaler la quantité
- marquer l'union ou l'alternative

Points de repère

- Les prépositions avec les noms géographiques
- La négation
- Les adjectifs indéfinis
- Les pronoms indéfinis
- Quelques conjonctions

Mots et expressions

LA FRANCOPHONIE

acquérir la nationalité (par la naissance, par naturalisation) to acquire citizenship (through birth, through naturalization)

analphabète illiterate

anglophone English-speaking

bilingue bilingual

céder to give up, give away

le changement change

le choc de deux cultures clash of two cultures

coloniser to colonize

le droit (d'asile *m.***)** right (to asylum)

émigrer to emigrate

envers toward; with respect to

en voie de développement developing

(s')établir (dans) to establish (to settle) (in)

étranger/étrangère foreign; unknown; **à l'étranger** abroad

être ciblé(e) to be targeted

francophone French-speaking

immigrer to immigrate

s'installer (dans) to settle (in)

s'intégrer (à) to integrate oneself (into)

lettré(e) literate

le Maghreb *region of North Africa composed of Morocco, Algeria, and Tunisia*

maghrébin(e) from **le Maghreb**

le multiculturalism multiculturalism

multiculturel(le), multiethnique multicultural

occidental(e) western

oriental(e) eastern

le/la réfugié(e) refugee

renoncer à ses coutumes to abandon one's customs

répandre to spread

le soutien support

le tiers-monde third world

A. Familles de mots. Trouvez les deux termes dans chaque série qui sont dans la même famille de mots.

1. l'immigré(e)   immerger   immigrer
2. souterrain   soutenir   le soutien
3. céder   la cédille   concéder
4. le chocolat   le choc   choquer
5. la renonciation   reconnaître   renoncer
6. répandu   répondre   répandre
7. l'acquiescement   acquérir   l'acquisition
8. l'échange   charger   le changement

B. Associations. Ecrivez les termes de **Mots et expressions** que vous associez avec les concepts suivants.

1. être bilingue
2. le tiers-monde
3. l'immigration
4. les étrangers
5. l'Afrique du Nord
6. l'éducation/la culture
7. à l'est/à l'ouest

C. Synonymes. Trouvez l'équivalent des expressions suivantes.

1. le refuge, l'abri
2. se mettre à un endroit déterminé, en général pour longtemps
3. abandonner ses habitudes, ses traditions
4. être le but, l'objectif
5. en ce qui concerne quelqu'un, à l'égard de quelqu'un
6. faire d'un pays une colonie
7. la coexistence de plusieurs cultures dans un même pays

DISCUTONS!

Pour comprendre l'émigration: Quelles sont les raisons pour lesquelles certaines personnes choisissent d'émigrer? Faites correspondre les problèmes de ces personnes avec leurs raisons d'émigrer.

1. Ce journaliste voit ses articles modifiés par la censure.
2. Les lois de son pays obligent cette femme à s'habiller d'une certaine façon.
3. Les universités dans le pays de cette étudiante n'ont pas accès à la technologie moderne nécessaire à ses expériences scientifiques.

a. Il/Elle n'accepte pas que le gouvernement impose une seule religion.
b. Il/Elle veut à l'avenir améliorer les conditions de vie des gens de son pays d'origine.
c. Il/Elle cherche la liberté d'expression.

Maintenant, pensez aux problèmes des émigrants. Quels obstacles doivent-ils affronter? Est-il possible que vous quittiez un jour votre pays d'origine pour vous établir dans un autre pays? Expliquez.

Structures

Les prépositions avec les noms géographiques

Les Acadiens. Regardez cette publicité sur des festivals de musique acadiens. Après l'avoir lue, entourez les prépositions qui vont avec les noms géographiques. Ensuite, avec un(e) partenaire, expliquez pourquoi l'on a utilisé ces prépositions.

Danny Izzo, Nouveau Photeau

Faisons la fête en français!

Où trouve-t-on des francophones dans le sud des Etats-Unis? En Louisiane, bien sûr! Ils sont venus du Canada et de France et ils se sont installés dans beaucoup de villes de ce bel état. De nos jours en Acadiana, on fait la fête en français, par exemple à Lafayette, il y a le Festival International de Louisiane et on s'amuse énormément au festival de musique à Mamou, pour n'en mentionner que quelques-uns. Profitez-en! Amusez-vous en Louisiane!

Les prépositions avec les noms géographiques

En général, les noms de *villes* et d'*îles* n'ont pas d'article.

Exceptions:
(*villes*)
La Havane,
La Nouvelle-Orléans,
Le Caire,
Le Havre,

(*îles*)
la Guadeloupe,
la Martinique

Cet été, elle va **à Bali.**

Il va habiter **au Havre.**

	IN/TO/AT	FROM
Pays, provinces et états féminins singuliers[*] Je suis né **en** Bretagne. Mes cousins viennent **d'**Autriche.	**en**	**de/d'**
Pays, provinces et états masculins singuliers qui commencent par une consonne Tu vas travailler **au** Canada? David arrive **du** Texas.	**au**	**du**
Pays, provinces et états masculins singuliers qui commencent par une voyelle Ils habitent **en** Irak. Je reviens **d'**Ontario.	**en**	**d'**
Pays pluriels Les Hollandais habitent **aux** Pays-Bas. Nous venons **des** Etats-Unis.	**aux**	**des**
Villes et îles Elle va **d'**Hawaï **à** San Francisco. Nous voyageons **de** Sydney **à** Tahiti. On va **à** La Nouvelle-Orléans pour le Mardi gras.	**à**	**de/d'**

Mise au point

Rappel:
Les noms de lieux en -e sont *féminins:*

la Libye, la Tunisie

Les autres noms de lieux sont *masculins:*

le Mali, le Tchad, le Congo

Mais il y a des exceptions:
**le Mexique,
le Cambodge,
le Maine,
le Tennessee,
le Delaware, etc.**

A. Le monde francophone. Complétez les phrases avec les prépositions appropriées.

1. Les Français se sont installés _en_ Afrique. Ils ont établi des colonies _au_ Maroc, _en_ Tunisie, _en_ Côte-d'Ivoire, _au_ Tchad, _au_ Sénégal et _en_ Mauritanie.
2. Beaucoup de produits exotiques viennent _d'_ Asie.
3. Les voyageurs français sont partis _de_ Louisiane et ont remonté le Mississippi. _à_ St. Louis, on trouve encore des traces de l'influence française.
4. Des Canadiens de langue française vivent _au_ Québec et _au_ Nouveau-Brunswick.
5. J'aimerais aller _à_ Hawaï pendant les vacances de Noël et _à_ La Nouvelle-Orléans pendant les vacances de Pâques (*Easter*).

B. L'Afrique francophone. Lisez ces détails concernant certains pays africains. Terminez chaque phrase en vous aidant de la carte à la page suivante.

1. Le pays où je veux aller a deux frontières politiques, l'une avec la Libye et l'autre avec l'Algérie. —Tu vas...

---

*Voir l'appendice A pour une liste plus détaillée des états et des provinces.

Présence de la langue française sur le continent africain

2. Je passerai mes prochaines vacances dans un pays nord-africain tout près de l'Espagne. —Tu les passeras…

3. Je suis ivoirien. J'habite…

4. Nous allons acheter des statuettes en bois dans ce grand pays à l'est du Niger. Nous allons en acheter…

5. Nous nous trouvons dans une île à l'est du continent africain. Nous sommes…

6. Nous sommes au Mali. Nous arrivons d'un pays voisin sur la côte occidentale. Nous venons… (*quatre possibilitiés*)

MISE EN PRATIQUE

TROUVEZ QUELQU'UN QUI… Les pays anglophones et francophones. Dans chacun des cas suivants, trouvez dans la classe de français quelqu'un correspondant au profil suggéré. Ensuite, comparez les résultats avec ceux de vos camarades.

Quel(le) étudiant(e)…

1. a visité autant de pays francophones que vous? _____ Pays visités: _____

2. peut nommer deux pays francophones africains? _____
   Pays francophones: _____

3. peut nommer cinq pays anglophones? _____ Pays anglophones: _____
4. peut identifier une île anglophone et une île francophone des
   Caraïbes? _____ Iles des Caraïbes: _____
5. peut nommer les régions francophones où se trouvent les villes
   suivantes? _____
   Berne: _____   Saïgon: _____
   Tunis: _____   Port-au-Prince: _____
6. sait où se trouve le siège de la Croix-Rouge? _____ Pays/ville: _____
7. peut nommer les quatre langues officielles de la Suisse? _____
   Langues: _____
8. sait comment s'appellent les habitants des pays ou des provinces
   suivants? _____
   la Belgique, les _____   le Viêtnam, les _____
   le Québec, les _____   la Côte-d'Ivoire, les _____

La négation

QUE SAVEZ-VOUS DEJA?

L'Europe francophone. Répondez à la forme négative aux questions.

MODELE: Avez-vous visité Monaco? (*ne... jamais*) →
         Je n'ai jamais visité Monaco.

1. Voulez-vous quitter la France? (*ne... pas*)
2. Connaissez-vous bien le Luxembourg? (*ne... guère*)
3. Etes-vous déjà allé(e) en Belgique? (*ne... pas encore*)

LES ADVERBES NEGATIFS			
ne... pas	*not*	ne... plus	*no longer, not... any longer, not... any more*
ne... toujours pas	*still not*		
ne... pas encore	*not yet*	ne... jamais	*never*
ne... pas du tout	*not at all*	ne... guère	*hardly, scarcely, barely*
		ne... que	*nothing but, only*

L'ordre des mots dans les phrases négatives

1. Les deux éléments de la négation entourent le verbe aux temps simples. Ils
   entourent l'auxiliaire aux temps composés.

   Je **ne** parle **pas** danois.   Je **n'**ai **jamais** étudié le danois.

2. Les deux éléments de la négation précèdent généralement l'infinitif auquel ils se rapportent.

> **Ne pas** aller au-delà de cette porte.
> Il nous a dit de **ne jamais** renoncer à nos coutumes.
> Elle a promis de **ne plus** parler d'immigration.

3. **Ne... que** indique une restriction plutôt qu'une négation. **Ne** précède le verbe; **que** précède la chose limitée.

> Le monde est un livre dont on **n'**a lu **que** la première page si on **n'**a vu **que** son propre pays.

Notez que les articles indéfinis et partitifs ne se réduisent pas à **de** après **ne... que**.

Je ne lis que des romans policiers.

MISE AU POINT

A. Des progrès à faire. Mettez les phrases suivantes à la forme négative ou restrictive d'après le modèle.

MODELE: En 1996, un habitant du tiers-monde sur cinq mangeait à sa faim. (*ne... pas*) →
En 1996, un habitant du tiers-monde sur cinq ne mangeait pas à sa faim.

1. Cinquante pour cent des gens dans le monde ont passé leur premier coup de téléphone. (*ne... pas encore*)
2. Le taux d'inscription (*enrollments*) des filles africaines dans les universités excède 3%. (*ne... guère*)
3. En Afrique, l'habitant moyen gagne $650 par an. (*ne... que*)
4. La population mondiale peut continuer à s'accroître (*grow*). (*ne... plus*)
5. Les parents des enfants mal nourris (*nourished*) ont reçu assez de nourriture. (*ne... jamais*)
6. Malgré tous les efforts, le nombre de mal nourris a diminué en Afrique. (*ne... toujours pas*)

B. Mais non! Rachèle et Jacques ont des souvenirs différents de leurs vacances en Guadeloupe. Aidez Rachèle à contredire son mari, en suivant le modèle et en utilisant l'expression négative qui convient le mieux. Utilisez chaque expression une seule fois (**ne... jamais, ne... pas, ne... pas encore, ne... que, ne... toujours pas**).

MODELE: JACQUES: Il pleuvait toujours l'après-midi.
RACHELE: Mais non! *il ne pleuvait jamais* l'après-midi.

1. JACQUES: Quand nous sommes arrivés, nous avions déjà réservé notre chambre d'hôtel.
RACHELE: Mais non! Quand nous sommes arrivés, _____ notre chambre d'hôtel.
2. JACQUES: Il y a quinze restaurants dans le village de Port-Louis.
RACHELE: Mais non! _____ deux restaurants dans le village de Port-Louis.
3. JACQUES: On peut toujours payer avec des dollars américains.
RACHELE: Mais non, _____ avec des dollars américains. On paie avec des euros.

4. JACQUES: Le mot «anse» veut dire «grande baie».
   RACHELE: Mais non! Le mot «anse» _____ «grande baie». Cela veut dire «petite baie».
5. JACQUES: Nous avons déjà reçu les paquets que nous avions envoyés de là-bas.
   RACHELE: Mais non, _____ les paquets que nous avions envoyés de là-bas.

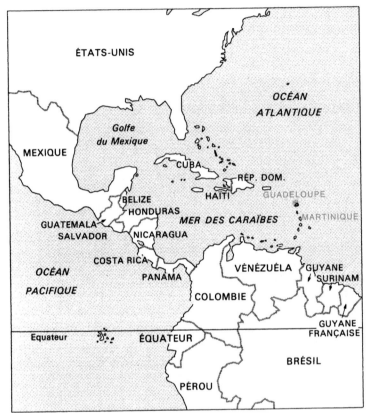

Pourriez-vous indiquer les régions de langue française?

6. **Conseils.** Avec un(e) camarade de classe, composez des phrases logiques selon le modèle suivant.

MODELE: ma sœur / ne... jamais / être en retard →
Ma sœur me dit de ne jamais être en retard.

PERSONNES	NEGATIONS	ACTIONS
mes parents	ne... pas	prendre leur auto
mon ami(e)	ne... jamais	emprunter son portable
mon prof	ne... plus	manquer son cours
mon petit ami / ma petite amie	?	grignoter
mon médecin		me surmener (*overwork*)
?		?

A. 🖼 **Manque d'expérience.** Mettez-vous à trois et énumérez à tour de rôle six choses que vous *n'avez jamais* faites et dites pourquoi. Ensuite, comparez vos réponses avec celles des autres groupes. Quelles réponses sont surprenantes? amusantes?

SUGGESTIONS

obtenir un passeport	voyager…
monter sur un éléphant	étudier…
voir un œuf d'autruche (*ostrich*)	visiter…
piloter un avion	aller…
se casser la jambe	faire…
?	?

B. 🖼 **Franchise.** Travaillez avec un(e) camarade. Répondez chacun(e) à quatre questions en utilisant une variété d'expressions négatives.

ne… guère / ne… jamais / ne… pas du tout / ne… pas encore / ne… plus / ne… que

1. As-tu trop de temps libre?
2. As-tu déjà eu une contravention?
3. Es-tu souvent allé(e) à l'étranger?
4. Crois-tu au père Noël?
5. Aimes-tu beaucoup te réveiller tôt?
6. Est-ce que tu as toujours envie de faire de l'exercice?
7. Est-ce que tu ne parles français qu'en classe?
8. Penses-tu que les étudiants n'étudient leur français que quand ils doivent passer un examen?

Les adjectifs indéfinis

QUE SAVEZ-VOUS DEJA?

La station de radio a dix ans! Remplissez les blancs avec un pronom indéfini de la liste pour parler de cette carte de vœux. (Regardez bien cette publicité, car vous y trouverez la réponse exacte à la quatrième question!)

POSSIBILITES: aucune, chaque, plusieurs, quelques

1. _____ star a signé la carte.
2. _____ personnes ont écrit «Bon anniversaire».
3. Elton John a écrit _____ phrases en anglais.
4. _____ star n'aurait voulu manquer ça!

Chérie FM fête ses 10 ans!

Aucune star n'aurait voulu manquer ça!

Définition Un adjectif indéfini peut qualifier un nom d'une manière affirmative ou négative.

> Les **autres** pays sont plus grands.
> **Chaque** gouvernement doit s'occuper de ses citoyens.
> Je **n'**en ai **aucune** idée!

Formes

autre(s) *other*	**ne... aucun(e)** *no, not any*
certain(e)(s) *certain*	**plusieurs** *several*
chaque *each, every*	**quelque(s)** *some, a little, a few*

1. Les adjectifs indéfinis **aucun, autre, certain** et **quelque** s'accordent avec le nom qu'ils qualifient.

   > **Quelques pays** envoient des représentants au congrès.
   > **Certaines personnes** n'ont pas répondu à l'invitation.

2. **Aucun(e)** est toujours accompagné de la négation **ne**.

   > **Aucun avion n'**est en retard.
   > Ce touriste **ne** parle **aucune langue** étrangère.

3. **Chaque** s'emploie toujours au singulier.

   > **Chaque pays** a ses traditions particulières.

4. **Plusieurs** s'emploie toujours au pluriel.

   > Il y a **plusieurs familles** analphabètes dans cette région.

Propos entendus à la gare. Complétez les phrases avec les adjectifs indéfinis qui s'imposent.

POSSIBILITES: aucun(e), autre, certain(e), chaque, plusieurs, quelque(s)

1. Je reviendrai une _____ fois.
2. Je veux acheter _____ chose.
3. _____ matin, nous prenons le train.
4. Dans _____ circonstances, il vaut mieux être bilingue.
5. Il y avait _____ étrangers dans le wagon.
6. Le gouvernement ne fait _____ effort pour améliorer la situation.
7. J'aime bien rencontrer des gens qui ont visité un _____ pays.
8. Je n'en ai _____ idée!

Questions personnelles. Avec un(e) camarade, posez-vous les questions suivantes.

1. Veux-tu visiter plusieurs pays durant ta vie? Pourquoi (pas)?
2. Est-ce que certains pays t'intéressent plus que d'autres? Lesquels?
3. N'as-tu pas envie de faire quelque chose avec ton français?
4. Est-ce que tu connais d'autres langues étrangères que le français? Lesquelles?
5. Ne dis-tu pas quelque chose en français chaque jour? Explique.
6. N'es-tu pas content(e) quand tu fais des progrès en cours de français? Explique.

Pour vous aider

Pour donner une réponse *affirmative*, utilisez **si** quand la question est négative.

Vas-tu au Sénégal cet été? —**Oui**, certainement.

Ne vas-tu **pas** au Sénégal? —**Si**, au mois de juin!

Les pronoms indéfinis

QUE SAVEZ-VOUS DEJA?

Travailler dans un pays francophone. Lisez le paragraphe et mettez le pronom indéfini qui convient.

POSSIBILITES: d'autres, personne, plusieurs, tout le monde

Quelques étudiants voudraient travailler dans un pays francophone. _____[1] préféreraient habiter en Europe, tandis que _____[2] voudraient travailler pour le Corps de la Paix en Afrique. _____[3] aimerait rencontrer des personnes intéressantes. _____[4] ne parlerait anglais!

Définition Un pronom indéfini représente un nom. Il est soit sujet soit objet.

Tout le monde veut visiter les plages d'Afrique.
J'en ai visité **plusieurs** sur la côte est.

Formes

AFFIRMATIVES	NEGATIVES	
un(e) autre *another one*; **d'autres** *others*	**ne... aucun(e)** **aucun(e) ne...**	*none, not any*
quelqu'un *someone*; **quelques-un(e)s** *some, a few* **chacun(e)** *each one, every one* **tout le monde** *everyone, everybody* **certain(e)s** *certain ones* **plusieurs** *several* **quelque chose** *something*	**ne... personne** **personne ne...**	*no one*
	ne... rien **rien ne...**	*nothing*

> **Quelqu'un** devrait faire **quelque chose** bientôt, mais moi, je **ne** veux **rien** faire.
> Connaissez-vous d'autres personnes bilingues? —Oui, j'en connais **d'autres,** mais **aucune ne** parle thaï.

Emplois particuliers

1. Les pronoms indéfinis peuvent être employés comme sujet du verbe, objet du verbe ou objet d'une préposition.

   > Tu as raté ton train? **Un autre** arrive dans vingt minutes.
   > Des pays du tiers-monde? Oui, je peux en nommer **quelques-uns.**
   > Tu écris à **quelqu'un?** —Non, **personne ne** me répond.

Notez ces pronoms négatifs utilisés comme objet:

Je n'avais rien vu.

Je n'ai vu personne.

Des souvenirs? Je n'en ai vu aucun.

2. **Un(e) autre, d'autres, certain(e)s, quelques-un(e)s, plusieurs** et **aucun(e)** expriment une quantité. Il faut donc employer le pronom **en** quand ils sont objets.

   > As-tu choisi un autre voyage organisé? —Oui, j'**en** ai choisi **un autre.**
   > Avez-vous des valises? —Oui, j'**en** ai **quelques-unes.**
   > Vois-tu ces oiseaux? —Non, je **n'en** vois **aucun.**

3. **Chacun(e), tout le monde, quelqu'un, quelque chose, personne... ne** et **rien... ne** comme sujet s'emploient avec un verbe au singulier.

   > **Tout le monde** cherche à établir des rapports amicaux.
   > **Quelqu'un** est venu quand nous étions sortis.
   > **Personne n'**a compris la question.

4. **Quelqu'un, personne, quelque chose** et **rien** s'emploient avec **de** suivi d'un adjectif *masculin*.

   > Etre bilingue, c'est **quelque chose d'impressionnant,** non?
   > Qu'est-ce que vous ferez cet été? —**Rien d'intéressant.**

A. A Montréal. Complétez les phrases avec les pronoms indéfinis qui s'imposent.

POSSIBILITES: aucun(e), certain(e)s, chacun(e), d'autres, personne, quelque chose, quelques-un(e)s, quelqu'un, rien, tout le monde

1. On trouve beaucoup de distractions à Montréal—des cinémas, des discothèques, des théâtres. _____ coûtent cher; mais _____ sont bon marché.
2. _____ adore la Terre des Hommes construite lors de l'Exposition Internationale de Montréal en 1967. _____ ne trouve la Terre des Hommes ennuyeuse.
3. Beaucoup d'étudiants vont à l'Université McGill. _____ fréquentent les cafés près de l'université.
4. Faisons _____ de nouveau ce week-end, allons au Théâtre International de Montréal. De toute façon, il n'y a _____ à la télé.
5. Je connais _____ qui travaille dans le Vieux Montréal.
6. _____ trouvera ce qu'il veut à Montréal, il y a du chic parisien et du «jet-set» américain.
7. A Montréal, il y a près de cinq mille restaurants; _____ sont spécialisés dans la haute cuisine, _____ servent de simples sandwichs. _____ n'est de mauvaise qualité.

B. **Observations.** Avec un(e) camarade, dites ce que vous voyez dans la salle de classe. Employez **n'en... aucun(e)** ou **en... quelques-un(e)s** en suivant le modèle.

MODELES: des bouteilles d'eau? → Je n'en vois aucune.

des sacs à dos? → J'en vois quelques-uns.

1. des ordinateurs? **2.** des livres? **3.** des drapeaux? **4.** des cigarettes?
5. des fenêtres? **6.** des chiens? **7.** des chapeaux?

C. Je suis innocent! Avec un(e) camarade, complétez les échanges suivants entre un inspecteur de police et un suspect peu coopératif en utilisant des pronoms négatifs.

MODELES: Pourquoi avez-vous assassiné Mario? (*ne... personne*) →
Je *n'*ai assassiné *personne*!

Pourquoi avez-vous suivi un des amis de Mario? (*ne... aucun*) →
Je *n'*ai suivi *aucun* des amis de Mario!

1. Qu'est-ce que vous avez fait hier soir? (*ne... rien*)
2. Qu'est-ce que vous avez écrit hier soir? (*ne... rien*)
3. Qui vous a téléphoné hier soir? (*personne ne...*)
4. A qui avez-vous téléphoné hier soir? (*ne... à personne*)
5. Pourquoi avez-vous cherché un des amis de Mario? (*ne... aucun*)
6. Pourquoi avez-vous parlé à un des amis de Mario? (*ne... à aucun*)
7. Est-ce que vous n'avez rien fait à Mario? (*ne... à personne*)

Pour vous aider

La préposition à, qui suit les verbes d'interaction entre personnes (**parler à, penser à, répondre à, téléphoner à,** etc.), *précède* le pronom négatif employé comme objet.

Il **ne** pensait à **personne.**

Je **ne** ressemble à **aucun** de mes frères.

D. **Deux conférences.** Vous avez assisté à une conférence ennuyeuse; votre ami(e) a assisté à une conférence intéressante. Parlez de vos expériences en vous basant sur le modèle.

MODELE: quelqu'un / drôle / parler // entendre / personne / amusant →

LUI/ELLE: Quelqu'un de drôle a parlé.
VOUS: Je n'ai entendu personne d'amusant.

1. quelque chose / essentiel / être souligné // rien / découvrir / nouveau
2. quelqu'un / intelligent / poser des questions // entendre / personne / remarquable
3. personne / ennuyeux / parler // devoir écouter / quelqu'un / ridicule
4. rien / trivial / être discuté // entendre / quelque chose / idiot

MISE EN PRATIQUE

Question d'opinion. Avant d'interroger votre partenaire, essayez de deviner ses réponses. Ensuite discutez de vos choix avec lui/elle. Combien de réponses avez-vous devinées?

MODELE: Tout le monde aime voyager: dans son pays? ☐ à l'étranger? ☒

VOUS: Tu penses que tout le monde aime voyager à l'étranger, non?
LUI/ELLE: C'est vrai, les voyages à l'étranger sont toujours extraordinaires.
ou: Non, je crois que les gens préfèrent les voyages calmes, sans problèmes, qu'ils peuvent faire dans leur propre pays.

1. Tu as déjà visité plusieurs: villes? ☐ pays? ☐
2. Tu voudrais rencontrer quelqu'un: de célèbre? ☐ de discutable (*controversial*) ☐
3. Tu penses que certaines choses sont: impossibles? ☐ impardonnables? ☐
4. Aujourd'hui, tu n'as aucune envie de/d': aller sur la lune? ☐ faire tes devoirs? ☐
5. Un jour, tu voudrais faire quelque chose: de beau? ☐ d'original? ☐

Quelques conjonctions

QUE SAVEZ-VOUS DEJA?

Des vacances de rêve? Voilà des gens qui ne savent pas précisément ce qu'ils veulent. Complétez le paragraphe en utilisant les conjonctions **soit... soit...** ou **ne... ni... ni....**

Pour nos prochaines vacances, nous irons _____ au Maroc _____[1] au Sénégal. Le problème est que je _____ aime _____ la chaleur _____[2] le soleil! Et mon mari _____ supporte de voyager _____ en avion _____[3] en bateau!

Définition Une conjonction joint deux mots ou deux propositions.

> Dans vingt ans, je vivrai en France **et** je viendrai passer mes étés aux États-Unis.
> Au Canada, on **ne** cultive **ni** les bananes **ni** la canne à sucre.
> Je voudrais aller en France **ou** en Tunisie.
> Marie veut enseigner **soit** en Tunisie **soit** au Maroc.

Emplois

1. On emploie **et** pour lier deux mots ou propositions de valeur égale.

   > Le Sénégal **et** la Mauritanie sont des pays africains.
   > Je vais acheter un ticket **et** je vais partir.

2. On peut employer **et... et...** (*both... and...*) devant chaque terme d'une énumération pour insister sur l'importance de chacun.

   > Nous le disons **et** en français **et** en créole.
   > **Et** mon père **et** ma mère sont francophones.

3. On emploie **ou** (*or*) et **soit... soit...** (*either... or...*) pour marquer l'alternative.

   > Je vais à l'île Maurice **ou** à la Réunion.
   > Elle passe les vacances **soit** en Corse **soit** aux Baléares.

4. On emploie **ni... ni... ne...** (*neither... nor...*) avec le sujet de la phrase. Le verbe est généralement au pluriel.

   > **Ni** le Cameroun **ni** la Guinée **ne** sont en Amérique.
   > **Ni** la géographie **ni** l'anthropologie **ne** l'intéressent.

   Autrement, on emploie **ne... ni... ni...** (*neither... nor...*).

   > Je **ne** parle **ni** au directeur **ni** à la secrétaire.
   > Ils **n'**ont **ni** vu l'annonce **ni** entendu la publicité.
   > Elle **ne** veut **ni** rester **ni** partir.
   > Je **ne** connais **ni** la Martinique **ni** la Guadeloupe.

> Après **ne... ni... ni...**, omettez l'article indéfini et l'article partitif.
>
> Il n'a ni frère ni sœur.
>
> Je n'achète ni vin ni eau minérale.

MISE AU POINT

A. Conjonctions. Mettez les conjonctions qui s'imposent.

POSSIBILITÉS: et, et... et, ne... ni... ni, ni... ni... ne..., ou, soit... soit

1. Mon père _____ ma mère viennent d'Algérie.
2. _____ le Mali _____ le Tchad sont des pays francophones.
3. Je te donne le choix pour les vacances: c'est _____ le Maroc _____ la Tunisie.
4. Je ne sais pas où aller, à la Martinique _____ à la Guadeloupe.
5. Je crois qu'il apprend _____ l'anglais _____ le français.

B. Visitons le Canada. Transformez les déclarations suivantes en phrases affirmatives.

MODELE: Je n'ai visité ni Trois-Rivières ni Saint-Pierre. →
J'ai visité Trois-Rivières et Saint-Pierre.

1. Ni mes amis ni mes parents n'avaient besoin de guide pour visiter le Canada.
2. Je n'ai ni dollars américains ni dollars canadiens.
3. Ni Montréal ni Toronto ne sont faciles à visiter à pied.
4. Nous n'allons passer nos vacances ni dans une ferme ni dans un hôtel.
5. René n'aime ni le sucre ni le sirop d'érable.
6. On ne va visiter ni le Manitoba ni l'Ontario.

Reprise

A. Des vacances de rêve. Utilisez des prépositions ou des articles, s'il y a lieu.

Le voyage a commencé _____¹ New York. Nous sommes partis _____² Etats-Unis en avion et nous sommes allés _____³ Londres où nous avons tout visité. Ensuite, nous avons quitté _____⁴ Londres pour aller _____⁵ Paris. Nous avons passé deux semaines _____⁶ France, puis nous sommes allés _____⁷ Pays-Bas et _____⁸ Belgique. J'ai beaucoup aimé _____⁹ Pays-Bas et _____¹⁰ Belgique, mais j'adore _____¹¹ France. Je vais y retourner l'année prochaine. Nous sommes revenus _____¹² Europe après quatre semaines merveilleuses.

B. Propos à compléter.

1. Utilisez les *adjectifs* indéfinis (**autre, chaque,** *(toujours singulier)* **certain,** etc.) appropriés.

   a. Nous irons en Suisse une _autre_ fois.
   b. _Certain_ jours je travaille bien, _d'autre_ jours je suis un peu fatigué.
   c. _chaque_ matin, nous lisons le journal.
   d. On a visité _plusieurs_ musées à Genève cet été.
   e. Avez-vous _quelque_ minutes de libre?

2. Utilisez les *pronoms* indéfinis (**aucun[e], personne, quelqu'un, quelque chose, tout le monde,** etc.) appropriés.

   a. _personne_ n'aime le lundi matin.
   b. _aucun_ de mes amis ne va en Afrique.
   c. Je vois _quelqu'un_ qui arrive.
   d. Il m'a envoyé _quelque chose_ de Dakar.

Au marché de Dakar, au Sénégal: Ces dames font très bon usage des belles fleurs cultivées dans leur région.

e. Des Maliennes? J'en connais _plusieurs_

chaque f. _aucun_ de nous a bon goût.

g. Les pays francophones? _certains_ sont grands, _d'autres_ sont petits.

quelqu'un h. _____ d'intéressant a écrit ce livre sur le Québec.

i. J'ai photographié _____ de drôle.

quelque chose.

C. **Goûts.** En utilisant les mots des deux colonnes, posez des questions à un(e) camarade qui y répondra. Puis, changez de rôle. Suivez le modèle.

MODELE: VOUS: Est-ce que tu prends du sucre et de la crème dans ton café?

          LUI/ELLE: Non, je ne prends ni sucre ni crème.

             ou Non, je n'aime ni le sucre ni la crème.

A   B

acheter   les bananes et les noix de coco
aimer   le café et le thé
aller   les matchs de football et les matchs de basket
boire   Port-au-Prince et La Havane
manger   le Sénégal et l'Algérie
prendre   le sucre et la crème
visiter   la viande et le fromage

D. **SONDAGE: Identifications.** Demandez à trois camarades de classe de dire ce qui leur vient à l'esprit dans les catégories suivantes. Ensuite, comparez les réponses que vous avez obtenues avec celles des autres étudiants. Nommez:

1. quelqu'un d'important   **2.** quelque chose de surprenant qui s'est passé récemment   **3.** un problème auquel chaque immigrant doit faire face **4.** une chose que personne n'aime faire   **5.** quelque chose de spécial que vous avez fait dans votre vie   **6.** une chose que vous n'avez aucune intention de faire

Le français au bout des doigts

Voyager dans des pays francophones

Il existe des communautés francophones sur tous les continents. Elles nous permettent de découvrir des cultures d'une richesse extraordinaire. Grâce à Internet, il est plus facile que jamais de connaître ces pays, leur histoire, leur culture et leurs habitants.

Les liens et les activités se trouvent à **www.mhhe.com/collage**.

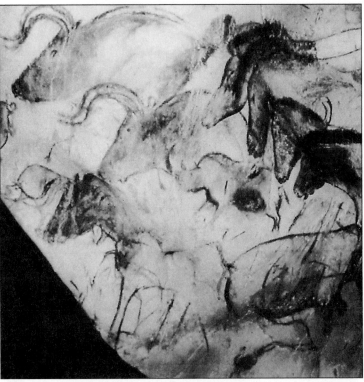

CHAPITRE 11

LES BEAUX-ARTS

Découverte en décembre 1994, cette grotte en Ardèche (France) révèle les talents artistiques des habitants préhistoriques.

Les arts premiers. Combien de têtes d'animaux voyez-vous sur cette photo? Pourquoi pensez-vous que des artistes préhistoriques ont choisi de peindre ce sujet? Pouvez-vous suggérer plusieurs hypothèses?

Nous allons...

- parler des beaux-arts

- présenter une suite d'événements ou d'actions

- exprimer la simultanéité et la causalité

- poser des questions complexes

Points de repère

- L'infinitif présent

- L'infinitif passé

- Le participe présent et le gérondif

- Les pronoms interrogatifs

Mots et expressions

LES ARTS, LA MUSIQUE, LA DANSE

l'amateur (*m.*) connoisseur; **être amateur de** to be fond of

l'ambiance (*f.*) atmosphere

l'appareil-photo (*m.*) (still) camera

l'aquarelle (*f.*) watercolor

avoir bon (mauvais) goût to have good (bad) taste

le bijou jewel; **les bijoux** jewelry

la bijouterie jewelry making; jewelry store

le(s) chef(s)-d'œuvre masterpiece(s)

collectionner to collect

le collectionneur / la collectionneuse collector

le danseur / la danseuse (classique, de claquettes) (ballet, tap) dancer

le dessin drawing

dessiner (au crayon / à la plume) to draw (in pencil / in pen)

émouvant(e) moving, touching

exposer to exhibit

l'exposition (*f.*) exhibition, art show

jouer de to play (*an instrument*)

la musique (baroque/classique/ d'ascenseur/pop) (baroque/ classical/elevator/pop) music

l'œuvre (*f.*) **d'art** work of art

peindre to paint

le peintre painter, artist

la peinture (à l'huile) paint; (oil) painting; **faire de la peinture** to paint

le/la photographe photographer

la photographie photography; photograph; **la photo** photo

le pinceau (paint)brush

la poterie pottery

ravi(e) (de) thrilled (with)

sculpter to sculpt

le sculpteur sculptor

la symphonie symphony

le tableau painting, picture

la toile canvas; painting

A. Analogies. Complétez les analogies suivantes.

MODELE: *le musicien*: jouer
l'acteur: faire du théâtre

1. _____: peindre
le sculpteur: sculpter
2. _____: le chef d'orchestre
la pièce: le metteur en scène
3. _____: le photographe
l'instrument: le musicien
4. _____: les beaux-arts
le gourmet: la cuisine
5. _____: le dessin
faire de la peinture: la peinture

B. Définitions. Trouvez l'équivalent de chaque expression.

1. la céramique, la terre cuite
2. l'atmosphère
3. objet utilisé pour appliquer des couleurs
4. peinture faite avec des couleurs à l'eau
5. personne qui accumule un grand nombre d'objets de valeur

C. Antonymes. Donnez le contraire des expressions suivantes.

1. mécontent(e) (de), pas satisfait(e)
2. n'avoir aucun goût
3. un tableau médiocre
4. froid(e), inexpressif/ive

D. Associations. Trouvez les termes de **Mots et expressions** que vous associez avec les expressions suivantes.

1. le musée
2. la musique
3. des objets précieux
4. décorer son appartement

DISCUTONS!

Avec un(e) partenaire, associez chaque type de création artistique avec un nom d'artiste. Ensuite, essayez de trouver un autre nom d'artiste pour chaque catégorie.

1. l'architecture
2. la symphonie
3. la sculpture
4. la danse classique
5. l'impressionnisme

a. Camille Claudel
b. Mikhaïl Barychnikov
c. Claude Monet
d. Ludwig van Beethoven
e. I. M. Pei

Quelles formes d'art aimez-vous? La peinture? La photographie? La musique? La danse? Pourquoi?

I. M. Pei: «Je suis avant tout un optimiste. On peut me critiquer, je m'en fiche. Si je pense que j'ai raison, je vais de l'avant. Cela m'a donné un immense plaisir de travailler sur le Louvre.»

tructures

L'infinitif présent

Définition L'infinitif est la forme verbale qui n'est pas conjuguée.

> **Penser** ne suffit pas; il faut **penser** à quelque chose. —*Jules Renard*
>
> **Comprendre,** c'est **pardonner.** —*Madame de Staël*

Emplois

Les pronoms objets **précèdent** l'infinitif.

Mélanger les ingrédients. **Les** mélanger.

1. On emploie l'infinitif à la place de l'impératif dans les ordres impersonnels et dans les recettes de cuisine.

   Ne pas **se pencher** dehors.   *Don't lean out (the window).*
   Ajouter la sauce. **Saler. Poivrer.**   *Add the sauce. Add salt and pepper.*

2. On emploie l'infinitif comme sujet.

   Vivre est une chanson dont **mourir** est le refrain. —*Victor Hugo*

3. On emploie l'infinitif comme complément du verbe.*

   a. Certains verbes sont suivis directement d'un infinitif.

VERBES SUIVIS DIRECTEMENT DE L'INFINITIF (SANS PRÉPOSITION)			
MOUVEMENT	INCLINATION	OPINION	PERCEPTION
aller	aimer	compter	écouter
partir	désirer	croire	entendre
rentrer	détester	devoir	regarder
revenir	pouvoir	espérer	voir
venir	préférer	falloir	
	vouloir	penser	
		savoir	

   Elle **compte visiter** le musée Picasso demain.
   Il **faut arriver** de bonne heure pour éviter la foule (*crowd*).

   b. Certains verbes doivent être suivis de la préposition **à** devant un infinitif.

aider à	commencer à	hésiter à
s'amuser à	encourager à	inviter à
apprendre à	s'habituer à	réussir à

   Les musiciens **ont commencé à jouer.**
   Le chef d'orchestre les **encourageait à jouer** plus fort.

   c. D'autres verbes sont suivis de la préposition **de** devant un infinitif.

s'arrêter de	être content(e),	se presser de
avoir besoin de	ravi(e), *etc.* de	promettre de
avoir envie de	s'excuser de	refuser de
conseiller de	finir de	rêver de
décider de	mériter de	se souvenir de
essayer de	oublier de	

   A quarante ans, la danseuse classique **s'est arrêtée de danser.**
   Elle **refusait d'accepter** des rôles secondaires.

---

*Voir l'appendice B pour une liste plus détaillée des verbes + *infinitif.*

A. **Transformations.** Donnez l'infinitif correspondant aux noms suivants.

1. la peinture 2. le dessin 3. la collection 4. l'exposition 5. la sculpture 6. le savant 7. le fait 8. la décision 9. la mise 10. la permission

B. **Observations.** Utilisez un infinitif comme sujet de la phrase. Suivez le modèle.

MODELE: Ils vivent sans amour, ce qui est triste. →
Vivre sans amour, c'est triste.

1. Ils font une promenade à pied, ce qui est agréable.
2. Ils chantent juste, ce qui est formidable.
3. Ils font de la poterie, ce qui est intéressant.
4. Ils écoutent seulement de la musique classique, ce qui est étonnant.
5. Elles étudient à la bibliothèque tout le week-end, ce qui est remarquable.
6. ?

C. **Que faire?** Inventez des conséquences logiques en utilisant les mots donnés et une préposition si nécessaire.

MODELE: se disputer avec des copains / promettre →
Quand on se dispute avec des copains, on promet de ne plus le faire à l'avenir.

1. vouloir maigrir avant l'été / essayer
2. être en retard à un rendez-vous / devoir
3. prendre quatre semaines de vacances / pouvoir
4. oublier un rendez-vous / promettre
5. réussir à ses examens / mériter

D. **Maximes.** Avec un(e) camarade, expliquez le sens des expressions suivantes.

MODELE: Partir, c'est mourir un peu. →
Quand on doit se séparer d'une personne aimée, on a l'impression de perdre une partie de soi-même.

1. Vouloir, c'est pouvoir.
2. Il faut manger pour vivre, et non pas vivre pour manger.
3. Il y a plus de bonheur à donner qu'à recevoir.
4. Ce que tu veux dire, dis-le demain.
5. Avoir des amis, c'est être riche.

A. **Ma vie.** Parlez un peu de vous-même en complétant les phrases suivantes. Utilisez un infinitif (et une préposition si nécessaire).

MODELE: Après mes études, j'espère... →
Après mes études, j'espère faire un long voyage.

1. Plusieurs de mes ami(e)s rêvent...
2. Mes parents me conseillent souvent...
3. Mes ami(e)s m'encouragent...
4. Parfois, j'hésite...
5. L'année dernière, j'ai commencé...
6. Quand je vais en vacances, je préfère...
7. A mon avis, moi, je mérite...

B. **Le marketing.** En vous inspirant de cette publicité, créez avec un(e) camarade une publicité pour un endroit de votre choix. N'oubliez pas d'utiliser trois infinitifs. Comparez votre chef-d'œuvre avec ceux des autres équipes. Quelle est la pub la plus frappante?

EXPLORER
*le Rhône
de villes
en villages*

AIMER
*un
patrimoine°
riche et varié*

legacy

VIVRE
*en fête
aux
4 saisons*

L'infinitif passé

Définition L'infinitif passé indique une action terminée avant celle du verbe principal.

Maintenant, elle regrette d'**être allée** à l'exposition sans toi.
Après **avoir assisté** à cette représentation, nous étions très émus.

Formes

	AFFIRMATIVES	NEGATIVES
voir	avoir vu	ne pas avoir vu
aller	être allé(e)(s)	ne pas être allé(e)(s)
se lever	s'être levé(e)(s)	ne pas s'être levé(e)(s)

Sandrine est très contente d'**avoir vu** *le Penseur* au musée Rodin.
Excusez-moi de **ne pas être venue** hier.
Après **s'être reposés** à la campagne, ils sont rentrés à Paris.

Emplois

L'infinitif passé indique une action terminée avant l'action du verbe principal. Il n'y a qu'un seul sujet. L'infinitif passé peut suivre

1. le verbe conjugué (et la préposition si nécessaire)

Victor **se rappelle avoir parlé** à ce collectionneur de timbres.
Nathalie **était ravie d'avoir trouvé** cette photo.

Victor remembers having spoken to that stamp collector.
Nathalie was thrilled to have found this photo.

2. la préposition **après** pour exprimer deux actions successives

Après avoir dîné en ville, nous assisterons à un concert de musique baroque.

After dining in town, we'll go to a baroque music concert.

Après être allée à Notre-Dame, elle a visité le Louvre.

After going to Notre Dame, she visited the Louvre.

A. Le monde de l'art. Plusieurs individus pensent à leur carrière artistique. Inventez des phrases en utilisant l'infinitif passé et un élément de chacune des listes suivantes.

MODELE: La jeune artiste regrette d'avoir oublié l'exposition de son amie.

A	B	C
la jeune artiste	essayer de	être influencé(e) par...
les peintres	regretter de	oublier l'exposition de...
les sculpteurs	être content(e) de	(ne jamais) terminer leurs œuvres
le critique	se plaindre (*to complain*) de	(ne pas) gagner un prix
la vieille artiste		(ne pas) étudier en Europe
?	se rappeler	(ne pas) vendre des tableaux
	être triste de	être pris(e) au sérieux
	?	?

B. **Regrets et satisfactions.** Avec des camarades de classe, réfléchissez à l'année passée. Complétez chacune des phrases suivantes avec un infinitif passé.

MODELES: Je suis heureux/heureuse *d'avoir appris à jouer de la guitare.*

Je suis triste *de ne pas avoir écrit plus souvent à mes amis.*

1. Je suis content(e) de/d'...
2. Je suis satisfait(e) de/d'...
3. Je regrette de/d'...
4. Mais je suis ravi(e) de/d'...
5. En somme, j'espère...

C. La suite des événements. Qu'a fait cette artiste après avoir terminé les tableaux qu'elle voulait exposer? Suivez les modèles.

MODELES: Elle a terminé les tableaux. Elle s'est reposée. →
Après avoir terminé les tableaux, elle s'est reposée.

Elle a téléphoné à son agent. →
Après s'être reposée, elle a téléphoné à son agent.

1. Elle a appelé un taxi.
2. Elle est allée au musée.
3. Elle s'est présentée à l'exposition.
4. Elle est devenue célèbre.
5. Elle a vendu beaucoup de tableaux.
6. ?

Le cadavre exquis: un jeu surréaliste. Ecrivez les phrases suivantes sur une feuille de papier.

J'ai passé une journée formidable hier. Après m'être réveillé(e), je...

Ecrivez alors une suite à cette deuxième phrase et pliez (*fold*) votre papier de façon à ce que la personne suivante puisse lire uniquement la dernière phrase de l'histoire. Passez votre papier à gauche. Continuez le même procédé une dizaine de fois, en utilisant des infinitifs passés. Sur le dernier papier que vous recevrez, vous écrirez la dernière phrase d'une histoire développée par dix autres étudiants.

Mettez-vous alors par cinq et lisez à haute voix les histoires que vous avez en main.

Le participe présent et le gérondif

QUE SAVEZ-VOUS DEJA?

Activités simultanées. Faites des phrases logiques en mettant ensemble des éléments des deux colonnes.

1. La jeune fille bizarre marchait
2. Le vieux monsieur heureux travaillait
3. La petite fille triste regardait sa poupée cassée
4. Pendant un concert de rock, je parle

a. en pleurant
b. en se parlant
c. en criant
d. en chantant

Définition Le participe présent exprime une action simultanée à celle du verbe principal.

Un artiste, **peignant** un portrait, étudiait son sujet attentivement.
La musicienne chante **en jouant** du piano.

Formation

1. On forme le participe présent avec le radical de la première personne du pluriel (**nous**) du présent de l'indicatif et la terminaison **-ant**.

parler: nous parlo̷n̷s̷ → **parlant**
finir: nous finisso̷n̷s̷ → **finissant**
rendre: nous rendo̷n̷s̷ → **rendant**

A noter: Trois verbes ont un participe présent irrégulier.

avoir → **ayant**   être → **étant**   savoir → **sachant**

Cette femme, **sachant** qu'elle dansait mal, a renoncé à la danse.

2. On appelle *gérondif* le participe présent précédé de la préposition **en.**

   en parlant   **en** finissant
   en rendant   **en** se reposant

   C'est **en forgeant** que l'on devient forgeron (*blacksmith*).

Emplois

1. Le participe présent peut remplacer **qui** + *verbe conjugué* et indique la simultanéité de deux actions ou conditions.

   Les jeunes filles, { **murmurant,** / **qui murmuraient,** } se promenaient dans le parc.

   The girls, whispering, were walking in the park.

   Le danseur, { **s'habillant** vite, / **qui s'habillait** vite, } discutait de son succès.

   The dancer, dressing quickly, discussed his success.

2. Le gérondif correspond à l'anglais *while, upon, by,* suivi du participe présent.

   Il ne faut pas parler **en mangeant.**   *You mustn't talk while eating.*

   En relisant la lettre de son amie, elle s'est sentie mieux.   *Upon rereading her friend's letter, she felt better.*

   A noter: Le participe présent est lié au *nom;* le gérondif est lié au *verbe* principal.

   J'ai vu **le photographe sortant** de l'église. (= le photographe qui sortait)
   J'ai vu le photographe **en sortant** du café. (= je l'ai vu quand moi je sortais)

MISE AU POINT

A. Transformations. Donnez la forme correcte du participe présent des infinitifs suivants.

1. aller allant
2. avoir ayant
3. voyager voyageant
4. attendre attendant
5. voir voyant
6. réfléchir réfléchissant
7. être étant
8. s'amuser s'amusant
9. lire lisant
10. prendre prenant
11. s'apercevoir s'apercevant
12. savoir sachant
13. s'asseoir s'asseant
14. remplacer remplissant
15. revenir revenant
16. peindre peignant. peignant.

B. Inspirations. Le quotidien inspire les artistes. Complétez les phrases suivantes à votre façon en utilisant des participes présents. Suivez le modèle.

VOCABULAIRE UTILE

un café, le ciel, son frère, le jardin, le lac, sa maman, la montagne, la nuit, le parc, la plage, le quai, la rivière, la rue…

MODELE: L'artiste peint l'enfant (sourire à)… →
  L'artiste peint l'enfant souriant à sa maman.

1. Le sculpteur crée un couple (danser dans)…
2. Le jeune garçon dessine des enfants (jouer dans)…
3. Le peintre apprécie les étoiles (briller dans)…
4. La touriste photographie un vieux moulin (*mill*) (se refléter dans)…
5. Le poète se souvient du soleil (se coucher derrière)…

C. Comment devient-on expert(e) en… ? Faites des phrases selon le modèle.

MODELE: forger / forgeron →
  C'est en forgeant que l'on devient forgeron.
  (*proverbe traditionnel*)

1. peindre / peintre
2. composer / compositeur
3. danser / danseur
4. dessiner / dessinateur
5. prendre des photos / photographe
6. collectionner / collectionneur
7. ?

MISE EN **PRATIQUE**

A. Conseils. Avec un(e) partenaire, donnez des conseils aux nouveaux étudiants de votre université en combinant les éléments des deux colonnes.

MODELES: Ne faites pas de bruit en rentrant le soir.
  Faites attention aux vélos en traversant la rue.

A	B
boire	s'endormir
dépenser tout votre argent	faire de l'exercice
étudier	conduire
penser à vos problèmes	acheter des bêtises (*silly things*)
faire attention aux vélos	écouter de la musique
s'épuiser (*to exhaust oneself*)	rentrer le soir
faire du bruit	traverser la rue
?	?

B.  **SONDAGE: En même temps.** Posez les questions suivantes à trois camarades de classe pour savoir quelles activités ils/elles font en même temps. Ensuite, comparez vos réponses. Quelles réponses identiques avez-vous trouvées?

Qu'est-ce que tu aimes faire…

1. en mangeant?
2. en faisant tes devoirs?
3. en conduisant?
4. en te promenant?
5. en regardant le journal de 20 heures?
6. en écoutant de la musique?

Les pronoms interrogatifs

QUE SAVEZ-VOUS DEJA?

Un chef d'orchestre mécontent. Imaginez la question posée par le chef d'orchestre aux musiciens un peu bêtes. La question doit porter sur la partie de la phrase en italique.

VOCABULAIRE UTILE: **à quoi, de qui, qui est-ce qui, qu'est-ce qui**

1. *Michel* doit réparer son instrument.
2. Désolée! Je pensais *à mon chien* qui m'attend à la maison.
3. Je ne parlais pas *de vous* quand j'ai dit «Il est méchant.»
4. *Cette répétition* est fatigante.

Définition Un pronom interrogatif introduit une question au sujet d'une personne, d'un objet ou d'une idée.

Qui a écrit cette symphonie?
De quoi parle-t-il?
Qu'est-ce que c'est que ça?

Pronoms interrogatifs sans antécédent précis

Les pronoms interrogatifs sans antécédent précis n'ont ni genre ni nombre.

	POUR SE RENSEIGNER SUR LES GENS	
	FORME COURTE	FORME LONGUE (POUR INSISTER)
SUJET	**Qui** vient ce soir? —C'est **Marc.**	Zut! **Qui est-ce qui** a pris mon vélo? —C'est **Paul.**
OBJET DIRECT	**Qui** admires-tu? —J'admire **Claude Monet.**	**Qui est-ce que** tu admires? —J'admire vraiment **Marie Laurencin.**
OBJET D'UNE PREPOSITION	**De qui** parles-tu? —Je parle **de mon père.**	**De qui est-ce que** tu parles? —Je parle **de mon frère.**

	POUR SE RENSEIGNER SUR LES CHOSES ET LES IDEES	
	FORME COURTE	FORME LONGUE (POUR INSISTER)
SUJET	—	**Qu'est-ce qui** t'intéresse? —**Le ballet** m'intéresse.
OBJET DIRECT	**Que** veux-tu? —Je veux **ce dessin.**	**Qu'est-ce que** tu veux? —Je veux **un million de dollars!**
OBJET D'UNE PREPOSITION	**A quoi** penses-tu? —Je pense **aux vacances.**	**A quoi est-ce que** tu penses? —Je pense **à l'amitié.**

Pronoms interrogatifs avec antécédent précis

Lorsque les pronoms interrogatifs ont un antécédent précis, ils s'accordent en genre et en nombre avec la personne ou la chose qu'ils représentent.

		MASCULIN	FEMININ
SINGULIER		**lequel** *which one*	**laquelle** *which one*
PLURIEL		**lesquels** *which ones*	**lesquelles** *which ones*
FORMES CONTRACTEES	(à)	**auquel** **auxquels**	**à laquelle** **auxquelles**
	(de)	**duquel** **desquels**	**de laquelle** **desquelles**

Voici des tableaux cubistes. —**Lesquels** préférez-vous?
Je pense à un compositeur français. —**Auquel** penses-tu?
Elle parle de sa sculpture. —**De laquelle** parle-t-elle?
Laquelle de ces deux musiciennes préfères-tu?

MISE AU POINT

A. **Un étudiant curieux.** Aidez Pierre à poser des questions à son professeur d'art en utilisant **qui, que (qu')** ou **quoi.**

MODELE: PIERRE: *Qu'* allons-nous faire le premier jour?
           LE PROF: Nous allons dessiner.

1. PIERRE: *Qui* avez-vous invité à suivre ce cours?
   LE PROF: J'ai invité les étudiants de première année.
2. PIERRE: *que* font-ils?
   LE PROF: Ils apprennent à apprécier le travail d'un artiste.
3. PIERRE: *qui* sait déjà peindre?
   LE PROF: Claude sait déjà peindre.
4. PIERRE: Avec *quoi* peint-on?
   LE PROF: On peint avec un pinceau.
5. PIERRE: *que* conseillez-vous aux étudiants?
   LE PROF: Je conseille aux étudiants de peindre chaque jour.
6. PIERRE: De *quoi* avons-nous besoin pour le premier jour de classe?
   LE PROF: Vous avez besoin d'un crayon et du papier.

B. **Réponses.** Posez les questions qui correspondent aux réponses en italique en employant *la forme longue* du pronom interrogatif approprié.

MODELE: *Mon ami* arrive. →
           Qui est-ce qui arrive?

1. *Moi, je* joue de la clarinette.
2. *Rien ne* se passe.
3. Nous cherchons *un bon photographe.*
4. Je viens d'acheter *des bijoux.*
5. Il aime travailler *le marbre.*
6. Nous voyons *la danseuse de claquettes.*
7. Je pense à *une symphonie émouvante.*

C. **Précisions.** Complétez avec le pronom qui convient (**lequel, laquelle, lesquels, lesquelles, auquel, à laquelle, duquel, de laquelle**).

MODELE: Nous préférons la cinquième symphonie de Beethoven. *Laquelle* préfères-tu?

1. _____ de ces tableaux est à vendre?
2. Marc achètera deux nouvelles toiles. —_____?
3. _____ des trois répétitions ce week-end sera la plus longue?
4. Il parle d'un artiste impressionniste. —_____ parle-t-il?

5. Anne s'intéresse à une œuvre de Picasso. —_____ s'intéresse-t-elle?
6. Il y a un festival de jazz et un festival de cinéma. _____ iras-tu?

Pablo Picasso: La Femme qui pleure *(1937)*

Entretien. Imaginez que vous pouvez interviewer l'artiste de votre choix, mort(e) ou vivant(e). Avec un(e) camarade, jouez les deux rôles en formant des questions avec les pronoms interrogatifs indiqués.

MODELE: Auguste Renoir →
Qu'est-ce que l'impressionnisme?
—L'impressionnisme est un style créé par des artistes qui voulaient représenter la première impression que l'on a des objets et des gens.

VOCABULAIRE UTILE:

l'art abstrait/classique/surréaliste; créer/inspirer/troubler/choquer; la nature morte (*still life*) / le portrait / la composition géométrique

1. qu'est-ce que   2. avec qui   3. que   4. qu'est-ce qui   5. qui
6. lequel/laquelle

MISE EN PRATIQUE

Pour vous aider

Pour demander une définition ou une précision, *What is...* ? =
Qu'est-ce que. . . ?
ou
Qu'est-ce que c'est que... ?

Qu'est-ce qu'une aquarelle?

Qu'est-ce que c'est qu'une aquarelle?

Qu'est-ce que c'est que ça?

Auguste Renoir:
Le Moulin de la
Galette *(1876)*

Reprise

A. **Les préférences personnelles.** Groupez-vous par deux pour essayer de mieux vous connaître.

MODELE: préférer / écouter →
        VOUS: Qu'est-ce que tu préfères écouter?
    LUI/ELLE: Je préfère écouter de la musique classique.

1. aimer / voir au musée
2. devoir / faire aujourd'hui
3. rêver / devenir un jour

4. refuser / regarder à la télé
5. aller / étudier l'année prochaine

B. **Résultats.** Avec un(e) camarade, dites quels seront les résultats des actions suivantes. Utilisez le participe présent, et comparez vos réponses avec celles de votre camarade.

MODELE: faire ses devoirs régulièrement / je… →
    En faisant mes devoirs régulièrement, je réussirai tous mes cours.

1. regarder moins d'émissions télévisées / mon ami(e)…
2. manger plus sainement / nous…
3. faire plus souvent de l'exercice / tu…
4. dépenser moins d'argent / on…
5. se coucher plus tôt / je…
6. ?

C. **A Paris.** En discutant avec un(e) partenaire, imaginez que vous allez à Paris. Racontez ce que vous y ferez pendant une semaine. Utilisez des éléments des trois listes et des infinitifs passés, en vous basant sur le modèle.

MODELE: VOUS: Que feras-tu après avoir atterri (*landed*) à Paris?
LUI/ELLE: Après avoir atterri, je descendrai dans mon hôtel.

A	B	C
atterrir	le Louvre	voir…
arriver	Paris	prendre des photos de…
quitter	le Centre Pompidou	aller à…
entrer	Montmartre	regarder…
te reposer	le musée Rodin	me promener (dans, sur, à…)
visiter	la tour Eiffel	descendre dans mon hôtel
explorer	la cathédrale de Notre-Dame	acheter…
déjeuner	le jardin du Luxembourg	faire une visite commentée de…

D. **Répliques.** Posez des questions ayant pour réponses les phrases suivantes. Employez des pronoms interrogatifs.

1. *Gauguin* a peint ce tableau.
2. J'ai vu *son chef-d'œuvre.*
3. *Un moteur* fait ce bruit.
4. Elle a étudié avec *Alvin Ailey.*
5. Ces musiciens jouent de *vieux instruments.*
6. Le surréalisme, c'est *un mouvement artistique et littéraire.*
7. Mary Cassatt a fait partie de *l'école impressionniste.*
8. Je préfère *Renoir et Morisot.*

Le français au bout des doigts

Peintres français et peintres en France

Où doit-on aller pour voir les chefs-d'œuvre? A Paris? A New York? A Saint-Pétersbourg? Non, grâce à Internet, on n'a pas besoin d'aller si loin. Faites un petit voyage virtuel!

Les liens et les activités se trouvent à **www.mhhe.com/collage**.

CHAPITRE

12

LA FRANCE ET L'AMERIQUE DU NORD

La construction de la Liberté éclairant le monde: Ce cadeau de la France au peuple américain en 1886 est devenu un symbole des Etats-Unis.

La présence du français. Des Français ont eu une influence importante sur l'Amérique du Nord. Par exemple, beaucoup de villes aux Etats-Unis et au Canada anglophone portent des noms français. Pouvez-vous en nommer trois? Comparez votre liste avec celle d'un(e) partenaire.

Nous allons...

- discuter des rapports entre la France et l'Amérique du Nord
- signaler des objets et des personnes
- parler de la possession
- mettre l'accent sur les résultats des actions
- exprimer la causalité

Points de repère

- Les pronoms démonstratifs
- Les pronoms possessifs
- La voix passive
- **Faire** de sens causatif

Mots et expressions

LES RAPPORTS

accueillir to welcome; to receive
l'amitié (*f.*) friendship
atteindre un but to achieve a goal (an objective)
célébrer to celebrate; to observe
la communauté community
compréhensif/compréhensive understanding (*adjective*)
l'échange (*m.*) exchange
emprunter to borrow
s'entraider to help one another
être à l'aise to be comfortable (at ease)
le lien tie, bond
le malentendu misunderstanding
la monnaie (*national*) currency
renforcer to reinforce
résoudre to solve, resolve
supporter to tolerate, put up with
l'Union(*f.*) **européenne** European Union (*community of 15 European nations*)

LA VIE MODERNE

à la française in the French style
l'agenda (*m.*) calendar, day planner
l'argot (*m.*) slang
le centre commercial shopping center; mall
le chercheur / la chercheuse scientist, researcher
le couturier fashion designer
être à la mode to be in fashion (in style)
être démodé(e) to be out of fashion (out of style)
l'expérience (*f.*) experience; experiment
faire des recherches (*f.*) to do research
la haute couture high fashion
les vêtements (*m.*) **de marque** designer clothes

A. Associations. La France, le Canada, les Etats-Unis, ou bien tous les trois? Dites quel(s) pays vous associez avec les termes suivants. Donnez des exemples et expliquez pourquoi.

1. l'euro (monnaie européenne)
2. l'amitié
3. la haute couture
4. l'entraide (commerciale, en temps de guerre, etc.)

B. Familles de mots. Dans chaque groupe, trouvez les deux éléments qui appartiennent à la même famille de mots.

1. célibataire   célèbre   célébrer
2. le lien   le lieu   lier
3. la mode   modérer   démodé
4. échapper   échanger   inchangeable
5. la résolution   la résonance   résoudre
6. cher   chercher   la recherche

C. Définitions. Trouvez l'équivalent des expressions suivantes.

1. obtenir pour un temps déterminé
2. recevoir quelqu'un quand il arrive
3. la communauté des pays européens
4. des mots et expressions non techniques d'un groupe social
5. comme les Français
6. la connaissance acquise par la pratique ou l'usage
7. le directeur / la directrice d'une maison de couture
8. carnet où l'on inscrit ses rendez-vous, ce que l'on doit faire, etc.

D. Antonymes. Trouvez le contraire des expressions suivantes.

1. ne pas tolérer
2. manquer son objectif
3. intolérant(e)
4. détruire, affaiblir
5. la concorde, l'harmonie
6. être inquiet/inquiète

DISCUTONS!

Nos achats: Sur la liste suivante, lesquels des produits sont français? Marquez-les d'une croix. Connaissez-vous d'autres produits français vendus en Amérique du Nord?

_____ 1. les produits de maquillage Estée Lauder
_____ 2. les stylos Bic
_____ 3. le fromage La Vache qui rit
_____ 4. le vin Vendange

_____ 5. la confiture Bonne Maman
_____ 6. les couteaux Victorinox
_____ 7. l'eau Perrier

_____

Réponses: 1. non (américain)   2. oui   3. oui   4. non (américain)   5. oui   6. non (suisse)   7. oui

A votre avis, quels aspects de la vie quotidienne dans votre pays sont influencés par la France ou par une autre culture francophone? Serait-ce la mode? la langue? la cuisine? le cinéma? autre chose? En faites-vous l'expérience dans votre vie de tous les jours? Donnez-en un exemple.

Structures

Les pronoms démonstratifs

QUE SAVEZ-VOUS DEJA?

Comparaisons. Complétez les phrases suivantes avec la forme correcte du pronom démonstratif.

1. *Ce couturier français* est aussi connu en Amérique du Nord que _____ -là.

2. *Ces produits québécois* sont plus faciles à trouver que _____ -là.

3. *Cette visite guidée* de Louisiane est moins intéressante que _____ -là.

Définition Le pronom démonstratif sert à désigner un nom de personne, de chose ou d'idée spécifique.

> Ce journal-là est français; **celui-ci** est canadien.
> Cette chanson-là est américaine; **celle-ci** est française et **celles-là** sont québécoises.

Formes

Les pronoms démonstratifs variables s'accordent en genre et en nombre avec leurs antécédents. Ils sont toujours suivis d'un mot qualificatif (**-ci, -là, de, qui, que, où, dont**).

Rappelez-vous les adjectifs démonstratifs:

MASCULIN
  ce livre
  cet { homme / arbre
  ces livres

FEMININ
  cette idée
  ces idées

	SINGULIER	PLURIEL
MASCULIN	celui...	ceux...
FEMININ	celle...	celles...
	this one, that one, the one	*these, those, the ones*

Emplois

1. On utilise **-ci** ou **-là** pour distinguer entre deux personnes ou deux choses.

Cette voiture-ci est plus grande que **celle-là**.

This car is larger than that one.

Cet article-ci pourrait provoquer des malentendus. Utilisons **celui-là**.

This article could lead to mis-understandings. Let's use that one.

2. On emploie souvent les pronoms démonstratifs devant un pronom relatif.

SUJET	**celui/ceux/celle(s) qui** *the one(s) who/which/that*
OBJET DIRECT	**celui/ceux/celle(s) que** *the one(s) whom/which/that*
OBJET DE LA PREPOSITION **de**	**celui/ceux/celle(s) dont** *the one(s) whose / of whom / which*
PREPOSITION OU LIEU/TEMPS	**celui/ceux/celle(s) dans, sur, en, où, etc.** *the one(s) where/when*

Veux-tu voir ce film? —Non, je veux voir **celui qui** a reçu la Palme d'or à Cannes.

Cette communauté est francophone, mais **celle que** nous avons visitée hier est anglophone.

J'admire ces couturiers-ci, mais **ceux dont** vous avez parlé ne sont pas très connus dans ce pays.

Je n'aime pas ce restaurant. Je préfère **celui près de** la cathédrale.

MISE AU POINT

Origines. Pour chacun des groupes suivants, indiquez à votre partenaire le pays d'origine d'un des objets. Il/Elle vous donnera alors le pays ou la région d'origine de l'autre. Suivez le modèle.

MODELE:

VOUS: Cette pièce-ci est canadienne.
LUI/ELLE: Oui, mais celles-là sont européennes.

1.

2. The New York Times

Le Monde

3.

4.

5.

6.

7.

La vie moderne. Quelles sont vos préférences en ce qui concerne certains éléments de la vie quotidienne? Avec un(e) camarade, discutez des idées présentées ici en utilisant une forme de **celui** + *pronom relatif* dans vos réponses.

MODELE: publicités télévisées →

VOUS: En général, quelles publicités télévisées aimes-tu?

LUI/ELLE: En général, j'aime celles qui sont originales et drôles. Je n'aime pas celles où les personnages font insulte à notre intelligence.

1. émissions télévisées   2. stations de radio   3. téléviseurs   4. ordinateurs   5. voitures   6. sports   7. ?

Les pronoms possessifs

QUE SAVEZ-VOUS DEJA?

C'est à qui? Transformez les phrases pour insister sur la personne qui possède les choses suivantes.

VOCABULAIRE UTILE: le mien, la mienne, les vôtres, la leur, les leurs

MODELE: CHANTAL: C'est ma Renault. → C'est *la mienne.*

MARC: C'est mon stylo Bic.

JEAN-PIERRE: Ce sont leurs bouteilles de champagne.

DOMINIQUE: C'est leur affiche du musée d'Orsay.

ANNE: Ce sont vos pneus Michelin.

Définition Le pronom possessif marque le rapport entre la personne ou la chose possédée et le possesseur.

Formes

Le pronom possessif s'accorde en *personne* avec le possesseur et en *genre* et en *nombre* avec la personne ou la chose possédée.

POSSESSEUR	PERSONNE/CHOSE POSSEDEE		PERSONNES/CHOSES POSSEDEES		
	MASCULIN	FEMININ	MASCULIN	FEMININ	
je	le **mien**	la **mienne**	les **miens**	les **miennes**	*mine*
tu	le **tien**	la **tienne**	les **tiens**	les **tiennes**	*yours*
il/elle/on	le **sien**	la **sienne**	les **siens**	les **siennes**	*his, hers, its, one's*
nous	le **nôtre**	la **nôtre**	les **nôtres**		*ours*
vous	le **vôtre**	la **vôtre**	les **vôtres**		*yours*
ils/elles	le **leur**	la **leur**	les **leurs**		*theirs*

mon pantalon → **le mien**   notre couturier → **le nôtre**
ta sœur → **la tienne**   votre robe → **la vôtre**
ses chaussures → **les siennes**   leurs sandales → **les leurs**

Ta cravate est très à la mode. **La sienne** est un peu démodée.
Leurs balles de tennis sont vieilles. Pourraient-elles emprunter **les vôtres**?

Emplois

1. On emploie un pronom possessif pour éviter la répétition du nom.

J'ai fait mon travail; est-ce qu'ils   *I did my work; did they do theirs?*
ont fait **le leur?**

2. Pour exprimer *it's mine, it's yours*, etc., on emploie **ce** + **être** + *pronom possessif.*

Ce stylo... est-ce **le vôtre** ou **le**   *This pen... is it yours or mine?*
    mien? —C'est **le mien.**   —*It's mine.*

Et ces cassettes?   *And those cassettes?*
    —Ce sont **les vôtres.**   — *They're yours.*

3. On emploie **A la tienne! A la vôtre!** quand on boit à la santé de quelqu'un.

C'est ton anniversaire? **A la tienne!** (A ta santé!)
C'est votre fête! **A la vôtre!** (A votre santé!)

- -

A. C'est la même chose. Dites à qui appartiennent les choses suivantes. Suivez le modèle.

MODELE: Ces T-shirts sont à moi. →
            Ce sont les miens.

1. Cet ordinateur est à Marie.   4. Cette voiture est à eux.
2. Cette table est à nous.   5. Ces CD sont à vous.
3. Cette veste est à toi.   6. Ces lunettes sont à Georges.

B. **Réciprocité.** Avec votre partenaire, complétez ces questions avec les pronoms possessifs appropriés, en ajoutant une préposition si nécessaire. Puis, à tour de rôle, répondez aux questions.

1. Je ferai mon devoir de français ce soir. Quand feras-tu _____?
2. Nous ne prêtons jamais notre voiture à nos amis. Prêtes-tu parfois _____ à tes amis? Pourquoi? Pourquoi pas?
3. Les adultes arrivent souvent à résoudre leurs problèmes. Est-ce que les adolescents peuvent résoudre _____ facilement? Pourquoi ou pourquoi pas?
4. Moi, je ressemble à ma mère (à mon père). Ressembles-tu _____?
5. Les enfants parlent souvent à leurs parents. Quand parles-tu _____?

MISE AU POINT

Pour vous aider

L'article défini du pronom possessif se contracte avec les prépositions **à** et **de** + *un nom masculin singulier* ou *un nom pluriel* (m ou f).

Je vais parler à mon **médecin;** mon mari doit parler **au sien.**

Paul se souvient **de ses expériences** et nous nous souvenons **des nôtres.**

- - - - - - - - - - - - - - -

6. Nous n'avons pas besoin de notre ordinateur aujourd'hui. As-tu besoin _____?

7. Les étudiants achètent leurs CD au centre commercial. Et les célébrités? Où achètent-ils _____ ?

 **Les biens—les miens et les tiens.** Avec un(e) camarade de classe, posez-vous des questions et donnez des réponses en suivant le modèle.

MODELE: une voiture →
    VOUS: As-tu une voiture?
    LUI/ELLE: Oui. J'en ai une.
    VOUS: La mienne est petite et bleue, c'est une Ford. Et la tienne?
    LUI/ELLE: La mienne est vieille et usée, c'est une Volkswagen.

1. des jeans 2. une radio 3. un agenda 4. un ordinateur 5. un téléviseur 6. une montre

La voix passive et comment l'éviter

QUE SAVEZ-VOUS DEJA?

Au Canada. Lisez les phrases suivantes et dites si elles sont à la voix active ou à la voix passive.

1. La soupe aux pois est servie dans ce restaurant québécois.
2. Les chaussures de marche canadiennes se vendent à l'étranger.
3. Des recherches hydrologiques ont été faites au Québec.
4. Autrefois, on portait des manteaux de fourrure en ville.

Définition *Voix active:* Le sujet fait l'action du verbe.

Ces médecins **ont fait** des recherches importantes.

Voix passive: L'action du verbe n'est pas accomplie par le sujet.

Des recherches importantes **ont été faites** par ces médecins.

La voix passive est formée du verbe **être** au temps convenable + *un participe passé* qui s'accorde en genre et en nombre avec le sujet. En français, elle s'utilise moins souvent qu'en anglais.

Emplois de la voix passive et de la voix active

1. On emploie *la voix passive* pour mettre en valeur la personne ou la chose qui est l'objet d'une action et non pas l'agent de cette action.

VOIX PASSIVE	VOIX ACTIVE
Cette robe a été créée par Dior.	**Dior** a créé cette robe.
(Ici, on met l'accent sur *la robe*.)	(Ici, c'est *Dior* qui est important.)

2. On préfère utiliser le pronom **on** comme sujet dans une phrase *à la voix active* quand l'agent de l'action n'est pas précisé ou n'est pas important. Regardez les exemples suivants:

VOIX PASSIVE	VOIX ACTIVE
Le dîner **sera servi** à huit heures.	**On servira** le dîner à huit heures.

Ici, l'agent n'est ni précisé ni important; la phrase à la voix active est préférable.

3. Pour faire des généralisations en français, on peut employer *un verbe pronominal* dans une phrase *à la voix active*. Regardez ces exemples:

Le vin blanc **se boit** frais.	*White wine is served chilled.*
Les vêtements de marque **ne se vendent pas** dans tous les centres commerciaux.	*Designer clothes aren't sold in all shopping centers.*

Ici, la phrase en anglais est à la voix passive; la phrase en français est à la voix active.

- -

A. **Un week-end de ski dans les Alpes.** Mettez les phrases suivantes *à la voix active* au temps présent.

MODELE: Le week-end de ski est organisé par le Centre Franco-Américain. →
Le Centre Franco-Américain organise le week-end de ski.

1. La leçon de ski est donnée par le moniteur (*instructor*).
2. L'équipement est loué par les étudiants américains.
3. Le skieur perdu est retrouvé par le moniteur.
4. Les cartes postales sont écrites par un étudiant qui ne skie pas.
5. Le dîner est servi par l'aubergiste (*innkeeper*).

B. **Qu'a-t-on fait?** Transformez ces phrases passives en employant **on** comme sujet de la phrase active. Attention! Les réponses seront toutes au passé composé.

MODELE: Une question a été posée à la cliente. →
On a posé une question à la cliente.

1. Le dessin a été donné à son assistant.
2. La lettre a été envoyée à la commerçante.
3. Une augmentation a été promise à la secrétaire.
4. Les vêtements ont été montrés à la cliente.
5. Le cadeau a été donné à l'enfant.
6. Un prix a été offert au gagnant.

MISE AU POINT

Pour vous aider

1) Le verbe **être** est au même temps que le verbe actif qui correspond.

Lacroix **fait** ces vestons. (voix *active, présent*)

Ces vestons **sont** *faits* par Lacroix. (voix *passive, présent*)

2) Le participe passé à la voix passive s'accorde avec le sujet de la phrase.

Ma robe a été **faite** par Lacroix.

· · · · · · · · · · · ·

La France et l'Amérique du Nord ■ 233

6. Généralisations. Utilisez un verbe pronominal pour faire les généralisations suivantes, d'après le modèle.

MODELE: On parle français au Québec. →
Le français se parle au Québec.

1. On utilise des portables dans la rue.
2. On vend des journaux français dans les kiosques.
3. On comprend les coutumes facilement.
4. On base l'Union européenne sur la coopération.
5. On trouve des vêtements de marque dans les grands centres commerciaux.

Bonhomme Carnaval, joyeux symbole du Carnaval de Québec, est le roi de la fête.

Mise en Pratique

TROUVEZ QUELQU'UN QUI... Renseignements. Interrogez vos camarades de classe.

Quel(le) étudiant(e) sait…

1. dans quel cinéma de cette ville on passe des films français?
2. à quelle heure on sert le dîner dans les résidences universitaires?
3. où l'on vend les T-shirts les plus chers de la ville?
4. où s'achète le meilleur café?
5. où se parle le français dans votre pays?
6. où se vendent les vêtements de marque?

Faire de sens causatif

Que savez-vous deja?

Que fait Christian? Indiquez (en mettant un **X**) si c'est Christian qui fait les choses suivantes.

1. Christian prépare son déjeuner. _____
2. Il fait réparer sa voiture par le mécanicien. _____
3. Il a fait faire le ménage. _____
4. Il va planter des légumes dans son jardin. _____
5. Il fera peindre sa maison. _____

Définition Dans l'expression **faire** + *infinitif*, **faire** est utilisé comme auxiliaire et a un sens causatif.

La chaleur **fait fondre** la neige.
Le chef **fait préparer** la sauce (par son apprenti).

Emploi

faire + *infinitif* = *to cause something to happen, to make something happen*

> Nous **faisons peindre** la maison.   *We're having the house painted.*
> L'hôtesse **fait asseoir** les clients.   *The hostess has the customers seated.*

La position des pronoms objets avec **faire** de sens causatif

Les pronoms objets précèdent toujours **faire** dans la construction causative.

> Le film ne fait pas rire cet enfant. Il ne **le** fait pas rire. (*It doesn't make him laugh.*)
> Elle a fait faire le gâteau d'anniversaire. Elle **l'**a fait faire. (*She had it made.*)

A noter: On emploie **laisser** + *infinitif* pour exprimer *to let something happen, to let someone do something.* Les pronoms objets précèdent toujours **laisser,** comme avec **faire.**

> Mme Legros laisse sortir son chien. Elle **le** laisse sortir. (*She lets it go out.*)

A. Au restaurant. Chacun a sa place et son rôle. Faites des phrases avec **faire** + *infinitif* d'après le modèle.

MODELE: le maître d'hôtel / les clients entrent →
           Le maître d'hôtel fait entrer les clients.

1. l'hôtesse / les invités sourient
2. le chef / le steak grillé
3. le cuisinier / les pommes de terre cuisent (**cuire**)
4. le sommelier / le vin est servi

B. Une commémoration. Utilisez un élément de la colonne **A** et **faire** + un élément de la colonne **B** pour raconter ce que l'on fait en France pour commémorer un événement historique important.

MODELE: La cérémonie fait venir beaucoup de gens à Paris.

A	B
le président de la République	chanter / l'hymne national
les membres du clergé	venir / beaucoup de gens à Paris
la cérémonie	prier (*pray*) / la foule
les généraux	honorer / les familles de la nation
l'armée	parler / les anciens combattants (*veterans*)
la chanteuse	décorer / le tombeau du soldat inconnu
?	?

MISE EN PRATIQUE

SONDAGE: Habitudes. Posez les questions suivantes à trois camarades de classe. Puis comparez leurs réponses avec celles des autres étudiants.

MODELES: faire les gâteaux →

VOUS: Fais-tu les gâteaux que tu sers ou est-ce que tu les fais faire?
LUI/ELLE: Je les fais moi-même. (*ou* Je fais faire les gâteaux. *ou* Je les fais faire.)

te couper les ongles (*nails*) →

VOUS: Te coupes-tu les ongles ou est-ce que tu te les fais couper?
LUI/ELLE: Je me coupe les ongles moi-même. (*ou* Je me fais couper les ongles. *ou* Je me les fais couper.)

1. faire les pizzas   **2.** laver ta voiture   **3.** faire le plein   **4.** faire des photocopies   **5.** te réveiller   **6.** te couper les cheveux   **7.** ?

Reprise

A. **Différences d'opinion.** Dites que vous n'êtes pas d'accord avec l'opinion donnée en utilisant une forme de **celui** + *pronom relatif.* Suivez le modèle.

MODELE: Les films qui finissent mal sont intéressants. (bien) →
Non, ceux qui finissent bien sont plus intéressants.

1. Le livre dont le professeur parle est difficile à lire. (facile)
2. Les villes où on parle français sont nombreuses. (chinois)
3. La musique que nous trouvons en Europe est très homogène. (variée)
4. Les revues qui parlent de sport sont fantastiques. (ennuyeuses)
5. Les voyages dont mes amis parlent sont chers. (bon marché)

B. **C'est à qui?** Avec un(e) camarade, posez-vous des questions selon le modèle, et répondez-y.

MODELE: montre / du couturier? →
—C'est la montre du couturier?
—Oui, c'est la sienne.

1. voiture / des chercheurs?
2. films / du professeur?
3. vin / de Mme Dardenne?
4. café / des voisins?
5. fleurs / des nouveaux mariés?

C. **Question de style.** Mettez les phrases suivantes à la voix active.

1. L'année dernière, l'Amérique a été visitée par beaucoup de touristes français.   **2.** Les voyages entre la France et les Etats-Unis ont été organisés

par Air France.   **3.** En général, les hôtels sont choisis par l'agent de voyages.
4. Les réservations sont faites avant le mois d'avril.   **5.** Cette année les
voyageurs ont été accueillis par des guides à l'arrivée.

D. **La vie de Jeanne d'Arc.** Racontez les événements importants de la courte vie
de Jeanne d'Arc. Faites des phrases en employant **faire** de sens causatif d'après
le modèle.

MODELE: Charles VII / faire donner une armée à Jeanne d'Arc →
Charles VII a fait donner une armée à Jeanne d'Arc.

1. Jeanne d'Arc / faire libérer Orléans assiégé par les Anglais
2. elle / faire sacrer le roi à Reims
3. les Anglais / faire juger la jeune fille par un tribunal religieux
4. ils / faire brûler vive la Pucelle à Rouen
5. on / la faire canoniser en 1920

Le français au bout des doigts

La Francophonie aux Etats-Unis

Dans quel état américain la culture francophone est-elle très vivante? En Louisiane,
bien sûr. Internet vous aidera à vous familiariser avec cet état et sa culture.

Les liens et les activités se trouvent à **www.mhhe.com/collage**.

*Mardi Gras à la
Nouvelle-Orléans: la
richesse de la culture
francophone aux
Etats-Unis.*

APPENDICE A: L'AMERIQUE ET LES PREPOSITIONS GEOGRAPHIQUES

Noms féminins de pays, de continents, de provinces et d'états	en	de/d'

Elles vivront **en** Floride,* **en** Caroline du Sud, **en** Géorgie, **en** Louisiane, **en** Virginie ou **en** Pennsylvanie. Il vient **de** Colombie-Britannique et elle vient **de** Californie.

Noms masculins singuliers de pays, de provinces et d'états qui commencent par une consonne	au	du

Je travaillerai **au** Québec cet été. Viennent-ils **du** Texas ou **du** Mexique?

Noms masculins singuliers de pays, de provinces et d'états qui commencent par une voyelle	en	d'

Elle voyage **en** Alberta et **en** Ontario. Il vient **d'**Arizona.

Noms pluriels de pays, de provinces et d'îles	aux	des

Elle va **aux** îles de la Reine-Charlotte. Nous revenons **des** Territoires du Nord-Ouest.

Noms singuliers de villes et d'îles	à	de/d'

Elle va **de** Halifax **à** Terre-Neuve. Nous allons **d'**Hawaii **à** Vancouver. *Exception:* **à** l'île-du-Prince-Edouard, **de** l'île-du-Prince-Edouard

---

*Les suffixes anglais **-a/-ia** des noms de lieux bien connus changent en **-e/-ie** en français et ces noms de lieux sont féminins. **Le Delaware, le Maine, le Nouveau-Mexique, le Rhode Island** et **le Tennessee** sont masculins.

APPENDICE B: LES VERBES + *INFINITIFS*

Verbes + à + *infinitif*

s'amuser à to have fun
apprendre à to learn (how) to; to teach to
s'attendre à to expect to
commencer à (ou **de**) to begin to
consister à to consist of
continuer à (ou **de**) to continue to
se décider à to make up one's mind to
encourager à to encourage to

enseigner à to teach to
s'habituer à to become accustomed to
hésiter à to hesitate to
s'intéresser à to be interested in
inviter à to invite, ask
se mettre à to begin to
obliger à to oblige to
penser à to think about
se plaire à to take pleasure in
prendre plaisir à to delight in
se préparer à to prepare to

recommencer à to begin again to
renoncer à to give up
réussir à to succeed in
servir à to be useful to/for
songer à to dream; to think; to intend
tenir à to be anxious, be desirous of
travailler à to work (hard) at

Verbes + de + *infinitif*

accepter de to agree to
s'arrêter de to stop
choisir de to choose to
commencer de (ou **à**) to begin to
continuer de (ou **à**) to continue to
décider de to decide to
défendre de to forbid, to prohibit
se dépêcher de to hurry to
s'efforcer de to strive to, endeavor to

essayer de to try to
éviter de to avoid
s'excuser de to excuse oneself for, apologize for
faire semblant de to pretend to
finir de to finish
mériter de to deserve to, merit
s'occuper de to occupy oneself; to handle
offrir de to offer to
oublier de to forget to
se plaindre de to complain
promettre de to promise to

refuser de to refuse to
regretter de to regret, be sorry for
reprocher de to blame for
se souvenir de to remember to
suggérer de to suggest
venir de (*passé récent*) to have just

Verbes suivis directement de l'infinitif

aimer to like
aimer mieux to prefer, like better
aller (*futur proche*) to go
compter to expect, intend
croire to think
descendre to come down, go downstairs
désirer to want
détester to dislike, hate
devoir to have to, be obliged to, be supposed to
écouter to listen to

entendre to hear
envoyer to send
espérer to hope
être censé to be supposed to
faire to cause
falloir (il faut) to be necessary
laisser to allow
monter to go up
paraître to appear
partir to leave
penser to think
pouvoir to be able
préférer to prefer

regarder to watch
rentrer to go home
retourner to return, go back
revenir to come back
savoir to know how
sembler to seem
sentir to feel
souhaiter to wish
valoir mieux (il vaut mieux) to be preferable
venir to come
voir to see
vouloir to want

APPENDICE C: LES TEMPS LITTERAIRES

Dans le français écrit ou littéraire, on emploie certains temps de verbe qui ne sont pas employés dans la langue parlée. Il faut surtout savoir reconnaître les temps littéraires. Ce sont tous des temps du passé.

Le passé simple

Définition Le passé simple est le temps simple de la narration littéraire et historique. Il marque une action passée précise. Dans la langue parlée, il est remplacé par le passé composé.

Verbes réguliers

parler			
je	parl**ai**	nous	parl**âmes**
tu	parl**as**	vous	parl**âtes**
il/elle/on	parl**a**	ils/elles	parl**èrent**

finir			
je	fin**is**	nous	fin**îmes**
tu	fin**is**	vous	fin**îtes**
il/elle/on	fin**it**	ils/elles	fin**irent**

rendre			
je	rend**is**	nous	rend**îmes**
tu	rend**is**	vous	rend**îtes**
il/elle/on	rend**it**	ils/elles	rend**irent**

La guerre **dura** cent ans.
Les révolutionnaires **rendirent** la liberté aux prisonniers.

The war lasted a hundred years.
The revolutionaries freed the prisoners.

Le passé antérieur

Définition Le passé antérieur est un passé du passé. Il est formé du passé simple de l'auxiliaire et du participe passé du verbe. Il marque une action qui se passe avant l'action principale qui est au passé simple.

Verbes réguliers

parler					
j'	eus	parlé	nous	eûmes	parlé
tu	eus	parlé	vous	eûtes	parlé
il/elle/on	eut	parlé	ils/elles	eurent	parlé

aller					
je	fus	allé(e)	nous	fûmes	allé(e)s
tu	fus	allé(e)	vous	fûtes	allé(e)(s)
il/elle/on	fut	allé(e)	ils/elles	furent	allé(e)s

se rendre							
je	me	fus	rendu(e)	nous	nous	fûmes	rendu(e)s
tu	te	fus	rendu(e)	vous	vous	fûtes	rendu(e)(s)
il/elle/on	se	fut	rendu(e)	ils/elles	se	furent	rendu(e)s

Lorsque les dames de la cour **furent arrivées** au château, elles dînèrent.

Dès que le roi **eut parlé** à ses serviteurs, il se leva.

After the ladies in waiting arrived at the castle, they dined.

As soon as the king had spoken to his servants, he rose.

APPENDICE D: CONJUGAISONS DES VERBES

I. Verbes réguliers: temps simples

1er groupe — parler (parlé, parlant)

	Indicatif PRESENT	Indicatif IMPARFAIT	Indicatif FUTUR SIMPLE	Conditionnel PRESENT	Impératif	Subjonctif PRESENT	Indicatif PASSE SIMPLE
je	parle	parlais	parlerai	parlerais		que je parle	parlai
tu	parles	parlais	parleras	parlerais	parle	que tu parles	parlas
il	parle	parlait	parlera	parlerait		qu'il parle	parla
nous	parlons	parlions	parlerons	parlerions	parlons	que nous parlions	parlâmes
vous	parlez	parliez	parlerez	parleriez	parlez	que vous parliez	parlâtes
ils	parlent	parlaient	parleront	parleraient		qu'ils parlent	parlèrent

2e groupe — finir (fini, finissant)

	Indicatif PRESENT	Indicatif IMPARFAIT	Indicatif FUTUR SIMPLE	Conditionnel PRESENT	Impératif	Subjonctif PRESENT	Indicatif PASSE SIMPLE
je	finis	finissais	finirai	finirais		que je finisse	finis
tu	finis	finissais	finiras	finirais	finis	que tu finisses	finis
il	finit	finissait	finira	finirait		qu'il finisse	finit
nous	finissons	finissions	finirons	finirions	finissons	que nous finissions	finîmes
vous	finissez	finissiez	finirez	finiriez	finissez	que vous finissiez	finîtes
ils	finissent	finissaient	finiront	finiraient		qu'ils finissent	finirent

3e groupe — rendre (rendu, rendant)

	Indicatif PRESENT	Indicatif IMPARFAIT	Indicatif FUTUR SIMPLE	Conditionnel PRESENT	Impératif	Subjonctif PRESENT	Indicatif PASSE SIMPLE
je	rends	rendais	rendrai	rendrais		que je rende	rendis
tu	rends	rendais	rendras	rendrais	rends	que tu rendes	rendis
il	rend	rendait	rendra	rendrait		qu'il rende	rendit
nous	rendons	rendions	rendrons	rendrions	rendons	que nous rendions	rendîmes
vous	rendez	rendiez	rendrez	rendriez	rendez	que vous rendiez	rendîtes
ils	rendent	rendaient	rendront	rendraient		qu'ils rendent	rendirent

The left-hand column of each chart contains the infinitive, participles, and, for verbs whose perfect tenses are normally conjugated with **être**, the notation "(**être**)". (All other verbs are conjugated with **avoir**.) Remember that any verb conjugated in its pronominal form is conjugated with **être**.

Complete conjugations (including perfect tenses) are modeled for regular verbs, verbs conjugated with **être**, and pronominal verbs (Sections I, II, III, and IV). Irregular verb conjugations (Section V) do not include perfect tenses, since these can be generated from the models given in the previous sections and the past participles listed.

II. Verbes conjugués avec **avoir** aux temps composés

Indicatif

PASSE COMPOSE		PLUS-QUE-PARFAIT		FUTUR ANTERIEUR		PASSE ANTERIEUR	
j'	ai	j'	avais	j'	aurai	j'	eus
tu	as	tu	avais	tu	auras	tu	eus
il	a	il	avait	il	aura	il	eut
nous	avons	nous	avions	nous	aurons	nous	eûmes
vous	avez	vous	aviez	vous	aurez	vous	eûtes
ils	ont	ils	avaient	ils	auront	ils	eurent

(parlé / fini / rendu)

Conditionnel

PASSE	
j'	aurais
tu	aurais
il	aurait
nous	aurions
vous	auriez
ils	auraient

(parlé / fini / rendu)

Subjonctif

PASSE	
que je	aie
que tu	aies
qu'il	ait
que nous	ayons
que vous	ayez
qu'ils	aient

(parlé / fini / rendu)

III. Verbes conjugués avec **être** aux temps composés

Indicatif

PASSE COMPOSE		PLUS-QUE-PARFAIT		FUTUR ANTERIEUR		PASSE ANTERIEUR	
suis	entré(e)	étais	entré(e)	serai	entré(e)	fus	entré(e)
es	entré(e)	étais	entré(e)	seras	entré(e)	fus	entré(e)
est	entré(e)	était	entré(e)	sera	entré(e)	fut	entré(e)
sommes	entré(e)s	étions	entré(e)s	serons	entré(e)s	fûmes	entré(e)s
êtes	entré(e)(s)	étiez	entré(e)(s)	serez	entré(e)(s)	fûtes	entré(e)(s)
sont	entré(e)s	étaient	entré(e)s	seront	entré(e)s	furent	entré(e)s

Conditionnel

PASSE	
serais	entré(e)
serais	entré(e)
serait	entré(e)
serions	entré(e)s
seriez	entré(e)(s)
seraient	entré(e)s

Subjonctif

PASSE	
sois	entré(e)
sois	entré(e)
soit	entré(e)
soyons	entré(e)s
soyez	entré(e)(s)
soient	entré(e)s

IV. Verbes pronominaux aux temps simples et aux temps composés

Infinitif et participes	Indicatif		Temps littéraires

se laver

se lavant

lavé
(être)

Indicatif

PRESENT
me	lave
te	laves
se	lave
nous	lavons
vous	lavez
se	lavent

PASSE COMPOSE
me suis	lavé(e)
t'es	lavé(e)
s'est	lavé(e)
nous sommes	lavé(e)s
vous êtes	lavé(e)(s)
se sont	lavé(e)s

IMPARFAIT
me	lavais
te	lavais
se	lavait
nous	lavions
vous	laviez
se	lavaient

PLUS-QUE-PARFAIT
m'étais	lavé(e)
t'étais	lavé(e)
s'était	lavé(e)
nous étions	lavé(e)s
vous étiez	lavé(e)(s)
s'étaient	lavé(e)s

FUTUR SIMPLE
me	laverai
te	laveras
se	lavera
nous	laverons
vous	laverez
se	laveront

FUTUR ANTERIEUR
me serai	lavé(e)
te seras	lavé(e)
se sera	lavé(e)
nous serons	lavé(e)s
vous serez	lavé(e)(s)
se seront	lavé(e)s

Temps littéraires

PASSE SIMPLE
me	lavai
te	lavas
se	lava
nous	lavâmes
vous	lavâtes
se	lavèrent

PASSE ANTERIEUR
me fus	lavé(e)
te fus	lavé(e)
se fut	lavé(e)
nous fûmes	lavé(e)s
vous fûtes	lavé(e)(s)
se furent	lavé(e)s

Conditionnel

PRESENT
me	laverais
te	laverais
se	laverait
nous	laverions
vous	laveriez
se	laveraient

PASSE
me serais	lavé(e)
te serais	lavé(e)
se serait	lavé(e)
nous serions	lavé(e)s
vous seriez	lavé(e)(s)
se seraient	lavé(e)s

Impératif

lave-toi
lavons-nous
lavez-vous

Subjonctif

PRESENT
me	lave
te	laves
se	lave
nous	lavions
vous	laviez
se	lavent

PASSE
me sois	lavé(e)
te sois	lavé(e)
se soit	lavé(e)
nous soyons	lavé(e)s
vous soyez	lavé(e)(s)
se soient	lavé(e)s

V. Verbes irréguliers

aller	connaître	devoir	faire	ouvrir	recevoir	vaincre
s'asseoir	conquérir	dire	falloir	partir	résoudre	valoir
avoir	courir	dormir	fuir	plaire	rire	venir
battre	craindre	écrire	lire	pleuvoir	savoir	vivre
boire	croire	envoyer	mettre	pouvoir	suivre	voir
conduire	cueillir	être	mourir	prendre	tenir	vouloir

Infinitif et participes	Indicatif			Conditionnel	Impératif	Subjonctif	Passé simple
	PRESENT	IMPARFAIT	FUTUR SIMPLE	PRESENT		PRESENT	
aller	vais	allais	irai	irais		aille	allai
	vas	allais	iras	irais	va	ailles	allas
	va	allait	ira	irait		aille	alla
allé	allons	allions	irons	irions	allons	allions	allâmes
allant	allez	alliez	irez	iriez	allez	alliez	allâtes
(être)	vont	allaient	iront	iraient		aillent	allèrent
s'asseoir	assieds	asseyais	assiérai	assiérais		asseye	assis
	assieds	asseyais	assiéras	assiérais	assieds-toi	asseyes	assis
	assied	asseyait	assiéra	assiérait		asseye	assit
assis	asseyons	asseyions	assiérons	assiérions	asseyons-nous	asseyions	assîmes
asseyant	asseyez	asseyiez	assiérez	assiériez	asseyez-vous	asseyiez	assîtes
(être)	asseyent	asseyaient	assiéront	assiéraient		asseyent	assirent
avoir	ai	avais	aurai	aurais		aie	eus
	as	avais	auras	aurais	aie	aies	eus
	a	avait	aura	aurait		ait	eut
eu	avons	avions	aurons	aurions	ayons	ayons	eûmes
ayant	avez	aviez	aurez	auriez	ayez	ayez	eûtes
	ont	avaient	auront	auraient		aient	eurent
battre	bats	battais	battrai	battrais		batte	battis
	bats	battais	battras	battrais	bats	battes	battis
	bat	battait	battra	battrait		batte	battit
battu	battons	battions	battrons	battrions	battons	battions	battîmes
battant	battez	battiez	battrez	battriez	battez	battiez	battîtes
	battent	battaient	battront	battraient		battent	battirent

Infinitif et participes	Indicatif PRESENT	IMPARFAIT	FUTUR SIMPLE	Conditionnel PRESENT	Impératif	Subjonctif PRESENT	Passé simple
boire	bois	buvais	boirai	boirais		boive	bus
	bois	buvais	boiras	boirais	bois	boives	bus
	boit	buvait	boira	boirait		boive	but
bu	buvons	buvions	boirons	boirions	buvons	buvions	bûmes
buvant	buvez	buviez	boirez	boiriez	buvez	buviez	bûtes
	boivent	buvaient	boiront	boiraient		boivent	burent
conduire	conduis	conduisais	conduirai	conduirais		conduise	conduisis
	conduis	conduisais	conduiras	conduirais	conduis	conduises	conduisis
	conduit	conduisait	conduira	conduirait		conduise	conduisit
conduit	conduisons	conduisions	conduirons	conduirions	conduisons	conduisions	conduisîmes
conduisant	conduisez	conduisiez	conduirez	conduiriez	conduisez	conduisiez	conduisîtes
	conduisent	conduisaient	conduiront	conduiraient		conduisent	conduisirent
connaître	connais	connaissais	connaîtrai	connaîtrais		connaisse	connus
	connais	connaissais	connaîtras	connaîtrais	connais	connaisses	connus
	connaît	connaissait	connaîtra	connaîtrait		connaisse	connut
connu	connaissons	connaissions	connaîtrons	connaîtrions	connaissons	connaissions	connûmes
connaissant	connaissez	connaissiez	connaîtrez	connaîtriez	connaissez	connaissiez	connûtes
	connaissent	connaissaient	connaîtront	connaîtraient		connaissent	connurent
conquérir	conquiers	conquérais	conquerrai	conquerrais		conquière	conquis
	conquiers	conquérais	conquerras	conquerrais	conquiers	conquières	conquis
	conquiert	conquérait	conquerra	conquerrait		conquière	conquit
conquis	conquérons	conquérions	conquerrons	conquerrions	conquérons	conquérions	conquîmes
conquérant	conquérez	conquériez	conquerrez	conquerriez	conquérez	conquériez	conquîtes
	conquièrent	conquéraient	conquerront	conquerraient		conquièrent	conquirent
courir	cours	courais	courrai	courrais		coure	courus
	cours	courais	courras	courrais	cours	coures	courus
	court	courait	courra	courrait		coure	courut
couru	courons	courions	courrons	courrions	courons	courions	courûmes
courant	courez	couriez	courrez	courriez	courez	couriez	courûtes
	courent	couraient	courront	courraient		courent	coururent

craindre (craint, craignant)

Infinitif et participes	Indicatif PRESENT	IMPARFAIT	FUTUR SIMPLE	Conditionnel PRESENT	Impératif	Subjonctif PRESENT	Passé simple
craindre	crains	craignais	craindrai	craindrais		craigne	craignis
	crains	craignais	craindras	craindrais	crains	craignes	craignis
	craint	craignait	craindra	craindrait		craigne	craignit
craint	craignons	craignions	craindrons	craindrions	craignons	craignions	craignîmes
craignant	craignez	craigniez	craindrez	craindriez	craignez	craigniez	craignîtes
	craignent	craignaient	craindront	craindraient		craignent	craignirent
croire	crois	croyais	croirai	croirais		croie	crus
	crois	croyais	croiras	croirais	crois	croies	crus
	croit	croyait	croira	croirait		croie	crut
cru	croyons	croyions	croirons	croirions	croyons	croyions	crûmes
croyant	croyez	croyiez	croirez	croiriez	croyez	croyiez	crûtes
	croient	croyaient	croiront	croiraient		croient	crurent
cueillir	cueille	cueillais	cueillerai	cueillerais		cueille	cueillis
	cueilles	cueillais	cueilleras	cueillerais	cueille	cueilles	cueillis
	cueille	cueillait	cueillera	cueillerait		cueille	cueillit
cueilli	cueillons	cueillions	cueillerons	cueillerions	cueillons	cueillions	cueillîmes
cueillant	cueillez	cueilliez	cueillerez	cueilleriez	cueillez	cueilliez	cueillîtes
	cueillent	cueillaient	cueilleront	cueilleraient		cueillent	cueillirent
devoir	dois	devais	devrai	devrais		doive	dus
	dois	devais	devras	devrais	dois	doives	dus
	doit	devait	devra	devrait		doive	dut
dû	devons	devions	devrons	devrions	devons	devions	dûmes
devant	devez	deviez	devrez	devriez	devez	deviez	dûtes
	doivent	devaient	devront	devraient		doivent	durent
dire	dis	disais	dirai	dirais		dise	dis
	dis	disais	diras	dirais	dis	dises	dis
	dit	disait	dira	dirait		dise	dit
dit	disons	disions	dirons	dirions	disons	disions	dîmes
disant	dites	disiez	direz	diriez	dites	disiez	dîtes
	disent	disaient	diront	diraient		disent	dirent

Infinitif et participes	Indicatif PRESENT	IMPARFAIT	FUTUR SIMPLE	Conditionnel PRESENT	Impératif	Subjonctif PRESENT	Passé simple
dormir dormi dormant	dors dors dort dormons dormez dorment	dormais dormais dormait dormions dormiez dormaient	dormirai dormiras dormira dormirons dormirez dormiront	dormirais dormirais dormirait dormirions dormiriez dormiraient	 dors dormons dormez	dorme dormes dorme dormions dormiez dorment	dormis dormis dormit dormîmes dormîtes dormirent
écrire écrit écrivant	écris écris écrit écrivons écrivez écrivent	écrivais écrivais écrivait écrivions écriviez écrivaient	écrirai écriras écrira écrirons écrirez écriront	écrirais écrirais écrirait écririons écririez écriraient	écris écrivons écrivez	écrive écrives écrive écrivions écriviez écrivent	écrivis écrivis écrivit écrivîmes écrivîtes écrivirent
envoyer envoyé envoyant	envoie envoies envoie envoyons envoyez envoient	envoyais envoyais envoyait envoyions envoyiez envoyaient	enverrai enverras enverra enverrons enverrez enverront	enverrais enverrais enverrait enverrions enverriez enverraient	envoie envoyons envoyez	envoie envoies envoie envoyions envoyiez envoient	envoyai envoyas envoya envoyâmes envoyâtes envoyèrent
être été étant	suis es est sommes êtes sont	étais étais était étions étiez étaient	serai seras sera serons serez seront	serais serais serait serions seriez seraient	sois soyons soyez	sois sois soit soyons soyez soient	fus fus fut fûmes fûtes furent
faire fait faisant	fais fais fait faisons faites font	faisais faisais faisait faisions faisiez faisaient	ferai feras fera ferons ferez feront	ferais ferais ferait ferions feriez feraient	fais faisons faites	fasse fasses fasse fassions fassiez fassent	fis fis fit fîmes fîtes firent
falloir fallu	il faut	il fallait	il faudra	il faudrait		il faille	il fallut

Infinitif et participes	Indicatif PRESENT	IMPARFAIT	FUTUR SIMPLE	Conditionnel PRESENT	Impératif	Subjonctif PRESENT	Passé simple
fuir	fuis	fuyais	fuirai	fuirais		fuie	fuis
	fuis	fuyais	fuiras	fuirais	fuis	fuies	fuis
	fuit	fuyait	fuira	fuirait		fuie	fuit
fui	fuyons	fuyions	fuirons	fuirions	fuyons	fuyions	fuîmes
fuyant	fuyez	fuyiez	fuirez	fuiriez	fuyez	fuyiez	fuîtes
	fuient	fuyaient	fuiront	fuiraient		fuient	fuirent
lire	lis	lisais	lirai	lirais		lise	lus
	lis	lisais	liras	lirais	lis	lises	lus
	lit	lisait	lira	lirait		lise	lut
lu	lisons	lisions	lirons	lirions	lisons	lisions	lûmes
lisant	lisez	lisiez	lirez	liriez	lisez	lisiez	lûtes
	lisent	lisaient	liront	liraient		lisent	lurent
mettre	mets	mettais	mettrai	mettrais		mette	mis
	mets	mettais	mettras	mettrais	mets	mettes	mis
	met	mettait	mettra	mettrait		mette	mit
mis	mettons	mettions	mettrons	mettrions	mettons	mettions	mîmes
mettant	mettez	mettiez	mettrez	mettriez	mettez	mettiez	mîtes
	mettent	mettaient	mettront	mettraient		mettent	mirent
mourir	meurs	mourais	mourrai	mourrais		meure	mourus
	meurs	mourais	mourras	mourrais	meurs	meures	mourus
	meurt	mourait	mourra	mourrait		meure	mourut
mort	mourons	mourions	mourrons	mourrions	mourons	mourions	mourûmes
mourant	mourez	mouriez	mourrez	mourriez	mourez	mouriez	mourûtes
(être)	meurent	mouraient	mourront	mourraient		meurent	moururent
ouvrir	ouvre	ouvrais	ouvrirai	ouvrirais		ouvre	ouvris
	ouvres	ouvrais	ouvriras	ouvrirais	ouvre	ouvres	ouvris
	ouvre	ouvrait	ouvrira	ouvrirait		ouvre	ouvrit
ouvert	ouvrons	ouvrions	ouvrirons	ouvririons	ouvrons	ouvrions	ouvrîmes
ouvrant	ouvrez	ouvriez	ouvrirez	ouvririez	ouvrez	ouvriez	ouvrîtes
	ouvrent	ouvraient	ouvriront	ouvriraient		ouvrent	ouvrirent

Infinitif et participes	Indicatif PRESENT	IMPARFAIT	FUTUR SIMPLE	Conditionnel PRESENT	Impératif	Subjonctif PRESENT	Passé simple
partir	pars	partais	partirai	partirais		parte	partis
	pars	partais	partiras	partirais	pars	partes	partis
	part	partait	partira	partirait		parte	partit
parti	partons	partions	partirons	partirions	partons	partions	partîmes
partant	partez	partiez	partirez	partiriez	partez	partiez	partîtes
(être)	partent	partaient	partiront	partiraient		partent	partirent
plaire	plais	plaisais	plairai	plairais		plaise	plus
	plais	plaisais	plairas	plairais	plais	plaises	plus
	plaît	plaisait	plaira	plairait		plaise	plut
plu	plaisons	plaisions	plairons	plairions	plaisons	plaisions	plûmes
plaisant	plaisez	plaisiez	plairez	plairiez	plaisez	plaisiez	plûtes
	plaisent	plaisaient	plairont	plairaient		plaisent	plurent
pleuvoir	il pleut	il pleuvait	il pleuvra	il pleuvrait		il pleuve	il plut
plu							
pleuvant							
pouvoir	peux, puis	pouvais	pourrai	pourrais		puisse	pus
	peux	pouvais	pourras	pourrais		puisses	pus
	peut	pouvait	pourra	pourrait		puisse	put
pu	pouvons	pouvions	pourrons	pourrions		puissions	pûmes
pouvant	pouvez	pouviez	pourrez	pourriez		puissiez	pûtes
	peuvent	pouvaient	pourront	pourraient		puissent	purent
prendre	prends	prenais	prendrai	prendrais		prenne	pris
	prends	prenais	prendras	prendrais	prends	prennes	pris
	prend	prenait	prendra	prendrait		prenne	prit
pris	prenons	prenions	prendrons	prendrions	prenons	prenions	prîmes
prenant	prenez	preniez	prendrez	prendriez	prenez	preniez	prîtes
	prennent	prenaient	prendront	prendraient		prennent	prirent
recevoir	reçois	recevais	recevrai	recevrais		reçoive	reçus
	reçois	recevais	recevras	recevrais	reçois	reçoives	reçus
	reçoit	recevait	recevra	recevrait		reçoive	reçut
reçu	recevons	recevions	recevrons	recevrions	recevons	recevions	reçûmes
recevant	recevez	receviez	recevrez	recevriez	recevez	receviez	reçûtes
	reçoivent	recevaient	recevront	recevraient		reçoivent	reçurent

Infinitif et participes	Indicatif PRESENT	Indicatif IMPARFAIT	Indicatif FUTUR SIMPLE	Conditionnel PRESENT	Impératif	Subjonctif PRESENT	Passé simple
résoudre	résous	résolvais	résoudrai	résoudrais		résolve	résolus
	résous	résolvais	résoudras	résoudrais	résous	résolves	résolus
résolu	résout	résolvait	résoudra	résoudrait		résolve	résolut
résolvant	résolvons	résolvions	résoudrons	résoudrions	résolvons	résolvions	résolûmes
	résolvez	résolviez	résoudrez	résoudriez	résolvez	résolviez	résolûtes
	résolvent	résolvaient	résoudront	résoudraient		résolvent	résolurent
rire	ris	riais	rirai	rirais		rie	ris
	ris	riais	riras	rirais	ris	ries	ris
ri	rit	riait	rira	rirait		rie	rit
riant	rions	riions	rirons	ririons	rions	riions	rîmes
	riez	riiez	rirez	ririez	riez	riiez	rîtes
	rient	riaient	riront	riraient		rient	rirent
savoir	sais	savais	saurai	saurais		sache	sus
	sais	savais	sauras	saurais	sache	saches	sus
su	sait	savait	saura	saurait		sache	sut
sachant	savons	savions	saurons	saurions	sachons	sachions	sûmes
	savez	saviez	saurez	sauriez	sachez	sachiez	sûtes
	savent	savaient	sauront	sauraient		sachent	surent
suivre	suis	suivais	suivrai	suivrais		suive	suivis
	suis	suivais	suivras	suivrais	suis	suives	suivis
suivi	suit	suivait	suivra	suivrait		suive	suivit
suivant	suivons	suivions	suivrons	suivrions	suivons	suivions	suivîmes
	suivez	suiviez	suivrez	suivriez	suivez	suiviez	suivîtes
	suivent	suivaient	suivront	suivraient		suivent	suivirent
tenir	tiens	tenais	tiendrai	tiendrais		tienne	tins
	tiens	tenais	tiendras	tiendrais	tiens	tiennes	tins
tenu	tient	tenait	tiendra	tiendrait		tienne	tint
tenant	tenons	tenions	tiendrons	tiendrions	tenons	tenions	tînmes
	tenez	teniez	tiendrez	tiendriez	tenez	teniez	tîntes
	tiennent	tenaient	tiendront	tiendraient		tiennent	tinrent

Infinitif et participes	Indicatif PRESENT	IMPARFAIT	FUTUR SIMPLE	Conditionnel PRESENT	Impératif	Subjonctif PRESENT	Passé simple
vaincre	vaincs	vainquais	vaincrai	vaincrais		vainque	vainquis
	vaincs	vainquais	vaincras	vaincrais	vaincs	vainques	vainquis
	vainc	vainquait	vaincra	vaincrait		vainque	vainquit
vaincu	vainquons	vainquions	vaincrons	vaincrions	vainquons	vainquions	vainquîmes
vainquant	vainquez	vainquiez	vaincrez	vaincriez	vainquez	vainquiez	vainquîtes
	vainquent	vainquaient	vaincront	vaincraient		vainquent	vainquirent
valoir	vaux	valais	vaudrai	vaudrais		vaille	valus
	vaux	valais	vaudras	vaudrais	vaux	vailles	valus
	vaut	valait	vaudra	vaudrait		vaille	valut
valu	valons	valions	vaudrons	vaudrions	valons	valions	valûmes
valant	valez	valiez	vaudrez	vaudriez	valez	valiez	valûtes
	valent	valaient	vaudront	vaudraient		vaillent	valurent
venir	viens	venais	viendrai	viendrais		vienne	vins
	viens	venais	viendras	viendrais	viens	viennes	vins
	vient	venait	viendra	viendrait		vienne	vint
venu	venons	venions	viendrons	viendrions	venons	venions	vînmes
venant	venez	veniez	viendrez	viendriez	venez	veniez	vîntes
(être)	viennent	venaient	viendront	viendraient		viennent	vinrent
vivre	vis	vivais	vivrai	vivrais		vive	vécus
	vis	vivais	vivras	vivrais	vis	vives	vécus
	vit	vivait	vivra	vivrait		vive	vécut
vécu	vivons	vivions	vivrons	vivrions	vivons	vivions	vécûmes
vivant	vivez	viviez	vivrez	vivriez	vivez	viviez	vécûtes
	vivent	vivaient	vivront	vivraient		vivent	vécurent
voir	vois	voyais	verrai	verrais		voie	vis
	vois	voyais	verras	verrais	vois	voies	vis
	voit	voyait	verra	verrait		voie	vit
vu	voyons	voyions	verrons	verrions	voyons	voyions	vîmes
voyant	voyez	voyiez	verrez	verriez	voyez	voyiez	vîtes
	voient	voyaient	verront	verraient		voient	virent
vouloir	veux	voulais	voudrai	voudrais		veuille	voulus
	veux	voulais	voudras	voudrais		veuilles	voulus
	veut	voulait	voudra	voudrait		veuille	voulut
voulu	voulons	voulions	voudrons	voudrions		voulions	voulûmes
voulant	voulez	vouliez	voudrez	voudriez	veuillez	vouliez	voulûtes
						veuillent	voulurent

Lexique

This end vocabulary provides contextual meanings of French words used in this text. It does *not* include proper nouns (unless the French equivalent is quite different in spelling from English), most abbreviations, exact cognates, most near cognates, regular past participles used as adjectives if the infinitive is listed, or regular adverbs formed from adjectives listed. Adjectives are listed in the masculine singular form; feminine forms are included when irregular. Irregular past participles are listed. Other verbs are listed in their infinitive forms only. An asterisk (*) indicates words beginning with an aspirate *h*.

Abbreviations

adj.	adjective	*inf.*	infinitive	*p.p.*	past participle
adv.	adverb	*interj.*	interjection	*prep.*	preposition
art.	article	*interr.*	interrogative	*pron.*	pronoun
conj.	conjunction	*inv.*	invariable	*s.*	singular
f.	feminine	*irreg.*	irregular (verb)	*s.o.*	someone
fam.	familiar	*m.*	masculine	*s.th.*	something
geog.	geographical term	*n.*	noun	*subj.*	subjunctive
Gram.	grammatical term	*neu.*	neuter	*v.*	verb
indic.	indicative (mood)	*pl.*	plural		

A

à *prep.* to; at; in; by, on; **à la française** in the French style

abandonner to give up; to abandon

abbé *m.*(Catholic) monk; priest

s'abonner (à) to subscribe (to)

abord: d'abord *adv.* first, first of all, at first

abri *m.* shelter; **à l'abri de** protected, safe from

absolu *adj.* absolute

abstrait *adj.* abstract

acadien(ne) *adj.* Acadian, from Nova Scotia; Cajun; **Acadien(ne)** *m., f.* Acadian (*person*)

accéder (j'accède) à to gain access to

accent *m.* accent; *Gram.* **accent aigu (grave, circonflexe)** acute (grave, circumflex) accent; **mettre l'accent sur** to emphasize

accentué: pronom (*m.*) **accentué** *Gram.* tonic or disjunctive pronoun

accepter (de) to accept (to); to agree to

accès *m.* access; **avoir accès à** to have access to

accompagner to accompany, go along (with)

accomplir to accomplish

accord *m.* agreement; **d'accord** all right, O.K., agreed; **être d'accord** to agree, be in

agreement; **se mettre d'accord** to reconcile, come to an agreement

s'accorder to agree (*grammatically*)

s'accroître (*like* **croître**) *irreg.* to increase, add to

accrû (accrue) (*p.p. of* **accroître**)

accueil *m.* greeting, welcome; **page** (*f.*) **d'accueil** home page (*Internet*)

accueillir (*like* **cueillir**) *irreg.* to greet, welcome

accumuler to accumulate

acétique: acide (*m.*) **acétique** acetic acid (*vinegar*)

achat *m.* purchase

acheter (j'achète) to buy

achever (j'achève) to finish, complete

acquérir (*like* **conquérir**) *irreg.* to acquire; **acquérir la nationalité (par la naissance, par naturalisation)** to acquire citizenship (through birth, through naturalization)

acquiescement *m.* approval, agreement

acquis (*p.p. of* **acquérir**) *adj.* acquired

acte *m.* act

acteur (**actrice**) *m., f.* actor, actress

actif/ive *adj.* active; working

action: film (*m.*) **d'action** action film

activité *f.* activity; **activités** (*pl.*) **de/en plein air** outdoor activities

actuaire *m., f.* actuary

actualité *f.* piece of news; present-day event; *pl.* news (broadcast)

actuel(le) *adj.* present, current

actuellement *adv.* currently, at the present time

addition *f.* bill, check (*in a restaurant*)

adhérent: carte (*f.*) **d'adhérent** membership card

adjectif *m., Gram.* adjective

admirer to admire

adolescent(e) *m., f., adj.* adolescent, teenager

adopter to adopt

adorer to love, adore

adresse *f.* address

s'adresser à to speak to; to contact

adulte *m., f., adj.* adult

adverbe *m., Gram.* adverb

aérobic *f.* aerobics; **moniteur/trice** (*m., f.*) **d'aérobic** aerobics instructor

aéronautique *adj.* aeronautical

aéroport *m.* airport

affaiblir to weaken

affaire *f.* affair; business matter; belongings; *pl.* business; **homme (femme, gens) d'affaires** *m., f.* businessman (-woman, people)

affiche *f.* poster; billboard

affirmatif/ive *adj.* affirmative

affirmer to affirm

affreux/euse *adj.* horrible, awful

afin de *prep.* to, in order to

africain *adj.* African; **Africain(e)** *m., f.* African (*person*)

Afrique *f.* Africa; **Afrique du Nord** North Africa

âge *m.* age; epoch; **en bas âge** very young (*child*); **quel âge avez-vous** how old are you

âgé *adj.* aged; old; elderly

agence *f.* agency

agenda *m.* engagement book, day planner

agent *m.* agent; **agent de police** police officer, policeman (-woman); **agent de voyages** travel agent

agir to act; **il s'agit de** it's about, it's a question of

agneau: côtelette (*f.*) **d'agneau** lamb chop

agréable *adj.* agreeable, pleasant, nice

agréé(e) *adj.* licensed

agressif/ive *adj.* aggressive

aide *f.* help, assistance; **à l'aide de** with the help of; **venir en aide à** to assist (*s.o.*)

aider to help

ail *m.* garlic

aimable *adj.* likable, friendly

aimer to like; to love; **aimer bien** to like; **j'aimerais** + *inf.* I would like (*to do s.th.*)

aîné(e) *adj.* older; *n., m., f.* oldest child

ainsi *conj.* thus, so; **ainsi que** as well as

air *m.* air; look; tune; **sports** (*m. pl.*) **en plein air** outdoor sports

aise *f.* ease, comfort; **être à l'aise** to be comfortable

ajouter to add

alcoolisé *adj.* alcoholic

Algérie *f.* Algeria

aliment(s) *m.* (item[s] of) food

alimentaire *adj.* alimentary, (pertaining to) food

allégé *adj.* light, low-fat (*foods*); **régime** (*m.*) **allégé** lowfat diet

Allemagne *f.* Germany

allemand *adj.* German; *m.* German (*language*); **Allemand(e)** *m., f.* German (*person*)

aller (*p.p.* **allé**) *irreg.* to go; *n.* one-way ticket; **aller** + *inf.* to be going (*to do s.th.*); **aller à bicyclette (à pied, en autobus, en voiture)** to go by bicycle (on foot, by bus, by car); **aller bien (mal)** to feel good (bad/ill); **aller de l'avant** to forge ahead; **aller en vacances** to go on vacation; **aller-retour** *m.* round-trip ticket; **allez-vous-en** go away; **s'en aller** to go away, go off (*to work*)

allergique *adj.* allergic

allocation *f.* subsidy, social benefit

alors *adv.* so; then, in that case

Alpes (les) *f. pl.* the Alps

alpin *adj.* Alpine; **combiné** (*m.*) **alpin** Alpine combination (*skiing*)

alpinisme *m.*: **faire de l'alpinisme** to go mountain climbing

amateur *m.* amateur; **être amateur de** to be fond of

ambiance *f.* atmosphere, surroundings

améliorer to improve, better

amener (**j'amène**) to bring (along)

amer (**amère**) *adj.* bitter, tart

américain *adj.* American; **Américain(e)** *m., f.* American (*person*)

Amerindien(ne) *m., f.* American-Indian (*person*)

Amérique *f.* America

ami(e) *m., f.* friend; **petit(e) ami(e)** *m., f.* boyfriend, girlfriend

amical *adj.* friendly

amitié *f.* friendship

amour *m.* love; **film** (*m.*) **d'amour** romantic movie

amoureux/euse *adj.* loving, in love; **tomber amoureux/euse (de)** to fall in love (with)

amusant *adj.* amusing, fun

amuser to amuse; **s'amuser (à)** to have fun, have a good time

an *m.* year; **avoir (vingt) ans** to be (twenty) years old; **l'an dernier (passé)** last year; **par an** per year, each year

analphabète *adj.* illiterate

analyser to analyze

anchois *m. pl.* anchovies

ancien(ne) *adj.* old, antique; former; ancient

anglais *adj.* English; *m.* English (*language*); **Anglais(e)** *m., f.* Englishman (-woman)

Angleterre *f.* England

anglophone *adj.* English-speaking

animal *m.* animal; **animal domestique** pet

animation *f.* animation, movement; **film** (*m.*) **d'animation** animated movie

animé; *adj.* lively, animated **dessin** (*m.*) **animé** cartoon

année *f.* year; **l'année prochaine (dernière [passée])** next (last) year; **année scolaire** academic, school year

anniversaire *m.* anniversary; birthday; **bon anniversaire** happy birthday

annonce *f.* announcement, ad; **petites annonces** *pl.* (classified) ads; **bande-annonce** *f.* (movie) trailer

anse *f.* (*geog.*) cove

août August

(s')apercevoir (*like* **recevoir**) *irreg.* to perceive, notice

aperçu (*p.p. of* **apercevoir**) *adj.* noticed; seen

apparaître (*like* **connaître**) *irreg.* to appear

appareil *m.* apparatus; device; appliance

appareil-photo *m.* (*still*) camera

apparemment *adv.* apparently

apparence *f.* appearance

appartement *m.* apartment

appartenir (*like* **tenir**) **à** *irreg.* to belong to

appartenu (*p.p. of* **appartenir**)

apparu (*p.p. of* **apparaître**) *adj.* appeared

appeler (**j'appelle**) to call; to name; **s'appeler** to be named

appendice *m.* appendix

appliquer to apply

apporter to bring, carry; to furnish

apprécier to appreciate, value

apprendre (*like* **prendre**) *irreg.* to learn; to teach; **apprendre à** to learn (how) to

apprenti(e) *m., f.* apprentice

appris (*p.p. of* **apprendre**) *adj.* learned

s'approcher to approach

approfondir to deepen

approprié *adj.* appropriate

appui *m.* support

après *prep.* after; afterward; **après avoir (être)...** after having . . . ; **après que** after; **d'après** *prep.* according to

après-midi *m., f.* afternoon; **cet après-midi** this afternoon; **de l'après-midi** in the afternoon

aquarelle *f.* watercolor (*painting*)

arachide *f.* peanut(s); **beurre** (*m.*) **d'arachide** peanut butter

arbre *m.* tree

arc *m.* bow; **tir** (*m.*) **à l'arc** archery

archéologue *m., f.* archeologist

argent *m.* money; silver

argot *m.* slang, argot

arme *f.* weapon, arm; **arme à feu** firearm

armée *f.* army; **l'Armée du salut** the Salvation Army

arrêt *m.* stop; **arrêt d'autobus** bus stop

arrêter (de) to stop, cease; **s'arrêter** to stop (*oneself*)

arrière *adv.* back; **la porte arrière** the back door

arrivant(e) *m., f.* arrival (*person*)

arrivée *f.* arrival

arriver to arrive, come; to happen

art *m.* art; **beaux-arts** *pl.* fine arts; **œuvre** (*f.*) **d'art** work of art

artiste *m., f.* artist

ascenseur *m.* elevator; **musique** (*f.*) **d'ascenseur** elevator music

Asie *f.* Asia

asile *m.*: **droit** (*m.*) **d'asile** right to asylum

aspirateur *m.* vacuum cleaner; **passer l'aspirateur** to vacuum

aspirer to inhale, breathe in

assaisonné *adj.* seasoned

assassin *m.* murderer

assassiner to murder

asseoir (*p.p.* **assis**) *irreg.* to seat; **asseyez-vous (assieds-toi)** sit down; **s'asseoir** to sit down

assez *adv.* somewhat; rather, quite; **assez de** *adv.* enough; **pas assez** not enough

assiégé *adj.* besieged

assiette *f.* plate; **assiette à soupe** bowl

assis (*p.p. of* **asseoir**) *adj.* seated

assistant(e) *m., f.* assistant; **assistante maternelle agréée** licensed mother's helper, nanny

assisté *adj.* supported, assisted; **finir assisté(e)** to end up on welfare

assister à to attend, go to (*concert, etc.*); **assister à une représentation** to attend (go to) a performance

associer to associate

assouplisseur (*m.*) **de tissus** fabric softener

attaquer to attack

atteindre (*like* **craindre**) *irreg.* to reach, attain; **atteindre un but** to reach a goal, an objective

atteint (*p.p. of* **atteindre**) *adj.* reached, touched

attendre to wait, wait for

attention *f.* attention; watch out; **faire attention (à)** to be careful (of), watch out (for)

attentivement *adv.* attentively

atterrir to land (*plane*)

attirance *f.* attraction

attirer to attract

attraction: parc (*m.*) **d'attraction** amusement park

attraper to catch; **attraper une maladie (un rhume, un virus)** to catch a disease (a cold, a virus)

attribuer to attribute

auberge *f.* inn; **auberge de jeunesse** youth hostel

aubergiste *m., f.* innkeeper

aucun(e) (ne... aucun[e]) *adj., pron.* none; no one, not one, not any; anyone; any

augmentation *f.* increase; **augmentation de salaire** (salary) raise

augmenter to increase

aujourd'hui *adv.* today; nowadays

aussi *adv.* also; so; as; **aussi... que** as . . . as; **moi aussi** me too

aussitôt *conj.* immediately, at once; **aussitôt que** as soon as

autant (de) *adv.* as much, so much, as many, so many; **autant (de)... que** as much (many) . . . as

auteur *m.* author

auto *f., fam.* car, auto

autobus (*fam.* **bus**) *m.* (*city*) bus; **aller en autobus** to go by bus; **manquer (prendre) l'autobus** to miss (take) the bus

automatique: consigne (*f.*) **(automatique)** checkroom (luggage locker)

automne *m.* autumn, fall

automobile (*fam.* **auto**) *f., adj.* automobile, car; **circulation** (*f.*) **automobile** car traffic

autorisé *adj.* authorized, allowed

autorité *f.* authority

autoroute *f.* highway, expressway

autour de *prep.* around

autre *adj., pron.* other; another; *m., f.* the other; *pl.* the others, the rest; **autre chose** something else; **d'autres** others; **l'autre/les autres** the other(s); **quelqu'un d'autre** someone else; **un(e) autre** another

autrefois *adv.* formerly, in the past

autrement *adv.* otherwise

Autriche *f.* Austria

autrichien(ne) *adj.* Austrian

autruche *f.* ostrich

auxiliaire *m., Gram.* auxiliary (verb)

avance *f.*: **à l'avance** in advance, beforehand; **en avance** early

avancer (nous avançons) to advance

avant *adj.* before (*in time*); *prep.* before, in advance of; *m.* front; **aller de l'avant** to forge ahead; **avant de** + *inf.* (*prep.*) before; **avant-dernier/ière** *adj.* next to the last; **avant que** + *subj.* (*conj.*) before; **avant tout** above all

avantage *m.* advantage, benefit

avec *prep.* with

avenir *m.* future; **à l'avenir** from now on, in the future; **projets** (*m. pl.*) **d'avenir** future plans

aventure *f.* adventure

aveugle *adj.* blind

avion *m.* airplane; **en avion** by plane

avis *m.* opinion; **à votre (ton) avis** in your opinion

avocat(e) *m., f.* lawyer

avoir (*p.p.* **eu**) *irreg.* to have; **avoir accès à** to have access to; **avoir ___ ans** to be ___ years old; **avoir besoin de** to need; **avoir bon (mauvais) goût** to have good (bad) taste; **avoir chaud (froid)** to be warm, hot (cold); **avoir confiance dans/en** to have confidence in; **avoir droit à** to be entitled to; **avoir du succès** to be a hit; **avoir envie de** to feel like; to want; **avoir faim** to be hungry;

avoir froid to be (feel) cold; **avoir horreur de** to hate; **avoir la vie dure** to have a hard, difficult life; **avoir le temps (de)** to have the time; **avoir lieu** to take place; **avoir l'intention de** to intend to; **avoir mal (à)** to have pain; to hurt; **avoir peur (de)** to be afraid (of); **avoir raison** to be right; **avoir sommeil** to be sleepy; **il y a** there is, there are; ago

avouer to confess, admit

avril April

B

bagages *m. pl.* luggage

baie *f.* bay

se baigner to bathe (*oneself*); to swim

bain *m.* bath; swim; **bain de soleil** sunbath; **salle** (*f.*) **de bains** bathroom; **un bain chaud** a hot bath

baiser *m.* kiss

bal *m.* dance, ball

se balader *fam.* to go for a walk, drive, outing

Baléares (les îles) *f. pl.* the Balearic Islands

balle *f.* (*small*) ball; tennis ball

ballon *m.* (*soccer, basket*) ball; balloon

balnéaire *adj.* seaside; **station** (*f.*) **balnéaire** seaside resort

banane *f.* banana

bande *f.* band; group; gang; (*cassette, video*) tape; **bande-annonce** *f.* (movie) trailer; **bande dessinée** comic strip, cartoon; *pl.* comics; **bande sonore** soundtrack

banque *f.* bank; **banque alimentaire** food bank

baptême *m.* baptism

baptiser to baptize; to name

bar *m.* bar; snack bar; pub

barbe *f.* beard; **se raser la barbe** to shave

baron(ne) *m., f.* baron, baroness

baroque: musique (*f.*) **baroque** baroque music

bas(se) *adj.* low; soft; **en bas** downstairs; **là-bas** *adv.* over there; **Pays-Bas** *m. pl.* the Netherlands, Holland

baser to base; **se baser sur** to be based on

basket-ball (*fam.* **basket**) *m.* basketball

bateau *m.* boat; **en bateau** by boat, in a boat

battre (*p.p.* **battu**) *irreg.* to beat; **se battre (contre)** *irreg.* to fight (with)

battu (*p.p. of* **battre**) *adj.* beaten

bavardage *m.* chattering; gossip

bavarder to chat; to talk

beau (bel, belle [beaux, belles]) *adj.* handsome; beautiful; **faire de beaux rêves** to have nice dreams; **il fait beau** it's nice (weather) out

beaucoup (de) *adv.* very much, a lot; much, many

beau-fils *m.* stepson; son-in-law

beau-frère *m.* brother-in-law; stepbrother

beau-père *m.* father-in-law; stepfather

beauté *f.* beauty

beaux-parents *m. pl.* mother-and father-in-law

bébé *m.* baby

belge *adj.* Belgian; **Belge** *m., f.* Belgian (*person*)

Belgique *f.* Belgium

belle-fille *f.* stepdaughter; daughter-in-law

belle-mère *f.* mother-in-law; stepmother

belle-sœur *f.* sister-in-law; stepsister

bénéficier (de) to profit, benefit (from)

bénévole: organisme (*m.*) **bénévole** charitable, volunteer organization

berbère *adj.* Berber

besoin *m.* need; **avoir besoin de** to need

bête *f.* animal, beast; *adj.* stupid

bêtement *adv.* stupidly

bêtise *f.* stupid, silly thing

beurre *m.* butter; **beurre d'arachide** peanut butter

bibliothèque *f.* library

bicyclette *f.* bicycle; **aller à bicyclette** to go by bicycle

bien *adv.* well; *n., m. pl.* possessions; (*fam.*) good, quite; much; comfortable; **aimer bien** to like; **aussi bien que** as well as; **bien (mieux, le mieux)** *adv.* well (better, best); **bien que** *conj.* although; **bien sûr** *interj.* of course; **eh bien** *interj.* well; **ou bien** or else; **s'amuser bien** to have a good time; **s'entendre bien** to get along (well); **très bien** very well (good); **vouloir bien** to be willing; to agree

bien-être *m.* well-being; welfare

bientôt *adv.* soon

bière *f.* beer

bifteck *m.* steak

bijou *m.* (*pl.* **bijoux**) jewel; piece of jewelry

bijouterie *f.* jewelry-making; jewelry store

bilingue *adj.* bilingual

billet *m.* ticket; **billet d'avion (de train)** plane (train) ticket

biscuit *m.* cookie

bizarre: il est bizarre que + *subj.* it's strange, bizarre that

blague *f.* joke; **sans blague** no kidding

blanc(he) *adj.* white; *n. m.* blank; **Blanche-Neige** Snow White; **passer une nuit blanche** to stay awake all night; **vin** (*m.*) **blanc** white wine

blesser to hurt, injure; **se blesser** to injure oneself

blessure *f.* wound, injury

bleu *adj.* blue

blond(e) *adj., m., f.* blond

bloquer to block

bœuf *m.* beef

boire (*p.p.* **bu**) *irreg.* to drink

bois *m.* forest, woods; wood

boisson *f.* drink, beverage; **boisson gazeuse** soft drink; **boisson non gazeuse** non-carbonated beverage

boîte *f.* box; can; nightclub; **boîte de nuit** nightclub

bol *m.* wide cup; bowl

bon(ne) *adj.* good; right, correct; **avoir bon goût** to have good taste; **bon anniversaire** happy birthday; **bon marché** *adj., inv.* inexpensive; **bon voyage** have a good trip; **bonne fée** *f.* fairy godmother; **de bonne heure** early; **être de bonne humeur** to be in a good mood; **être en bonne santé** to be in good health; **il est bon que** + *subj.* it's good that; **la bonne route** the right road; **le bon vieux temps** the good old days

bonbon *m.* bonbon, (*piece of*) candy

bonheur *m.* happiness

bonjour *interj.* hello, good day

bonsoir *interj.* good evening

bord *m.*: **au bord de** on the banks (shore, edge) of

bordelais *adj.* from the Bordeaux region

botanique *f.* botany; *adj.* botanical

boucher/ère *m., f.* butcher

Boucles d'or Goldilocks

bouillon *m.* broth, stock

boulanger/ère *m., f.* baker

boulangerie *f.* bakery

bourgeois(e) *adj., m., f.* bourgeois, middle-class man/woman

bourgeoisie *f.* middle-class

bourse *f.* scholarship, study grant

bout *m.* end, tip

bouteille *f.* bottle

boutique *f.* shop, store

boxe *f.* boxing

branché *adj.* plugged in; **être branché(e)** to be "with it"

bras *m. s.* arm; **se casser (le bras)** to break (one's arm)

Brésil *m.* Brazil

breton(ne) *adj.* Breton
brièvement *adv.* briefly
brillamment *adv.* brilliantly
briller to shine, gleam
brioche *f.* brioche (*bread made with eggs and butter*)
britannique: Colombie (*f.*) **britannique** British Columbia
bronzer to get a suntan
se brosser (**les cheveux, les dents**) to brush (one's hair, teeth)
bruit *m.* noise
brûler to burn; **brûler vif** (**vive**) to burn alive
brun *adj.* brown; dark-haired, brunette
brusquement *adv.* abruptly, suddenly
Bruxelles Brussels
bruyamment *adv.* noisily
bruyant *adj.* noisy
bu (*p.p. of* **boire**) *adj.* drunk
bûcheron(ne) *m., f.* woodcutter
bulletin (*m.*) **d'information** news bulletin
bureau *m.* desk; office, study; **bureau de réclamations** complaints department
bureaucrate *m., f.* bureaucrat
but *m.* goal; objective; **atteindre un but** to achieve a goal, an objective; **sans but lucratif** non-profit

C

ça *pron.* this, that; it; **ça va** (**mieux**) fine; things are going well (better); **ça y est** there you have it, it's done; **comme ça** that way; **qu'est-ce que c'est que ça** what (on earth) is that
çà et là *adv.* here and there
câble *m.* cable; cable TV
cacher to hide; **se cacher** to hide oneself
cadavre *m.* cadaver, corpse
cadeau *m.* present, gift
cadet(te) *adj., m., f.* youngest (in the family)

café *m.* café; (cup of) coffee
cahier *m.* notebook; workbook
Caire (Le) Cairo (*Egypt*)
caisse *f.* cash register, cashbox; **caisse d'allocations** public assistance fund
caissier/ière *m., f.* cashier
camarade *m., f.* friend, companion; **camarade de chambre** roommate; **camarade de classe** classmate
Cambodge *m.* Cambodia
cambrioler to burglarize
caméra *f.* movie camera
camion *m.* truck
campagne *f.* country(side); campaign; **campagne publicitaire** publicity, commercial campaign
camping *m.* camping; **faire du camping** to go camping
canadien(ne) *adj.* Canadian; **Canadien(ne)** *m., f.* Canadian (*person*)
cancérigène *adj.* cancer-causing, carcinogenic
candidat(e) *m., f.* candidate; applicant
canne (*f.*) **à sucre** sugar cane
canoë *m.* canoe; **faire du canoë** to go canoeing
canoniser to canonize, elevate to sainthood (*Catholic church*)
car *conj.* for, because
caractéristique *adj.* typical
Caraïbes *f. pl.* Caribbean (*islands*)
carnet *m.* booklet; notebook
carotte *f.* carrot
carrefour *m.* intersection; crossroads
carrière *f.* career
carte *f.* card; menu; map (*of region, country*); *pl.* (playing) cards; **à la carte** from the (regular) menu; **carte d'adhérent** membership card; **carte de crédit** credit card; **carte des vins** wine list; **carte de vœux** greeting card; **carte postale** postcard; **carte routière** road map
carton *m.* cardboard; carton

cas *m.* case; **dans ce** (**chaque**) **cas** in this (each) case, situation; **en cas de** in case of; **selon le cas** as the case may be
cascades *f. pl.* stunts (*movies*)
case *f.* hut; compartment
casser to break; **se casser la jambe** to break one's leg
cassoulet *m.* cassoulet (*French stew from the Toulouse region*)
catégorie *f.* category, class
cathédrale *f.* cathedral
cauchemar *m.* nightmare; **faire des cauchemars** to have nightmares
cause *f.* cause; **à cause de** because of
causette *f.* (on-line) chatroom
ce (**c'**) *pron. neu.* it, this, that
ce (**cet, cette, ces**) *adj.* this, that
ceci *pron. neu.* this, that
céder (**je cède**) to give up, give away
cédille *f.* cedilla (ç)
cela (**ça**) *pron.* this, that
célèbre *adj.* famous
célébrer (**je célèbre**) to celebrate; to observe
célébrité *f.* celebrity; personality
céleri *m.* celery
célibataire *adj., m., f.* single (person); **parent** (**mère, père**) **célibataire** single parent (mother, father)
Celte *m., f.* Celt (*Celtic person*)
celui (**ceux, celle, celles**) *pron.* the one, the ones; this one, that one; these, those
Cendrillon Cinderella
censé: être censé(e) (**faire quelque chose**) to be supposed (to do s.th.)
censure *f.* censorship
censurer to censor
cent *adj.* one hundred; **pour cent** per cent
centre *m.* center; **centre commercial** shopping center, mall; **centre d'hébergement** (homeless) shelter; **centre-ville** *m.* downtown

cependant *conj.* however, nevertheless

céramique *f.* pottery, ceramics

cercle *m.* circle

cérémonie *f.* ceremony

certain *adj.* sure; particular; certain; *pl., pron.* certain ones, some people; **il est certain que** + *indic.* it's certain that

certitude *f.* certainty

chacun(e) *m., f., pron.* each (one), everyone

chaîne *f.* television channel; network

chaise *f.* chair

chaleur *f.* heat

chaleureux/euse *adj.* warm; friendly

chambre *f.* room; bedroom; hotel room; **camarade** (*m., f.*) **de chambre** roommate

champion(ne) *m., f.* champion

championnat *m.* championship; tournament

chance *f.* luck; opportunity; **pas de chance** no luck

changement *m.* change

changer (nous changeons) to change

chanson *f.* song

chanter to sing

chanteur/euse *m., f.* singer

chapeau *m.* hat

chapelle *f.* chapel

chaperon *m.* hood; **le Petit Chaperon rouge** Little Red Riding Hood

chapitre *m.* chapter

chaque *adj.* each, every

charge: prendre en charge to take responsibility for

charger (nous chargeons) to load; to ask s.o. to do s.th.

charmant *adj.* charming

chat(te) *m., f.* cat

château *m.* castle, chateau

chaud *adj.* warm; hot; **il fait chaud** it's hot; **prendre un bain chaud (une douche chaude)** to take a hot bath (hot shower)

chauffeur *m.* chauffeur; driver

chaussettes *f. pl.* socks

chaussures *f. pl.* shoes; **chaussures de marche** walking shoes; hiking boots; **chaussures de tennis** tennis shoes

chef *m.* leader; chef, head cook; **chef de cuisine** head cook, chef; **chef d'état** head of state; **chef d'orchestre** orchestra conductor; **sous-chef** *m.* assistant cook

chef-d'œuvre *m.* (*pl.* **chefs-d'œuvre**) masterpiece

chemin *m.* way (*road*); path

chemise *f.* shirt

chèque *m.* check; **chèque de voyage** traveler's check

cher (chère) *adj.* expensive; dear; **coûter cher** to be expensive

chercher to look for; **chercher à** to try to

chercheur/euse *m., f.* researcher; scientist

cheval *m.* horse; **cheval de polo** polo pony

cheveux *m. pl.* hair; **se brosser les cheveux** to brush one's hair; **se faire couper les cheveux** to have one's hair cut

chez at the home (establishment) of; **chez moi** at my place

chic *m.* chic; *adj., usually inv.* chic, stylish

chien(ne) *m., f.* dog

chimique *adj.* chemical

Chine *f.* China

chinois *adj.* Chinese; *m.* Chinese (*language*); **Chinois(e)** *m., f.* Chinese (*person*)

choc *m.* shock; **le choc de deux cultures** clash of two cultures

chocolat *m.* chocolate; hot chocolate; **mousse** (*f.*) **au chocolat** chocolate mousse

choisir (de) to choose (to)

choix *m.* choice; **au choix** of your choosing

chômage *m.* unemployment; **être au chômage** to be unemployed

chômeur/euse *m., f.* unemployed person

choquant *adj.* shocking

choquer to shock

chose *f.* thing; **autre chose** something else; **quelque chose** *pron., m.* something; **quelque chose (de)** + *adj.* something

chou *m.* cabbage; **chou mariné** marinated cabbage

choucroute *f.* sauerkraut

chrétien(ne) *adj.* Christian

chronologique *adj.* chronological

cible *f.* target

ciblé: être ciblé(e) to be targeted

ci-dessous *adv.* below

cidre *m.* cider

ciel *m.* sky; **gratte-ciel** *m. inv.* skyscraper

cinéaste *m., f.* filmmaker

ciné-club *m.* film club

cinéma (*fam.* **ciné**) *m.* movies; movie theater; **faire du cinéma** to act in movies; **vedette** (*f.*) **de cinéma** movie star

cinématographique *adj.* film, movie

cinq *adj.* five

cinquante *adj.* fifty

cinquième *adj.* fifth

circonflexe *m.* circumflex (*accent*)

circonstance *f.* circumstance

circulation *f.* traffic

cirque *m.* circus

citoyen(ne) *m., f.* citizen

citronnade *f.* lemonade

clairement *adv.* clearly

claquettes *f. pl.*: **danse** (*f.*) **de claquettes** tap dancing; **danseur/euse** (*m., f.*) **de claquettes** tap dancer

clarinette *f.* clarinet

classe *f.* class; classroom; **camarade** (*m., f.*) **de classe** classmate; **rentrée** (*f.*) **des classes** beginning of school year (*in the Fall*); **salle** (*f.*) **de classe** classroom

classé *adj.* classified

classique *adj.* classical; classic; **danse** (*f.*) **classique** classical ballet; **danseur/euse** (*m., f.*) **classique** ballet dancer; **musique** (*f.*) **classique** classical music

clavier *m.* keyboard

clé, clef *f.* key

clergé *m.* clergy

client(e) *m., f.* customer, client

cliquer to click (*computer mouse*)

cloche *f.* bell

club *m.* club (*social, athletic*); **ciné-club** *m.* film club

coca *m., fam.* cola drink

cocher to check off (*list*)

coco *m.:* **noix** (*f.*) **de coco** coconut

code (*m.*) **de la route** rules of the road

cœur *m.* heart; **par cœur** by heart

coffre *m.* trunk (*of a vehicle*)

coffret *m.* (carrying) case

cohabiter to live together

se coiffer to do one's hair

collaborateur/trice *m., f.* collaborator; contributor

collectionner to collect

collectionneur/euse *m., f.* collector

collectivité *f.* collectivity, group

collègue *m., f.* colleague

collet *m.* neck; collar; **mettre la main au collet** to nab, grab s.o.

colline *f.* hill

Colombie (*f.*) **britannique** British Columbia

colonie *f.* colony

colonisateur/trice *m., f.* colonizer

coloniser to colonize

colonne *f.* column

combattant *m.:* **ancien combattant** (war) veteran

combattre (*like* **battre**) *irreg.* to fight

combattu (*p.p. of* **combattre**)

combien (de) *adv.* how much, how many; **depuis combien de temps** (for) how long . . .

combinaison *f.* combination

combiné (*m.*) **alpin** Alpine combination (*skiing*)

combiner to combine

comédie *f.* comedy; theater

comédien(ne) *m., f.* actor; comedian

comique *m., f.* comedian, comic

comité *m.* committee

commander to order (*restaurant*)

comme *adv.* as, like, how; **comme ça** that way

commémoratif/ive *adj.* commemorative, memorial

commémorer to commemorate

commencement *m.* beginning

commencer (nous commençons) (à) to begin (to)

comment *adv.* what, how; **comment allez-vous (comment vas-tu)** how are you; **comment est-il/elle** what's he (she, it) like; **comment vous appelez-vous (comment t'appelles-tu)** what's your name

commentaire *m.* commentary, remark

commenté *adj.:* **visite** (*f.*) **commentée** guided tour

commenter to comment on

commerçant(e) *m., f.* shopkeeper

commerce *m.* business; **faire du commerce** to do business

commercial *adj.* commercial, business; **centre** (*m.*) **commercial** shopping center, mall

commun *adj.* common, ordinary; shared; **en commun** in common

communauté *f.* community

communiquer to communicate

compact *adj.:* **disque** (*m.*) **optique compact** DVD disk; **ordinateur** (*m.*) **compact** portable computer

comparaison *f.* comparison

comparatif *m., Gram.* comparative

comparer to compare

complet/ète *adj.* complete; whole; full; **vol** (*m.*) **complet** full flight

compléter (je complète) to complete, finish

compliqué *adj.* complicated

se comporter to behave

composé *adj.* composed; compound; **passé** (*m.*) **composé** *Gram.* present perfect

composer to compose; to make up

compositeur/trice *m., f.* composer (*music*)

compréhensif/ive *adj.* understanding

compréhension *f.* understanding

comprendre (*like* **prendre**) *irreg.* to understand; to comprise, include

compris (*p.p. of* **comprendre**) *adj.* included; **service (non) compris** service charge, tip (not) included

compte *m.:* **se rendre compte de** to realize

compter (sur) to plan (on); to intend; to count

comte (comtesse) *m., f.* count, countess

concéder (je concède) to concede

se concentrer to concentrate

concerner to concern; **en ce qui concerne** concerning

concis *adj.* concise

concordance (*f.*) **des temps** sequence of tenses

concorde *f.* harmony, concord

concurrence *f.* competition

condition *f.* condition; situation; **à condition de (que)** provided (that), providing

conditionnel *m., Gram.* conditional

conducteur/trice *m., f.* driver

conduire (*p.p.* **conduit**) *irreg.* to drive; to take; to lead; **permis** (*m.*) **de conduire** driver's license

conduit (*p.p. of* **conduire**) *adj.* driven, guided

conférence *f.* lecture; conference

confiance *f.* confidence; **avoir confiance dans/en** to have confidence in; to trust; **faire confiance à** to trust in

confiture *f.* jam, preserves

confortable *adj.* comfortable

congé *m.* vacation, leave (*from work*)

Congo *m.* Congo; **République (*f.*) Démocratique du Congo** Democratic Republic of Congo

congrès *m.* meeting, convention

conjonction *f., Gram.* conjunction

conjuguer to conjugate

connaissance *f.* knowledge; acquaintance; **faire connaissance** to get acquainted; **faire la connaissance de** to meet (*for the first time*), make the acquaintance of

connaître (*p.p.* **connu**) *irreg.* to know; to be familiar with; **se connaître** to know one another; to meet

connecté *adj.* connected

connu (*p.p. of* **connaître**) *adj.* known; famous

conquérant(e) *m., f.* conqueror

conquérir (*p.p.* **conquis**) *irreg.* to conquer

conquis (*p.p. of* **conquérir**) *adj.* conquered

consacré *adj.* consecrated; devoted

conseil *m.* (piece of) advice; **donner des conseils à** to give advice to

conseiller to advise; to suggest

consentir to consent

conservateur/trice *m., f.* conservative (*person*)

conserver to conserve, preserve

considérer (**je considère**) to consider

consigne *f.* checkroom, baggage room; **consigne automatique** luggage locker

consister à to consist of (*doing s.th.*)

consommateur/trice *m., f.* consumer

consommer to consume; to eat or drink

consonne *f.* consonant

constamment *adv.* constantly

constituer to constitute

construire (*like* **conduire**) *irreg.* to construct, build

construit (*p.p. of* **construire**) *adj.* constructed

consulter to consult

conte *m.* tale, story; **conte de fées** fairy tale

contenir (*like* **tenir**) *irreg.* to contain

content *adj.* happy, pleased; **être content(e) de/que** to be happy about (that)

se contenter de to be satisfied with

contenu *m.* content; *p.p. of* **contenir**

continuer (à) to continue (to)

se contracter to contract, shrink

contraire *m.* opposite; **au contraire** on the contrary

contrairement à *conj.* contrary to, unlike

contraste: par contraste avec in contrast to

contravention *f.* traffic ticket

contre *prep.* against; **par contre** on the other hand

contredire (**vous contredisez**; *p.p.* **contredit**) to contradict

contredit (*p.p. of* **contredire**)

contrôler to inspect, monitor; to control

convaincre (*like* **vaincre**) *irreg.* to convince

convaincu (*p.p. of* **convaincre**) *adj.* convinced

convenable *adj.* proper; appropriate

convenir (*like* **venir**) *irreg.* to be suitable

convenu (*p.p. of* **convenir**)

coopératif/ive *adj.* cooperative

coordonné (*adj.*) **à** coordinated with

copain (copine) *m., f., fam.* friend, pal

Corée *f.* Korea

corps *m. s.* body; **Corps de la paix** Peace Corps; **garde (*f.*) du corps** bodyguard

correctement *adv.* correctly

correspondant(e) *m., f.* (newspaper) correspondent; *adj.* corresponding

correspondre to correspond

corriger (**nous corrigeons**) to correct

Corse *f.* Corsica

costume *m.* (*man's*) suit; costume

côte *f.* coast; **côte occidentale** West Coast

Côte-d'Ivoire *f.* Ivory Coast

côté *m.* side; **à côté (de)** *prep.* by, near; beside, next to

côtelette (*f.*) d'agneau lamb chop

couche *f.* layer

se coucher to go to bed

couleur *f.* color

coup *m.* blow; **coup de téléphone** phone call; **tout d'un coup** *adv.* suddenly, all at once

couper to cut (off, up); **se couper les ongles** to cut one's fingernails

cour *f.* court (*legal, royal*)

courageux/euse *adj.* courageous

courant *adj.* general, everyday; **se tenir au courant** to stay up to date, in the know

coureur/euse *m., f.* runner

courir (*p.p.* **couru**) *irreg.* to run

courrier *m.* mail; **(envoyer un) courrier électronique** (to send an) e-mail (message)

cours *m.* course; class; **au cours de** in the course of, during; **suivre un cours** to take a course

course *f.* race; errand; **faire les courses** to do errands; to shop

court *f.* short (*not used for people*)

couru (*p.p. of* **courir**) *adj.* run

couscous *m.* couscous (*North African cracked-wheat dish*)

cousin(e) *m., f.* cousin

coût *m.* cost; **coût de la vie** cost of living

couteau *m.* knife

coûter to cost; **coûter cher** to be expensive

coutume *f.* custom; **renoncer à ses coutumes** to abandon one's customs

couture *f.* sewing; clothes design; *haute couture high fashion; **maison** (*f.*) **de couture** fashion house

couturier/ière *m., f.* clothes designer; dressmaker

couvent *m.* convent

couvert (*p.p. of* **couvrir**) *adj.* covered

couverture *f.* blanket; coverage (*media*); **la couverture par les médias** media coverage

couvrir (*like* **ouvrir**) *irreg.* to cover

covoiturage *m.* carpooling

craindre (*p.p.* **craint**) *irreg.* to fear

craint (*p.p. of* **craindre**) *adj.* feared

crapaud *m.* toad

cravate *f.* tie

crayon *m.* pencil; **dessiner au crayon** to draw in pencil

crèche *f.* day-care center

crédit *m.* credit; **carte** (*f.*) **de crédit** credit card

créer to create

crème *f.* cream; **crème solaire** sunscreen

créole *m.* Creole (*Caribbean language based on French or Spanish*)

crier to cry out; to shout

crise *f.* crisis; **crise économique** recession; depression

critique *f.* criticism; critique; *m., f.* critic; *adj.* critical

critiquer to criticize

croire (*p.p.* **cru**) (**à**) *irreg.* to believe (in); **croire que** to believe that

croisade *f.* crusade

croisé *adj.* crossed; **mots** (*m. pl.*) **croisés** crossword puzzle

croisière *f.* cruise

croissance *f.* growth, development; **salaire** (*m.*) **minimum interprofessionnel de croissance (S.M.I.C.)** minimum wage (*in France*)

croissant *m.* croissant (*butter roll*); *adj.* growing

croix *f.* cross; **la Croix-Rouge** the Red Cross

croustillés *m. pl.* chips, crisps

cru *adj.* raw, uncooked; *p.p. of* **croire**

crû (crue) (*p.p. of* **croître**) *adj.* grown

cueillir (*p.p.* **cueilli**) *irreg.* to gather, collect

cuillerée *f.* spoonful

cuire: faire cuire to cook (*food*); **faire cuire au four à micro-ondes** to cook in the microwave

cuisine *f.* cooking; food, cuisine; kitchen; **chef** (*m.*) **de cuisine** head cook, chef; **faire la cuisine** to cook; *haute cuisine gourmet cooking; **livre** (*m.*) **de cuisine** cookbook; **recette** (*f.*) **de cuisine** recipe

cuisinier/ière *m., f.* cook, chef

cuit (*p.p. of* **cuire**) *adj.* cooked; **cuit(e) à la vapeur** steamed; **terre** (*f.*) **cuite** terra cotta

culinaire *adj.* culinary, cooking

cultiver to cultivate; to grow (*crops*)

culture *f.* education; culture; **le choc de deux cultures** the clash of two cultures

curieux/euse *adj.* curious

cybercafé *m.* Web, Internet café

cyberespace *m.* cyberspace

cycliste *m., f.* bicycle rider, cyclist

D

d'abord *adv.* first, first of all, at first

d'accord *interj.* all right, O.K., agreed

dame *f.* lady, woman; **jouer aux dames** to play checkers

dangereux/euse *adj.* dangerous

danois *m.* Danish (*language*)

dans *prep.* within, in; **dans cinq ans** in five years

danse *f.* dance; dancing; **danse classique** classical ballet

danser to dance

danseur/euse *m., f.* dancer; **danseur/euse classique** ballet dancer; **danseur/euse de claquettes** tap dancer

d'autres *pron.* others

davantage *adv.* more

de (d') *prep.* of, from, about; **de temps en temps** from time to time

débarquement *m.* debarkation, landing

débarquer to land

se débarrasser de to get rid of

débat *m.* debate

se débrouiller to manage, get by

début *m.* beginning; **au début (de)** in (at) the beginning (of)

débuter to start out, make a start

décaféiné *adj.* decaffeinated

décembre December

décennie *f.* decade

déchets *m. pl.* waste (material); **déchets toxiques** toxic waste

décidément *adv.* decidedly; definitely

décider (de) to decide (to)

décision *f.* decision; **prendre une décision** to make a decision

décorer to decorate

découragé *adj.* discouraged

découvert (*p.p. of* **découvrir**) *adj.* discovered

découverte *f.* discovery; **à la découverte de** in search of

découvrir (*like* **ouvrir**) *irreg.* to discover

décrire (*like* **écrire**) *irreg.* to describe

décrit (*p.p. of* **décrire**) *adj.* described

déçu *adj.* disappointed

dedans *prep., adv.* within, inside

défendre to defend
défier to challenge
défini *adj.*: **article** (*m.*) **défini** *Gram.* definite article
définir to define
définitif/ive *adj.* definitive
degré *m.* degree
dehors *adv.* outdoors; outside; **en dehors de** outside of
déjà *adv.* already; ever
déjeuner to have lunch; *m.* lunch; **petit déjeuner** breakfast
delà: au-delà de *prep.* beyond
délicieux/euse *adj.* delicious
demain *adv.* tomorrow
demande *f.* request; demand
demander (de) to ask (for, to), request; **se demander** to wonder
déménagement *m.* moving (*house*)
déménager (nous déménageons) to move (out) (*change residence*)
demi *adj.* half; **demi-frère** *m.* half-brother; stepbrother; **demi-heure** *f.* half-hour; **demi-sœur** *f.* half-sister; stepsister; **et demi(e)** half past (the hour)
démodé *adj.* out of fashion, out of style
dénouement *m.* outcome; ending; **dénouement heureux** happy ending
dent *f.* tooth; **se brosser les dents** to brush one's teeth
départ *m.* departure
dépasser to go beyond; to pass
se dépêcher (de) to hurry (to)
dépendre de to depend on
dépense *f.* expense; spending
dépenser to spend (*money*)
se déplacer (nous nous déplaçons) to move around, go somewhere
déplaire (*like* **plaire**) *irreg.* to displease
déplu (*p.p. of* **déplaire**)
depuis *prep.* since, for; **depuis combien de temps...** how

long . . . ; **depuis quand...** since when . . .
déranger (nous dérangeons) to disturb, bother
dérivé *m.* derivative
dernier/ière *adj.* last; most recent; past; **avant-dernier/ière** next to the last; **l'an dernier** (**l'année dernière**) last year
se dérouler to take place, happen
derrière *prep.* behind
dès *prep.* from (*then on*); **dès que** *conj.* as soon as
désagréable *adj.* disagreeable, unpleasant
désastre *m.* disaster
désavantage *m.* disadvantage
descendre to go down; to get off; to stay (*at a hotel*); **descendre de** to get down (from), get off
désert *adj.* deserted
désigner to designate
désir *m.* desire
désirer to desire, want
désolé *adj.* sorry; **je suis désolé(e) (que)** I'm sorry (that)
désordre *m.* disorder, confusion; **en désordre** disorderly
dessin *m.* drawing; **dessin animé** (animated) cartoon
dessinateur/trice *m., f.* designer; sketcher
dessiné: bande (*f.*) **dessinée** comic strip, cartoon; *pl.* comics
dessiner to draw; **dessiner au crayon (à la plume)** to draw in pencil (in pen)
dessous: ci-dessous *adv.* below
destiné *adj.* designed (for)
détail *m.* detail; **en détail** in detail
détaillé *adj.* detailed
détective *m.* private investigator, detective
se détendre to relax
détendu *adj.* relaxed
déterminatif *m., Gram.* determiner

déterminer to determine
détester to detest; to hate
détruire (*like* **conduire**) *irreg.* to destroy
détruit (*p.p. of* **détruire**) *adj.* destroyed
deux *adj.* two; **sortir à deux** to go out as a couple
deuxième *adj.* second
devant *prep.* before, in front of
dévaster to devastate
développé *adj.* developed
développement *m.* development; **pays** (*m.*) **en voie de développement** developing nation
devenir (*like* **venir**) *irreg.* to become
devenu (*p.p. of* **devenir**) *adj.* became
deviner to guess
devoir (*p.p.* **dû**) *irreg.* to owe; to have to, be obliged to; *m.* duty; homework; **faire ses devoirs** to do one's homework
dévotion *f.* prayer; **faire ses dévotions** to pray, say one's prayers
d'habitude *adv.* habitually, usually
diamètre *m.* diameter
Dieu *m.* God
différé: en différé prerecorded (*broadcast*)
différemment *adv.* differently
différent *adj.* different
difficile *adj.* difficult
difficulté *f.* difficulty
diffuser to broadcast
digestif *m.* brandy, liqueur
dignité *f.* dignity
dimanche *m.* Sunday
diminuer to lessen, diminish, lower
dinde *f.* turkey
dîner to dine, have dinner; *m.* dinner
dinosaure *m.* dinosaur
dire (*p.p.* **dit**) *irreg.* to say, tell, relate; **c'est-à-dire** that is to say, namely; **se dire** to say to

one another; **vouloir dire** to mean

direct *adj.* direct; **en direct** live (*broadcast*); **pronom** (*m.*) (**complément**) **d'objet direct** *Gram.* direct object pronoun

directeur/trice *m., f.* manager, head

directives *f. pl.* rules of conduct, directives

disc: compact disc *m.* CD

discipliné *adj.* disciplined

discothèque (*fam.* **disco**) *f.* discothèque

discours *m.* discourse; speech

discret/ète *adj.* discreet

discutable *adj.* controversial

discuter (de) to discuss

disjoint: pronom (*m.*) **disjoint** *Gram.* disjunctive (stressed) pronoun

disparaître (*like* **connaître**) *irreg.* to disappear

disparition *f.* disappearance; **en voie de disparition** endangered (*species*)

disparu (*p.p. of* **disparaître**) *adj.* disappeared

disponible *adj.* available

disposition *f.:* **à sa (votre, etc.) disposition** at his/her (your, etc.) disposal

se disputer to argue

disque *m.* record; recording; **disque optique compact** DVD disk

distinguer to distinguish, differentiate

distraction *f.* recreation; entertainment

dit (*p.p. of* **dire**)

divers *adj.* varied, diverse

divertir to amuse

divertissement *m.* entertainment

divin *adj.* divine

divisé (en, par) *adj.* divided (into, by)

se diviser to divide up

divorcé(e) *adj.* divorced; *m., f.* divorced man or woman

divorcer (nous divorçons) to (get a) divorce

dizaine *f.* about ten

docteur *m.* doctor

documentaire *m.* documentary (film)

doigt *m.* finger

dolmen *m.* dolmen (*prehistoric stone structure*)

domestique *adj.* domestic; **travail** (*m.*) **domestique** housework; **animal** (*m.*) **domestique** pet

domicile *m.* home; **sans domicile fixe (SDF** *m., f., inv.*) homeless

dominer to dominate

dommage *m.:* **c'est dommage** it's too bad, what a pity; **il est dommage que** + *subj.* it's too bad that

donc *conj.* then; therefore

donner to give; **donner des conseils** to give advice; **se donner rendez-vous à** to make an appointment with

dont *pron.* whose, of whom, of which

dormi (*p.p. of* **dormir**)

dormir (*p.p.* **dormi**) *irreg.* to sleep; **la Belle au bois dormant** Sleeping Beauty

dos *m.* back; **sac** (*m.*) **à dos** backpack

dossier *m.* (*document*) file, dossier

douane *f.* customs; **passer la douane** to go through customs

doublé *adj.* dubbed; **version** (*f.*) **doublée** dubbed version (*movie*)

doubler to double; to pass (*in a car*); to dub (*movie*)

doucement *adv.* softly; gently

douche *f.* shower (*bath*); **prendre une douche (chaude/froide)** to take a (hot/cold) shower

doué *adj.* gifted

doute *m.* doubt; **sans doute** probably; without a doubt

douter (que) to doubt; **douter de** to be suspicious of

douteux/euse *adj.* doubtful, uncertain; **il est douteux que** + *subj.* it's doubtful that

doux (douce) *adj.* sweet; kind, gentle

douze *adj.* twelve

drapeau *m.* flag

droit *m.* law; right (*legal*); **avoir droit à** to be entitled to; **avoir le droit de** + *inf.* to have the right to; **droit d'asile** right to asylum; **faire (son) droit** to study law

droite *f.* right, right-hand; **à droite (de)** *prep.* on (to) the right (of)

drôle *adj.* funny, odd

dû (due) (à) (*p.p. of* **devoir**) *adj.* owing (to)

dur *adj.* hard; difficult; **avoir la vie dure** to have a hard, difficult life; **œuf** (*m.*) **dur** hard-boiled egg; **travailler dur** to work hard

durant *prep.* during

durée *f.* duration, length

durer to last, continue

E

eau *f.* water; **eau minérale** mineral water

échange *m.* exchange

échanger (nous échangeons) to exchange

échapper (à) to escape

échec *m.* failure

échelle *f.* ladder

éclairer to light, illuminate

éco: sciences (*f. pl.*) **éco** *fam.* economics

école *f.* school

écologie *f.* ecology

écologique *adj.* ecological

économie *f.:* **faire des économies** to save (up) money

économique *adj.* financial; economical; **crise** (*f.*) **économique** recession; depression

économiser to save (*money*)

écouter to listen to

écran *m.* screen; (computer) monitor

écrémé *m.* skim (*milk*)

écrire (*p.p.* **écrit**) (**à**) *irreg.* to write (to)

écrit (*p.p. of* **écrire**) *adj.* written

écrivain (**femme écrivain**) *m., f.* writer

éditeur/trice *m., f.* editor; publisher

éducatif/ive *adj.* educational

effaçable *adj.* erasable

effacer (**nous effaçons**) to delete (*on a computer*); to erase

effet *m.* effect; **effets spéciaux** *pl.* special effects

efficace *adj.* efficient

effort *m.* effort, attempt; **faire un (des) effort(s) pour** to try, make an effort to

effrayant *adj.* frightening

égal *adj.* equal; **cela (ça) m'est égal** I don't care, it's all the same to me

également *adv.* equally; likewise, also

égaler to equal; **terminer à égalité** to tie (*in sports*)

égalité *f.* equality

égard: à l'égard de concerning

église *f.* church

égoïste *adj.* selfish

Egypte *f.* Egypt

eh bien *interj.* well, well then

élargir to broaden, widen

électeur/trice *m., f.* voter

électoral *adj.* election, electoral

électronique *adj.* electronic; **envoyer un courrier (un message) électronique** (to send) an e-mail (message)

élève *m., f.* pupil, student

élevé *adj.* high; raised; **le coût élevé de la vie** the high cost of living

élever (**j'élève**) to raise

éliminer to eliminate

elle *pron., f. s.* she; her; it; **elle-même** *pron., f. s.* herself; **elles** *pron., f. pl.* they; them

embouteillage *m.* traffic jam

embrasser to kiss; to embrace; **s'embrasser** to kiss, embrace each other

émigrant(e) *m., f.* emigrant

émigrer to emigrate

émission *f.* program; broadcast

emmener (**j'emmène**) to take (*s.o. somewhere*); to take along

émouvant *adj.* moving, touching

empêcher (**de**) to prevent (from); to preclude

empereur *m.* emperor

emplacement *m.* location

emploi *m.* use; job, position; **emploi à mi-temps (à plein temps, à temps partiel)** half-time (full-time, part-time) job

employé(e) *m., f.* employee; white-collar worker; clerk

employer (**j'emploie**) to use; to employ

employeur/euse *m., f.* employer

emprunter (**à**) to borrow (from)

ému *adj.* moved, touched

en *prep.* in; by; to; like; in the form of; *pron.* of them; of it; some, any

enchère: vente (*f.*) **aux enchères** auction

encore *adv.* still; again; yet; even; more; **encore de** more; **encore plus** even more; **ne... pas encore** not yet

encourager (**nous encourageons**) (**à**) to encourage (to)

encyclopédie *f.* encyclopedia

endormi (*p.p. of* **endormir**) *adj.* asleep

endormir (*like* **dormir**) *irreg.* to put to sleep; **s'endormir** to fall asleep

endroit *m.* place, spot

énergie *f.* energy

énergique *adj.* energetic

énerver to irritate, upset

enfance *f.* childhood

enfant *m., f.* child

s'enfermer to close oneself, lock oneself in

enfin *adv.* finally, at last

enlever (**j'enlève**) to remove, take off

ennemi(e) *m., f.* enemy

ennui *m.* trouble; problem

ennuyer (**j'ennuie**) to bother; to bore; **s'ennuyer** to be bored

ennuyeux/euse *adj.* boring; annoying

énorme *adj.* huge, enormous

enquête *f.* survey; investigation

enregistrer to record, tape

enrouler to wrap, roll up

enseigner (**à**) to teach (to)

ensemble *adv.* together; *m.* ensemble; whole

ensoleillé *adj.* sunny

ensuite *adv.* then, next

s'entasser dans to pile into

entendre to hear; **entendre parler de** to hear about; **s'entendre (avec)** to get along (with)

enthousiasme *m.* enthusiasm

enthousiaste *adj.* enthusiastic

entier/ière *adj.* entire, whole, complete; **lait** (*m.*) **entier** whole milk; **voyager dans le monde entier** to travel the world

entourer (**de**) to surround (with)

entracte *m.* intermission

entraide *f.* mutual assistance

s'entraider to help one another

entraînement *m.* (*athletic*) training, coaching

s'entraîner to train, work out

entraîneur/euse *m., f.* trainer

entre *prep.* between, among

s'entrecroiser to intersect

entrer (**dans**) to enter

entretien *m.* maintenance; conversation; job interview

énumération *f.* enumeration, listing

énumérer (**j'énumère**) to spell out, list, recite

envers *prep.* toward

envie *f.* desire; **avoir envie de** to want; to feel like; **cela me donne envie de...** that makes me want to . . .

environ *adv.* about, approximately

environnement *m.* environment

envisager (nous envisageons) to picture, envision

envoyer (j'envoie) *irreg.* to send; **envoyer un courrier électronique (une lettre)** to send an e-mail (message) (a letter)

épicerie *f.* grocery store

épicier/ière *m., f.* grocer

époque *f.* period (*of history*)

épouser to marry

époux (épouse) *m., f.* husband; wife; spouse; **les époux** *m. pl.* married couple

s'épuiser to exhaust oneself

équilibré *adj.* balanced, well-balanced; **régime** (*m.*) **équilibré** balanced diet

équipe *f.* team; **jeu** (*m.*) **d'équipe** team, group game

équipement *m.* equipment; gear

équipier/ière *m., f.* team member

érable *m.* maple (tree); **feuille** (*f.*) **d'érable** maple leaf; **sirop** (*m.*) **d'érable** maple syrup

ère *f.* era, epoch

errer to wander, roam

erreur *f.* error; mistake

escalade *f.* (mountain) climbing; **faire de l'escalade** to climb, go mountain-climbing

escargot *m.* snail

espace *m.* (outer) space

Espagne *f.* Spain

espèce(s) *f.* (*pl.*) species

espérer (j'espère) to hope

espion(ne) *m., f.* spy

espoir *m.* hope

esprit *m.* mind; spirit; wit; **ça me vient à l'esprit** that occurs to me

essayer (j'essaie) (de) to try (to)

essence *f.* gasoline, gas; **faire le plein (d'essence)** to fill the tank

essentiel(le) *adj.* essential; **il est essentiel que** + *subj.* it's essential that

et *conj.* and

établir to establish, set up; **s'établir dans** to settle in

établissement *m.* establishment

état *m.* state; condition; **chef** (*m.*) **d'état** head of state; **état d'esprit** state of mind; **Etats-Unis** *m. pl.* United States (of America)

été *m.* summer; *p.p. of* **être**

étoile *f.* star

étonnant *adj.* astonishing, surprising

étonner to surprise, astonish

étrange *adj.* strange

étranger/ère *adj.* foreign; unknown; *m., f.* stranger; foreigner; **à l'étranger** abroad, in a foreign country; **langue** (*f.*) **étrangère** foreign language

être (*p.p.* **été**) *irreg.* to be; **comment est-il/elle** what's he/she like; **être à l'aise** to be comfortable; **être à la mode** to be in fashion, in style; **être amateur de** to be fond of; **être amoureux/euse** to be in love; **être au chômage** to be unemployed; **être au mieux de sa forme** to be in top shape; **être branché(e)** to be "with it"; **être censé(e)** to be supposed to; **être ciblé(e)** to be targeted; **être de bonne (mauvaise) humeur** to be in a good (bad) mood; **être démodé(e)** to be out of fashion; **être en bonne santé** to be in good health; **être en forme** to be fit, in good shape; **être en panne** to break down (*car*); **être en retard** to be late; **être en train de** to be in the process of, be in the middle of; **être prêt(e)** to be ready

étude *f.* study; *pl.* studies; **faire des études** to study

étudiant(e) *m., f., adj.* student

étudier to study

eu (*p.p. of* **avoir**)

euh... interj. uh . . .

euro *m.* Euro (*European currency*)

européen(ne) *adj.* European; **Européen(ne)** *m., f.* European (*person*); **Union** (*f.*)

européenne (UE) European Union (EU)

eux *pron., m. pl.* them; **eux-mêmes** *pron., m. pl.* themselves

événement *m.* event

évident *adj.* obvious, clear; **il est évident que** + *indic.* it is clear that

éviter to avoid

exact *adj.* correct

exagérer (j'exagère) to exaggerate

examen (*fam.* **exam**) *m.* test, exam; examination; **passer un examen** to take an exam; **rater un examen** *fam.* to fail an exam; **réussir à un examen** to pass an exam

examiner to inspect, examine

excéder (j'excède) to exceed

excentrique *adj.* eccentric

excepté *prep.* except

exceptionnel(le) *adj.* exceptional

excessif/ive *adj.* excessive

s'excuser de to apologize for

exemple *m.* example; **par exemple** for example

exercer (nous exerçons) to exercise

exercice *m.* exercise; **faire de l'exercice (régulièrement)** to exercise (regularly)

exil: en exil in exile, exiled

exister to exist

expérience *f.* experience; experiment; **faire l'expérience de** to experience

expert(e) *m., f.* expert

explétif: le *ne* **explétif** "*ne*" used as an expletive

explication *f.* explanation

expliquer to explain

exploiter to make use of, make the most of

explorer to explore

exposé *m.* presentation, exposé

exposer to expose, show; to display

exposition *f.* exhibition; show

expression *f.* expression; term; **liberté** (*f.*) **d'expression** freedom of expression

exprimer to express; **exprimer une opinion** to express an opinion

exquis *adj.* exquisite

extérieur *m.* exterior, outside

extraordinaire *adj.* extraordinary

extraterrestre *m.* extraterrestrial (being)

extrêmement *adv.* extremely

F

fac *f., fam.* **(faculté)** university department or school

façade *f.* façade, face (*of a building*)

face: en face (de) *prep.* opposite, facing, across from; **face-à-face** face to face; **faire face à** to face, confront

facile *adj.* easy

faciliter to facilitate

façon *f.* way, manner, fashion; **à votre façon** in your own way, style; **de façon (logique)** in a (logical) way; **de façon à ce que** so that; **de toute façon** in any event

facultatif/ive *adj.* optional

faible *adj.* weak; small

faim *f.* hunger; **avoir faim** to be hungry; **manger à sa faim** to eat his/her fill

faire (*p.p.* **fait**) *irreg.* to do; to make; to form; to be; **faire attention (à)** to pay attention (to); to watch out (for); **faire connaissance** to get acquainted; **faire cuire (au four à micro-ondes)** to cook (in the microwave); **faire de beaux rêves** to have nice dreams; **faire de la gymnastique** (*fam.* **gym**) to do gymnastics; to exercise; **faire de l'alpinisme** to go mountain climbing; **faire de la peinture (de la musique)** to paint (play music); **faire de la planche à roulettes** to go skateboarding; **faire de la plongée sous-marine** to go skin diving, scuba diving; **faire de la politique** to go in for politics; **faire de la poterie** to do ceramics; **faire de l'escalade** to go (mountain-) climbing; **faire de l'exercice (régulièrement)** to exercise (regularly); **faire des cauchemars** to have nightmares; **faire des économies** to save (up) money; **faire des études** to study; **faire des projets** to plan, make plans; **faire des recherches** to do research; **faire du camping** to go camping; **faire du canoë** to go canoeing; **faire du cinéma** to act in movies; **faire du commerce** to do business; **faire du patinage** to go ice skating; **faire du pollupostage** to spam, do spamming; **faire du recyclage** to recycle; **faire du roller** to go rollerblading; **faire du shopping** to go shopping; **faire du ski (alpin)** to ski; **faire du sport** to do sports; **faire du théâtre** to act; **faire du tourisme** to go sightseeing; **faire face à** to face, confront; **faire faire** (**faire** + *inf.*) to have done, make (*s.o.*) do (*s.th.*); **faire froid (il fait froid)** to be cold (out) (it's cold); **faire insulte à** to insult; **faire la connaissance de** to meet (*for the first time*); **faire la fête** to party; **faire la grasse matinée** to sleep late; **faire la lessive** to do the laundry; **faire la queue** to stand in line; **faire la vaisselle** to do the dishes; **faire le marché** to do the shopping, go to the market; **faire le ménage** to do the housework; **faire le plein (d'essence)** to fill it up (*gas tank*); **faire les courses** to do errands, buy groceries; **faire le tour du monde** to go around (the world); **faire match nul** to tie (*in sports*); **faire mauvais (il fait mauvais)** to be bad weather (out) (it's bad out); **faire peur à** to frighten; **faire plaisir à** to please; **faire pression sur** to put pressure on; **faire preuve de** to prove; **faire sa toilette** to wash and get ready; **faire ses devoirs** to do one's homework; **faire ses dévotions** to say one's prayers; **faire (son) droit** to study law; **faire un discours** to give a speech; **faire une promenade** to take a walk; **faire une randonnée à pied (à vélo)** to go hiking (biking); **faire une visite commentée** to go on a guided tour; **faire un exposé** to make a presentation; **faire un pique-nique** to go on a picnic; **faire un reportage** to do a story; **faire un tour (en voiture)** to take a walk (ride); **faire un voyage** to take a trip; **faire un voyage de noces** to go on one's honeymoon; **faire usage de** to make use of; **se faire mal** to hurt, injure oneself

fait *m.* fact; (*p.p. of* **faire**) *adj.* made; **fait(e) à la main** hand-made; **tout à fait** *adv.* completely, entirely

falloir (*p.p.* **fallu**) *irreg.* to be necessary; to be lacking; **il faut** + *inf.*, **il faut que** + *subj.* it is necessary to; one needs

fallu (*p.p. of* **falloir**)

familial *adj.* family

se familiariser to familiarize oneself

famille *f.* family; **en famille** with one's family

fantôme *m.* ghost

fatigant *adj.* tiring

fatigué *adj.* tired

faucille *f.* sickle

faut (il) + *inf.*; **il faut que** + *subj.* it is necessary to; one needs

faute *f.* fault, mistake

faux (fausse) *adj.* false

faveur: en faveur de in favor of

favori(te) *adj.* favorite

fée *f.* fairy; **bonne fée** fairy godmother; **conte** (*m.*) **de fées** fairy tale

féminin *adj.* feminine

femme *f.* woman; wife; **femme d'affaires** businesswoman; **femme écrivain** woman writer; **femme ingénieur** woman engineer; **jeune femme** young woman

fenêtre *f.* window

ferme *f.* farm; *adj.* firm

fermer to close

fermier/ière *m., f.* farmer

fête *f.* holiday; celebration, party; saint's day, name day; *pl.* Christmas season; **faire la fête** to party

fêter to celebrate; to observe a holiday

feu (*pl.* **feux**) *m.* fire; traffic light; **arme** (*f.*) **à feu** firearm; **feu rouge/orange/vert** red/amber/green light

feuille *f.* leaf; **feuille de papier** sheet of paper; **feuille d'érable** maple leaf

feuilleton *m.* soap opera

fiancé(e) *m., f.* fiancé, fiancée

se fiancer (nous nous fiançons) to get engaged

s'en ficher not to give a hoot, a damn

fichier *m.* (computer) file

fictif/ive *adj.* fictional

fidèle *adj.* faithful

fier (fière) *adj.* proud

fierté *f.* pride

figure *f.* face

figuré *adj.* figurative

figurer to figure

fille *f.* girl; daughter; **belle-fille** daughter-in-law; stepdaughter; **fille unique** only child, daughter; **jeune fille** teenage girl, young woman

fillette *f.* little girl

film *m.* movie, film; **film d'action (d'amour, d'animation, d'horreur)** action (romantic, animated, horror) film; **film policier** detective movie, mystery; **jouer dans un film** to act in a movie; **passer un film** to be showing a movie; **réaliser/tourner un film** to make a movie

filmer to film, shoot

fils *m.* son; **beau-fils** son-in-law; stepson; **fils unique** only son, only child

filtrage *m.* filtration, filtering

fin *f.* end; **à la fin de** at the end of; **mettre fin à** to put an end to

final (*pl.* **finals**) *adj.* final

finale *f. s.* finals (*tournament*)

financier/ière *adj.* financial, monetary

finesse *f.* sensitivity; subtlety

finir (de) to finish; **finir assisté(e)** to end up on welfare; **finir par** to end, finish by (*doing s.th.*)

fixe *adj.* fixed; permanent; **menu** (*m.*) **à prix fixe** meal at a fixed price; **sans domicile fixe (SDF** *m., f., inv.*) homeless

fleur *f.* flower

fleuve *m.* (*large*) river

Floride *f.* Florida

fois *f.* time, occasion; times (*arithmetic*); **il était une fois** once upon a time; **la première (dernière) fois** the first (last) time; **la prochaine fois** next time; **une fois (que)** once; **une fois par semaine** once a week

fonctionnement *m.* functioning

fonctionner to function, work

fonder to found, establish

fondre to melt

fontaine *f.* fountain

football (*fam.* **foot**) *m.* soccer; **match** (*m.*) **de football** soccer game; **terrain** (*m.*) **de football** soccer field

forestier/ière *adj.* forest, forested

forêt *f.* forest

forger (nous forgeons) to forge

forgeron(ne) *m., f.* blacksmith

forme *f.* form; shape; figure; **être au mieux de sa forme** to be in top shape; **être en (bonne, pleine) forme** physically fit; **se mettre en forme** to get in shape

former to form, shape; to train

formidable *adj.* wonderful, great

formulaire *m.* form (*to fill out*); **remplir un formulaire** to fill out a form

fort *adv.* strongly; loudly

forteresse *f.* fort, fortress

fou (fol, folle) *adj.* crazy, mad; **fou (folle)** *m., f.* insane, crazy person

foule *f.* crowd

four *m.* oven; **au four** baked; in the oven; **faire cuire au four à micro-ondes** to cook in the microwave; **pomme** (*f.*) **de terre au four** baked potato

fourchette *f.* fork

fournir to furnish, supply

fourrure *f.* fur

frais (fraîche) *adj.* cool; fresh

fraise *f.* strawberry; **tarte** (*f.*) **aux fraises** strawberry tart

franc *m.* franc (*currency*)

franc(he) *adj.* frank, honest

français *adj.* French; **à la française** in the French style; *m.* French (*language*); **Français(e)** *m., f.* Frenchman (-woman)

franchise *f.* frankness, honesty

franco-américain *adj.* French-American

francophone *adj.* French-speaking

francophonie *f.* French-speaking world

frappant *adj.* striking

frapper to strike

freiner to use, put on, the brakes

fréquemment *adv.* frequently, often

fréquence *f.* frequency

fréquent *adj.* frequent, common

fréquenté *adj.* much visited, popular

fréquenter to go to often

frère *m.* brother; **beau-frère** brother-in-law; **demi-frère** half-brother; stepbrother

frigo *m., fam.* fridge, refrigerator

frimousse *f.* little face, smiley face

frire to fry

frit (*p.p. of* **frire**) *adj.* fried; **frites** *f. pl.* French fries

froid *adj.* cold; *m.* cold; **avoir froid** to be cold; **faire froid (il fait froid)** to be cold (out) (it's cold); **prendre une douche froide** to take a cold shower

fromage *m.* cheese

frontière *f.* border

fruit *m.* fruit; **jus** (*m.*) **de fruit** fruit juice

frustrant *adj.* frustrating

fuir (*p.p.* **fui**) *irreg.* to flee

fumé *adj.* smoked

fumée *f.* smoke

fumer to smoke

fumeur/euse *m., f.* smoker; *adj.* **non fumeur** nonsmoking; **zone** (*f.*) **fumeurs (non-fumeurs)** smoking (nonsmoking) section

furieux/euse *adj.* furious

futur *m., Gram.* future (*tense*); **futur antérieur** future perfect; **futur proche** near future; *adj.* future

G

gagner to win; to earn

galerie *f.* gallery

galette *f.* cake; pancake

garçon *m.* boy; café waiter

garde *m., f.* guard; **garde du corps** bodyguard

garder to keep, retain

gardien(ne) *m., f.* caretaker; guard

gare *f.* station; train station

garer la voiture to park the car

gâteau *m.* cake

gauche *adj., f.* left; **à gauche (de)** *prep.* on the (to the) left (of)

gaucher/ère *m., f., adj.* left-handed (person)

Gaulois(e) *m., f.* Gaul

gaz *m.* gas

gazeux/euse *adj.* carbonated; **boisson** (*f.*) **gazeuse** soft drink; **boisson non gazeuse** noncarbonated drink

geler (je gèle) to freeze

gêner to bother, annoy

général *m., adj.* general; **en général** generally

généralité *f.* generalities

généreux/euse *adj.* generous

générique *m.* (film) credits

générosité *f.* generosity

Genève Geneva

génial *adj.* brilliant; *fam.* delightful

génie *m.* genius; genie

genre *m.* type, style; gender

gens *m. pl.* people; **gens d'affaires** business people; **jeunes gens** young men; young people; **mettre les gens au travail** to put people to work

gentil(le) *adj.* nice, pleasant; kind

gentiment *adv.* nicely, kindly

géographie *f.* geography

géographique *adj.* geographical

géométrique *adj.* geometrical

Géorgie *f.* Georgia

gérondif *m., Gram.* gerund

glace *f.* ice cream; ice; mirror; **hockey* (*m.*) **sur glace** ice hockey

glacé *adj.:* **thé glacé** iced tea

glisser to glide

gothique *adj.* Gothic

gourou *m.* guru

goût *m.* taste; **avoir bon (mauvais) goût** to have good (bad) taste

goûter *m.* afternoon snack; *v.* to taste; to eat

goutte *f.* drop (*liquid*)

gouvernement *m.* government

grâce à *prep.* thanks to

grammaire *f.* grammar

gramme *m.* gram

grand *adj.* great; large, tall; big; **grand magasin** *m.* department store; **Train** (*m.*) **à grande vitesse (TGV)** (French high-speed) bullet train

grand-mère *f.* grandmother

grand-parent (*pl.* **grands-parents**) *m.* grandparent

grand-père *m.* grandfather

gras(se) *adj.* fat, fatty; **faire la grasse matinée** to sleep late

gratte-ciel *m., inv.* skyscraper

gratuit *adj.* free (*of charge*)

grave *adj.* grave, serious; **accent** (*m.*) **grave** grave accent (**è**)

gravement *adv.* seriously

grenouille *f.* frog

grignoter to nibble; to snack

griller: faire griller to broil; to toast

gros(se) *adj.* large; fat; thick; **gros titre** *m.* headline

grossir to gain weight

grotte *f.* cave, grotto

groupe *m.* group; **sortir en groupe** to go out in a group

se grouper to group (themselves)

guère: ne... guère scarcely, hardly

guerre *f.* war

guerrier/ière *m., f.* warrior

guide *m., f.* guide; *m.* guidebook; instructions

guidé *adj.* guided

Guinée *f.* Guinea

guitare *f.* guitar; **jouer de la guitare** to play the guitar

gymnase *m.* gymnasium

gymnastique *f.* gymnastics; exercise; **faire de la gymnastique** to exercise

H

s'habiller to get dressed

habitant(e) *m., f.* inhabitant; resident

habiter to live

habitude *f.* habit; **d'habitude** *adv.* usually, habitually

habituel(le) *adj.* usual

s'habituer to get used to

*haine *f.* hate

*hall *m.* lobby; concourse

*halle *f.* covered market (*produce*)

*handicapé *adj.* handicapped

*haricot *m.* bean; **haricots verts** green beans

*haut *adj.* high; higher; tall; upper; *m.* top; height; **à haute voix** aloud, out loud; **haute couture** *f.* high fashion; **haute cuisine** gourmet cooking

*Havane (La) Havana

hebdomadaire *adj.* weekly

hébergement *m.* lodging; **centre** (*m.*) **d'hébergement** (homeless) shelter

hectare *m.* hectare (*approx. 2.5 acres*)

hériter to inherit

héroïque *adj.* heroic

*héros *m.* (*f.* **héroïne**) hero, heroine

hésiter (à) to hesitate (to)

heure *f.* hour; time; **à l'heure** on time; per hour; **à quelle heure...** (at) what time . . . ; **à tout à l'heure** see you soon; **à une (deux) heure(s)** at one (two) o'clock; **de bonne heure** early; **demi-heure** *f.* half-hour; **il est... heure(s)** it is . . . o'clock; **heures de pointe** rush hours; **le journal de vingt heures** the evening news; **quelle heure est-il** what time is it

heureusement *adv.* fortunately, luckily

heureux/euse *adj.* happy; fortunate; **dénouement** (*m.*) **heureux** happy ending

se *heurter contre to run into

hier *adv.* yesterday; **hier matin (soir)** yesterday morning (evening)

histoire *f.* history; story

historien(ne) *m., f.* historian

historique *adj.* historical

hiver *m.* winter; **en hiver** in the winter; **sports** (*m. pl.*) **d'hiver** winter sports

*hockey (*m.*) **sur glace** ice hockey

*Hollandais(e) *m., f.* Dutchman (-woman)

hommage *m.* homage, respects

homme *m.* man; **homme politique** politician; **jeune homme** young man

homogène *adj.* homogeneous

honnête *adj.* honest

honorer to honor

hôpital *m.* hospital

horaire *m.* schedule

horreur *f.* horror; **avoir horreur de** to hate, detest; **film** (*m.*) **d'horreur** horror film; **quelle horreur** how awful

*hors-d'œuvre *m. inv.* appetizer

hôtel *m.* hotel; **chambre** (*f.*) **d'hôtel** hotel room; **maître** (*m.*) **d'hôtel** maître d' (*restaurant*)

hôtesse *f.* hostess

huile *f.* oil; **peinture** (*f.*) **à l'huile** oil painting; **thon** (*m.*) **à l'huile** tuna in oil

*huit *adj.* eight

*huitième *adj.* eighth

humain *adj.* human; **être** (*m.*) **humain** human being

humeur *f.* humor; **être de bonne (mauvaise) humeur** to be in good (low) spirits

hydrologique *adj.* hydrologic(al)

hymne *m.* hymn; anthem

hypocrite *adj.* hypocritical

hypothèse *f.* hypothesis

I

ici *adv.* here

idéal *m.* ideal; *adj.* ideal

idéaliste *m., f.* idealist; *adj.* idealistic

idée *f.* idea

identifier to identify

identique *adj.* identical

idéologique *adj.* ideological

idiot *adj.* stupid, idiotic

il *pron., m. s.* he; it; there; **il y a** there is/are; ago; **y a-t-il...** is/are there . . . ; **il y a... que** for (*period of time*); it's been . . . since

île *f.* island

ils *pron., m. pl.* they

image *f.* picture, image

imaginatif/ive *adj.* imaginative

imaginer to imagine

immédiatement *adv.* immediately

immerger (nous immergeons) to immerse

immigré(e) *m., f.* immigrant

immigrer to immigrate

impardonnable *adj.* unforgivable

imparfait *m., Gram.* imperfect (*verb tense*)

impatience *f.* impatience; **avec impatience** impatiently

impératif *m., Gram.* imperative, command

impersonnel(le) *adj.* impersonal

impitoyable *adj.* merciless

impliqué *adj.* involved

important *adj.* important; large, great; **il est important que** + *subj.* it's important that

importer to import; to matter; **n'importe quel(le)** no matter what the

imposer to impose; **s'imposer** to be needed, required

impôts *m. pl.* (*direct*) taxes

impressionnant *adj.* impressive

impressionnisme *m.* impressionism (*art*)

impressionniste *m., f., adj.* impressionist (*art*)

imprimante *f.* (computer) printer

imprimer to print

improbable *adj.*: **il est improbable que** + *subj.* it is improbable that

imprudemment *adv.* imprudently

imprudent *adj.* careless

incertain *adj.* uncertain

inchangeable *adj.* unchangeable

inconnu *adj.* unknown

incontrôlé *adj.* uncontrolled

inconvénient *m.* disadvantage

indéfini *adj.* indefinite; **pronom** (*m.*) **indéfini** *Gram.* indefinite pronoun

indéfiniment *adv.* indefinitely

indépendance *f.* independence

indéterminé *adj.* indeterminate

indicatif *m.*, *Gram.* indicative

indifférent *adj.* indifferent

indiquer to show, point out

indirect *adj.* indirect; **pronom** (*m.*) **d'objet indirect** *Gram.* indirect object pronoun

indispensable *adj.*: **il est indispensable que** + *subj.* it's indispensable that

individu *m.* individual, person

industrie *f.* industry

industriel(le) *adj.* industrial

infériorité *f.* inferiority

infinitif *m.*, *adj. Gram.* infinitive

infirmier/ière *m.*, *f.* (hospital) nurse

influencé *adj.*: **être influencé(e) par** to be influenced by

influencer (nous influençons) to influence

informaticien(ne) *m.*, *f.* computer scientist

information *f.* information; *pl.* news (broadcast); **bulletin** (*m.*) **d'information** news report

informel(le) *adj.* informal

informer to inform; **s'informer (sur)** to inform oneself (about)

ingénieur *m.* engineer

ininterrompu *adj.* uninterrupted

s'initier à to become familiar with

injuste *adj.* unjust, unfair

inoubliable *adj.* unforgettable

inquiet/ète *adj.* worried; disturbed

s'inquiéter (je m'inquiète) to worry

inscription *f.* enrollment, registration

inscrire (*like* **écrire**) *irreg.* to inscribe, write

inscrit (*p.p. of* **inscrire**) *adj.* written down, recorded

insécurité *f.* insecurity

insister (sur) to insist (upon)

inspirer to inspire; **s'inspirer de** to take inspiration from

s'installer (dans) to settle down, settle in

institut *m.* institute; school

instrument *m.*: **jouer d'un instrument** to play a musical instrument

insulte: faire insulte à to insult

insupportable *adj.* unbearable, insufferable

s'intégrer (je m'intègre) (à) to integrate oneself, get assimilated (into)

intelligemment *adv.* intelligently

intensif/ive *adj.* intensive; **régime** (*m.*) **intensif** crash diet

intention *f.* intention; **avoir l'intention de** to intend to

interdire (*like* **dire, vous interdisez**) **(de)** *irreg.* to forbid (to)

interdit (*p.p. of* **interdire**) *adj.* prohibited, forbidden

intéressant *adj.* interesting

intéresser to interest; **s'intéresser à** to be interested in

intérêt *m.* interest, concern

intérieur *m.* inside, interior

interlocuteur/trice *m.*, *f.* speaker, interlocutor

internaute *m.*, *f.* one who surfs the Internet

interprofessionnel *adj.*: **salaire** (*m.*) **minimum interprofessionnel de croissance (S.M.I.C.)** minimum wage (*in France*)

interrogatif/ive *adj.*, *Gram.* interrogative

interroger (nous interrogeons) (sur) to question, ask (about)

interrompre (*like* **rompre**) *irreg.* to interrupt

interrompu (*p.p. of* **interrompre**) *adj.* interrupted

intervalle *m.* interval, space

interview *f.* interview (*journalism*)

interviewer to interview

intrigue *f.* plot (*story*)

introduire (*like* **produire**) *irreg.* to introduce

introduit (*p.p. of* **introduire**) *adj.* introduced

inutile *adj.* useless

inventer to invent

l'inverse *f.* the opposite, the reverse

inverser to reverse

invité(e) *m.*, *f.* guest, invitee

inviter to invite

irrégularité *f.* irregularity

irrégulier/ière *adj.* irregular

Italie *f.* Italy

italien(ne) *adj.* Italian; *m.* Italian (*language*); **Italien(ne)** *m.*, *f.* Italian (*person*)

italique *m.* italic; **en italique** in italics

ivoire *m.* ivory; **Côte-d'Ivoire** *f.* Ivory Coast

ivoirien(ne) *adj.* of (from) the Ivory Coast Republic; **Ivoirien(ne)** *m.*, *f.* person from the Ivory Coast Republic

J

jaloux/ouse *adj.* jealous

jamais *adv.* ever; **ne... jamais** *adv.* never

jambe *f.* leg

jambon *m.* ham

janvier January

Japon *m.* Japan

jardin *m.* garden; **jardin zoologique** zoo

jardinage *m.* gardening

jaune *adj.* yellow

je (j') *pron.*, *s.* I

jean(s) *m.* (*blue*) jeans

jetable *adj.* disposable

jeter (je jette) to throw; to dispose of

jeu (*pl.* **jeux**) *m.* game; **jeu d'équipe** group, team game; **jeux vidéo** video games; **organiser les Jeux olympiques** to hold the Olympic games

jeudi *m.* Thursday

jeune *adj.* young; *m. pl.* young people, youth; **jeune femme** *f.* young woman; **jeune fille** *f.* teenage girl, young woman; **jeune homme** *m.* young man; **jeune ménage** *m.* young married couple; **jeunes gens** *m. pl.* young men; young people

jeunesse *f.* youth, young people; **auberge** (*f.*) **de jeunesse** youth hostel

jogging *m.* jogging; **faire du jogging** to run, jog

joie *f.* joy

joindre (*p.p.* **joint**) *irreg.* to join

joint (*p.p. of* **joindre**) *adj.* joined

joli *adj.* pretty

jouer to play; **jouer à** to play (*a sport or game*); to play at (*being*); **jouer dans un film** to act in a movie; **jouer de** to play (*a musical instrument*); **jouer un rôle** to play a role

jouet *m.* toy

joueur/euse *m., f.* player

jouissance *f.* pleasure, enjoyment

jour *m.* day; **chaque jour** every day; **de nos jours** in our day, today; **par jour** per day, each day; **quel jour sommes-nous** what day is it; **tous les jours** every day

journal *m.* newspaper, news (broadcast); **le journal de 20 heures** the evening news

journalisme *m.* journalism

journaliste *m., f.* reporter, journalist

journée *f.* (*whole*) day

juge *m.* judge

jugement *m.* judgment

juger (nous jugeons) to judge

juif (juive) *m., f.* Jew; *adj.* Jewish

juillet July

juin June

jumeau (jumelle) *m., f.* twin

jupe *f.* skirt

jus *m.* juice; **jus de fruit** fruit juice; **jus d'orange** orange juice

jusqu'à (jusqu'en) *prep.* up to, as far as; until; **jusqu'à ce que** *conj.* until

juste *adj.* just; fair; right, exact; *adv.* just, precisely; accurately; **il est juste que** + *subj.* it's fair, equitable that

justement *adv.* just, precisely

justifier to justify

K

kaki *adj. inv.* khaki

kidnapper to kidnap

kilo(gramme) (kg) *m.* kilogram

kilomètre (km) *m.* kilometer

kiosque *m.* kiosk; newsstand

kirsch *m.* kirschwasser, cherry brandy

klaxonner to honk the horn

L

la (l') *art., f. s.* the; *pron., f. s.* it, her

là *adv.* there; **là-bas** *adv.* over there; **oh, là, là** *interj.* good heavens, my goodness

laboratoire (*fam.* **labo**) *m.* laboratory

lac *m.* lake

laid *adj.* ugly

laine *f.* wool

laisser to let, allow; to leave (*behind*); **laisser** + *inf.* to let, allow

lait *m.* milk; **café** (*m.*) **au lait** coffee with hot milk; **lait écrémé (entier)** skim (whole) milk

laitue *f.* lettuce

langage *m.* language; jargon

langue *f.* language; tongue; **langue courante** everyday

language; **langue étrangère** foreign language

lard *m.* bacon

large *adj.* wide

larme *f.* tear (*from crying*)

laser *m.* laser; **imprimante** (*f.*) **à laser** laser printer

latin *adj.*: **Quartier** (*m.*) **latin** Latin Quarter (*district in Paris*)

laver to wash; **se laver** to wash (*oneself*); **se laver les mains** to wash one's hands

le (l') *art., m. s.* the; *pron., m. s.* it, him

leçon *f.* lesson

lecture *f.* reading

léger (légère) *adj.* light; lightweight; **manger léger** to eat light (foods); **voyager léger** to travel light

légèrement *adv.* slightly

légume *m.* vegetable

le lendemain *m.* the next day

lent *adj.* slow

lequel (laquelle, lesquels, lesquelles) *pron.* which (one), who, whom, which

les *art., pl., m., f.* the; *pron., pl., m., f.* them

lessive *f.* laundry; **faire la lessive** to do the laundry

lettre *f.* letter; **boîte** (*f.*) **aux lettres** mailbox; **envoyer une lettre** to send a letter

lettré *adj.* literate

leur *adj., m., f.* their; *pron., m., f.* to them; **le/la/les leur(s)** *pron.* theirs

lever (je lève) to raise, lift; **se lever** to get up; to get out of bed; **lever** (*m.*) **du soleil** sunrise

libéré *adj.* free, liberated

libérer (je libère) to free

liberté *f.* freedom, liberty; **liberté d'expression** freedom of expression

librairie *f.* bookstore

libre *adj.* free; available; vacant; **journée** (*f.*) **de libre** day off; **temps** (*m.*) **libre** leisure time

Libye *f.* Libya

lien *m.* tie, bond; link

lier to link, tie

lieu *m.* place; **au lieu de** *prep.* instead of, in place of; **avoir lieu** to take place

ligne *f.* line; figure; **en ligne** on-line; **faire attention à sa ligne** to keep one's figure

limitation (*f.*) **de vitesse** speed limit

limiter to limit

lire (*p.p.* **lu**) *irreg.* to read

lisse *adj.* smooth

liste *f.* list

lister to list

lit *m.* bed

littéraire *adj.* literary

littérature *f.* literature

livraison *f.* delivery

livre *m.* book; **livre de cuisine** cookbook

localité *f.* place, locality

logement *m.* housing; lodging(s)

logique *f.* logic; *adj.* logical

loi *f.* law

loin *adv.* far; **loin de** *prep.* far from

loisir *m.* leisure; *pl.* leisure activities

Londres London

long(ue) *adj.* long

longtemps *adv.* (for) a long time

lors de at the time of

lorsque *conj.* when

loterie *f.* lottery

louer to rent

Louisiane *f.* Louisiana

loup (louve) *m., f.* wolf

lourd *adj.* heavy; **poids** (*m.*) **lourd** heavyweight (*boxing*); trailer truck

lu (*p.p. of* **lire**) *adj.* read

lucratif/ive *adj.* profit-making; **association** (*f.*) **sans but lucratif** non-profit organization

luge *f.* toboggan, luge

lui *pron., m., f.* he; it; to him; to her; to it; **lui-même** *pron., m. s.* himself

lundi *m.* Monday; **le lundi** on Mondays

lune *f.* moon

lunettes *f. pl.* (eye)glasses

lycée *m.* lycée, French secondary school

lycéen(ne) *m., f.* secondary school student

M

ma *adj., f. s.* my

Madame (Mme) (*pl.* **Mesdames**) *f.* Madam, Mrs. (ma'am)

Mademoiselle (Mlle) (*pl.* **Mesdemoiselles**) *f.* Miss

magasin *m.* store, shop; **grand magasin** department store

magazine *m.* (*illustrated*) magazine

Maghreb *m.* Maghreb (*comprising Morocco, Algeria, and Tunisia*)

maghrébin *adj.* from the Maghreb (*North Africa*); **Maghrébin(e)** *m., f.* person from the Maghreb

magicien(ne) *m., f.* magician

magnétoscope *m.* videocassette recorder (VCR)

magnifique *adj.* magnificent

mai May

maigrir to lose weight

main *f.* hand; **à la main** in one's hand; **fait(e) à la main** hand-made; **mettre la main au collet** to nab, grab s.o.; **se laver les mains** to wash one's hands

maintenant *adv.* now

maintenir (*like* **tenir**) *irreg.* to maintain

maintenu (*p.p. of* **maintenir**) *adj.* maintained

mais *conj.* but; **mais non** (but) of course not; **mais oui** (but) of course; **mais si** of course there is (*affirmative answer to negative question*)

maison *f.* house, home; company; **à la maison** at home

maître (*m.*) **d'hôtel** maître d' (*restaurant*)

maîtrise *f.* master's degree

majesté *f.* majesty

majorité *f.* majority

mal *adv.* badly; *m.* evil; pain (*pl.* **maux**); **avoir du mal à** to have trouble, difficulty; **avoir mal à la tête (au ventre)** to have a headache (stomachache); **le plus mal** the worst; **mal élevé** badly brought up, rude; **mal nourri** malnourished; **se faire mal** to hurt oneself

malade *m., f.* sick person; patient; *adj.* sick; **rendre malade** to make (*s.o.*) sick; **tomber malade** to get sick

maladie *f.* illness, disease; **attraper une maladie** to catch a disease

malentendu *m.* misunderstanding

malgré *prep.* in spite of

malheur *m.* misfortune

malheureusement *adv.* unfortunately; sadly

malheureux/euse *adj.* unhappy; miserable

malien(ne) *adj.* from Mali; **Malien(ne)** *m., f.* person from Mali

maman *f., fam.* mom, mommy

mammifère *m.* mammal

manger (nous mangeons) to eat; **manger léger** to eat light (foods); **manger sainement** to eat right

manière *f.* manner, way

manifestation *f.* (political) demonstration

manipuler to manipulate

mannequin *m.* model (*fashion*)

manque *m.* lack; shortage

manquer to miss; **manquer l'autobus (le bus)** to miss the bus

manteau *m.* coat, overcoat

maquillage *m.* makeup

se maquiller to put on makeup

marbre *m.* marble

marchand(e) *m., f.* merchant, vendor

marche *f.* walking; **chaussures** (*f. pl.*) **de marche** hiking shoes

marché *f.* market; deal, transaction; **bon marché** *adj. inv.* cheap, inexpensive; **faire le marché** to do the shopping, go to the market

marcher to walk; to work (*machine, object*)

mardi *m.* Tuesday

mari *m.* husband

mariage *m.* marriage; wedding

marié *adj.* married; **jeunes (nouveaux) mariés** *m. pl.* newlyweds, newly married couple

se marier (avec) to get married (to)

marin *adj.* maritime, of the sea; **plongée** (*f.*) **sous-marine** snorkling; diving

mariné *adj.* marinated

Maroc *m.* Morocco

marocain *adj.* Moroccan; **Marocain(e)** *m., f.* Moroccan (*person*)

marque *f.* trade name, brand; **vêtements** (*m. pl.*) **de marque** designer clothes

marquer to mark; to indicate

marron *adj. inv.* brown

masculin *adj.* masculine

match *m.* game; **faire match nul** to tie; **match de football (de *hockey)** soccer game (hockey match)

matériel *m.* material(s); hardware (*computer*)

maternel(le) *adj.* maternal; **assistant(e) maternel(le)** *m., f.* nanny, mother's helper

matière *f.* academic subject; **matière première** raw material; **table** (*f.*) **des matières** table of contents

matin *m.* morning; **ce matin** this morning; **demain matin** tomorrow morning; **tous les matins** every morning

matinée *f.* morning (*duration*); **faire la grasse matinée** to sleep late

Mauritanie *f.* Mauritania

mauvais *adj.* bad; **avoir mauvais goût** to have bad taste; **en mauvaise santé** in bad health; **être de mauvaise humeur** to be in low spirits, a bad mood; **il fait mauvais** it's bad (weather) out; **la mauvaise route** the wrong road

me (m') *pron., s.* me, to me, for me

mécanicien(ne) *m., f.* mechanic

méchant *adj.* mean, nasty

mécontent *adj.* unhappy; displeased

mécontenter to displease

médaille *f.* medal; **médaille d'or** gold medal

médecin (femme médecin) *m., f.* doctor, physician

médecine *f.* medicine (*study, profession*)

médias *m. pl.* media; **la couverture par les médias** media coverage

médiatique *adj.* media

médicament *m.* medication; drug

médiéval *adj.* medieval

médiocre *adj.* mediocre

méditer to meditate

meilleur *adj.* better; **le/la/les meilleur(e)(s)** the best

mél *m.* e-mail (*message*)

mélange *m.* mixture

mélanger (nous mélangeons) to mix

membre *m.* member

même *adj.* same; itself; very same; *adv.* even; **en même temps** at the same time; **moi-même** *pron.* myself

mémoires *f. pl.* memoirs

menace *f.* threat

menacer (nous menaçons) to threaten

ménage *m.* housekeeping; household; **faire le ménage** to do the housework; **jeune**

ménage young married couple

ménager/ère *adj.* household; **travaux** (*m. pl.*) **ménagers** household tasks

mener (je mène) (à) to lead (to); to be winning; **mener deux à zéro** to lead two to nothing

mensonge *m.* lie, falsehood

mensuel *m.* monthly publication

menteur/euse *m., f.* liar

menti (*p.p. of* **mentir**)

mentionner to mention

mentir (*like* **partir**) *irreg.* to lie, dissimulate

menu *m.* menu; **menu à prix fixe** meal at a fixed price

mer *f.* sea, ocean

merci *interj.* thank you

mère *f.* mother; **belle-mère** mother-in-law; stepmother; **grand-mère** grandmother

mériter to deserve

merveilleux/euse *adj.* marvelous

mes *adj., m., f., pl.* my

message (*m.*) **électronique** e-mail message

messagerie *f.* bulletin board (*computer*)

messieurs *m. pl.* men; gentlemen

mesure *f.* measure; **prendre des mesures** to take measures

météo *f., fam.* weather forecast

métro *m.* subway (*train, system*)

metteur/euse en scène *m., f.* producer; stage director

mettre (*p.p.* **mis**) *irreg.* to place, put; to put on; to turn on; to take (*time*); to admit, grant; **mettre en place** to install, put in place; **mettre en question** to call into question; **mettre en scène** to stage, produce; to feature; **mettre en valeur** to emphasize; **mettre l'accent sur** to emphasize; **mettre la main au collet** to nab, grab s.o.; **mettre les gens au travail** to put people to work; **se mettre à** to begin to (*do s.th.*); **se mettre au régime** to go on a diet; **se mettre d'accord** to reach an agreement; **se mettre en forme** to get in shape

meuble *m.* piece of furniture

Mexique *m.* Mexico

micro-onde *f.*: **faire cuire au four** (*m.*) **à micro-ondes** to cook in the microwave

midi noon; **Midi** *m. south-central region of France*; **à midi** at noon; **après-midi** *m., f.* afternoon; **de l'après-midi** in the afternoon

mien(ne)(s) (le/la/les) *pron., m., f.,* mine

mieux *adv.* better; **aimer (le) mieux** to prefer, like best; **bien, mieux, le mieux** well, better, the best; **être au mieux de sa forme** to be in top shape; **il vaut mieux que** + *subj.* it's better that

milieu *m.* middle

mille *adj.* thousand

minéral: eau (*f.*) **minérale** mineral water

minimum: salaire (*m.*) **minimum interprofessionnel de croissance (S.M.I.C.)** minimum wage (*in France*)

ministère *m.* ministry

ministre *m.* minister; **premier ministre** prime minister

Minitel *m.* Minitel (*French personal communications terminal*)

minuit midnight; **à minuit** at midnight

minute *f.* minute; **dans vingt minutes** in twenty minutes

miroir *m.* mirror

mis (*p.p. of* **mettre**) *adj.* put; **mis en morceaux** pulled to bits

mise *f.* placement; putting

mi-temps: emploi (*m.*) **à mi-temps** half-time job

mode *f.* fashion, style; **être à la mode** to be in fashion, in style; *m.* mood; form, mode; **mode** (*m.*) **de vie** lifestyle

modèle *m.* model; pattern

modérer (**je modère**) to moderate, tone down

modifier to modify, transform

moi *pron. s.* I, me; **chez moi** at my place; **excusez-moi** excuse me; **moi aussi** me too; **moi-même** *pron.* myself

moins *adv.* less; minus; **à moins de/que** unless; **au/du moins** at least; **le moins** the least; **moins de...** fewer than, less than (*with numbers*); **moins de... que** fewer than, less than (*with nouns*); **moins le quart** quarter to (the hour); **moins... que** less . . . than

mois *m.* month; **par mois** per month

moitié *f.* half

moment *m.* moment; **à ce moment-là** at that moment; **au moment où** at the moment when; **en ce moment** now, currently

mon *adj., m. s.* my

monarchie *f.* monarchy

monde *m.* world; people; society; **faire le tour du monde** to travel around the world; **le Nouveau Monde** the New World; **tiers-monde** *m.* Third World; **tout le monde** everybody, everyone; **voyager dans le monde entier** to travel the world

mondial *adj.* world; worldwide

moniteur/trice *m., f.* monitor; instructor; **moniteur/trice d'aérobic** aerobics instructor

monnaie *f.* coins, change; (*national*) currency

monocycle *m.* unicycle

Monsieur (M.) (*pl.* **Messieurs**) *m.* Mister; gentleman; Sir

monstre *m.* monster

montagne *f.* mountain; **à la montagne** in the mountains

montant *adj.* ascending

montée *f.* rise, ascent

monter (dans) to go up; to climb (into)

montre *f.* (wrist)watch

montrer to show

moralisateur/trice *adj.* moralizing

morceau *m.* piece; **mis en morceaux** pulled to pieces

mort *f.* death; *p.p. of* **mourir**; *adj.* dead; **nature** (*f.*) **morte** still life

mosaïque *f.* mosaic

mot *m.* word; **mots croisés** *pl.* crossword puzzle

moteur *m.* motor

mouchoir *m.* handkerchief; tissue

moule *f.* mussel (*seafood*)

moulin *m.* mill

mourir (*p.p.* **mort**) *irreg.* to die

mousquetaire *m.* musketeer

mousse (*f.*) **(au chocolat)** (chocolate) mousse

mouton *m.* mutton, lamb; sheep

mouvement *m.* movement

moyen(ne) *adj.* average

muet(te) *adj.* mute; **sourd(e)-muet(te)** *m., f.* deaf-mute (*person*)

multiculturalisme *m.* multiculturalism

multiculturel(le) *adj.* multicultural

multiethnique *adj.* multicultural

murmurer to murmur; to whisper

musculation *f.* muscle development

musée *m.* museum

musicien(ne) *m., f.* musician

musique *f.* music; **musique baroque (classique, d'ascenseur, pop)** baroque (classical, elevator, pop) music

musulman(e) *m., f.* Muslim

mystère *m.* mystery

N

nager (**nous nageons**) to swim

nageur/euse *m., f.* swimmer

nain(e) *m., f.* dwarf

naissance *f.* birth

naître (*p.p.* **né**) *irreg.* to be born

nationalité *f.* nationality; **acquérir la nationalité (par**

la naissance, par naturalisation) to acquire citizenship (through birth, through naturalization)

nature *f.* nature; **nature morte** still life

naturel(le) *adj.* natural

nautique *adj.* nautical; **sports** (*m. pl.*) **nautiques** water sports

ne (n') *adv.* no; not; **ne... aucun(e)** none, not one; **ne... jamais** never, not ever; **ne... ni... ni** neither . . . nor; **ne... pas** no; not; **ne... pas du tout** not at all; **ne... pas encore** not yet; **ne... personne** no one, nobody; **ne... plus** no more, no longer; **ne... que** only; **ne... rien** nothing; **n'est-ce pas** isn't it (so), isn't that right

né (*p.p. of* **naître**) *adj.* born

néanmoins *adv.* nevertheless

nécessaire *adj.* necessary; **il est nécessaire que** + *subj.* it's necessary that; **le strict nécessaire** bare necessities

nécessité *f.* need

négatif/ive *adj.* negative

neige *f.* snow; **Blanche-Neige** Snow White; **surf** (*m.*) **des neiges** snowboarding

neiger (il neigeait) to snow; **il neige** it's snowing

nétiquette *f.* Internet etiquette, manners

nettoyer (je nettoie) to clean

neuf *adj.* nine

neuf (neuve) *adj.* new, brand-new

neutre *adj.* neutral

neveu *m.* nephew

nez *m.* nose

ni *conj.* neither; nor; **ne... ni... ni** neither . . . nor

niçois *adj.* from Nice (*So. of France*); **salade** (*f.*) **niçoise** Provençal salad with tuna and olives

niveau *m.* level

noblesse *f.* nobility

noces *f. pl.*: **faire un voyage de noces** to go on a honeymoon

Noël *m.* Christmas; **père** (*m.*) **Noël** Santa Claus

noir *adj.* black

noisette *f.* hazelnut; *adj.* hazel (*eye color*)

noix *f.* nut; **noix de coco** coconut

nom *m.* noun; name

nombre *m.* number; quantity

nombreux/euse *adj.* numerous

nommer to name

non *interj.* no; not; **moi non plus** me neither; **non plus** neither, not . . . either

nord *m.* north; **Afrique** (*f.*) **du Nord** North Africa; **Amérique** (*f.*) **du Nord** North America; **au nord de** to the north of; **Caroline** (*f.*) **du Nord** North Carolina; **nord-africain** *adj.* North African; **pôle** (*m.*) **Nord** North Pole

normal *adj.* normal; **il est normal que** + *subj.* it's normal that

Normandie *f.* Normandy

nos *adj., m., f., pl.* our

note *f.* note; bill, invoice; **prendre note de** to take note of

noter to notice; to note, write down

notre *adj., m., f., s.* our

nôtre(s): le/la/les nôtre(s) *pron., m., f.* ours; our own

nourri: mal nourri(e) *adj.* undernourished; *m., f.* malnourished (*person*)

nourrir to nourish

nourriture *f.* food

nous *pron., pl.* we; us; **nous-mêmes** *pron., pl.* ourselves

nouveau (nouvel, nouvelle [nouveaux, nouvelles]) *adj.* new; **la Nouvelle-Orléans** New Orleans; **le Nouveau Monde** the New World; **le Nouvel An** *m.* New Year's day; **Nouveau-Brunswick** *m.*

New Brunswick; **nouveaux mariés** *m. pl.* newlyweds

nouveauté *f.* novelty

nouvelle *f.* piece of news

nuit *f.* night; **boîte** (*f.*) **de nuit** nightclub, club; **cette nuit** last night; **passer une nuit blanche** to stay up all night

nul(le) *adj.,* null; worthless; **faire match nul** to tie (*in sports*)

numéro *m.* number; **numéro de téléphone** telephone number

numéroter to number

O

obéir (à) to obey

objectif *m.* goal, objective

objet *m.* object; objective; **pronom** (*m.*) **(complément d')objet direct (indirect)** *Gram.* direct (indirect) object pronoun

obligatoire *adj.* obligatory; mandatory

obliger (nous obligeons) to oblige, force

observateur/trice *m., f.* observer

observer to observe

obstiné(e) *m., f.* obstinate, stubborn person

obtenir (*like* **tenir**) *irreg.* to obtain, get

obtenu (*p.p. of* **obtenir**) *adj.* obtained

occidental *adj.* West; western, occidental

occupé *adj.* occupied; busy

occuper to occupy; **s'occuper de** to look after, take care of

océan *m.* ocean, sea; **océan Pacifique** Pacific Ocean

océanographe *m., f.* oceanographer

octobre October

œil (*pl.* **yeux**) *m.* eye

œuf *m.* egg; **œuf d'autruche** ostrich egg; **œuf dur** hard-boiled egg

œuvre *f.* work; artistic work; **chef-d'œuvre** (*pl.* **chefs-d'œuvre**) *m.* masterpiece;

*hors-d'œuvre (*pl.* les ***hors-d'œuvre**) *m.* appetizer; **œuvre d'art** work of art

offenser to insult, offend

offert (*p.p. of* **offrir**) *adj.* offered

officiel(le) *adj.* official

offrir (*like* **ouvrir**) *irreg.* to offer

oignon *m.* onion

oiseau *m.* bird

olympique: organiser les Jeux (*m. pl.*) **olympiques** to hold the Olympic Games

omettre (*like* **mettre**) *irreg.* to omit

omis (*p.p. of* **omettre**) *adj.* omitted

on *pron. s.* one, they, we

oncle *m.* uncle

onde *f.* wave; **faire cuire au four à micro-ondes** to cook in the microwave

ongle *m.* fingernail, toenail; **se couper les ongles** to cut one's nails

onze *adj.* eleven

opéra *m.* opera

opinion *f.* opinion; **donner/exprimer une opinion** to express an opinion

opposé *m.* the opposite; *adj.* opposing

opprimant *adj.* oppressive

optimiste *m., f.* optimist; *adj.* optimistic

optique: disque (*m.*) **optique compact** DVD disk

or *m.* gold; **Boucles d'or** Goldilocks; **en or** golden; **médaille** (*f.*) **d'or** gold medal

oralement *adv.* orally

orange *adj. inv.* orange; *m.* orange (*color*); *f.* orange (*fruit*); **feu** (*m.*) **orange** amber, yellow light; **jus** (*m.*) **d'orange** orange juice

orchestre *m.* orchestra; band; **chef** (*m.*) **d'orchestre** orchestra conductor, leader

ordinaire *adj.* ordinary, regular

ordinateur *m.* computer

ordre *m.* order; command; **dans l'ordre chronologique** in chronological order; **en ordre** orderly, neat

ordures *f. pl.* garbage

organisateur/trice *m., f.* organizer

organisé *adj.* organized; **voyage** (*m.*) **organisé** (guided) tour

organiser to organize, set up; **organiser les Jeux olympiques** to hold the Olympic Games; **organiser une soirée** to give a party

organisme *m.* organization, institution; **organisme bénévole** charitable organization

oriental *adj.* Oriental, Eastern, East

original *adj.* original; eccentric; **version** (*f.*) **originale** original (not dubbed) version (*movie*)

origine *f.* origin; **pays** (*m.*) **d'origine** native country, nationality

orthographe *f.* spelling

ou *conj.* or; either; **ou bien** or else

où *adv.* where; *pron.* where, in which, when

oublier (de) to forget (to)

ouest *m., adj.* west; **sud-ouest** *m.* southwest

ouf *interj.* phew, whew

oui *interj.* yes

ours(e) *m., f.* bear

outil *m.* tool

ouvert (*p.p. of* **ouvrir**) *adj.* open; frank

ouverture *f.* opening; **heures** (*f. pl.*) **d'ouverture** hours of business

ouvreuse *f.* usher (*movies*)

ouvrier/ière *m., f., adj.* (*manual*) worker; **mouvement** (*m.*) **ouvrier** workers' movement

ouvrir (*p.p.* **ouvert**) *irreg.* to open

O.V.N.I. (objet [*m.*] **volant non identifié)** UFO (unidentified flying object)

P

pacifique: océan (*m.*) **Pacifique** Pacific Ocean

page (*f.*) **d'accueil** home page (*Internet*)

pain *m.* bread; **petits pains** *pl.* rolls

paire *f.* pair

paix *f.* peace

palais *m.* palace

pâle *adj.* pale, light

palme *f.* prize

pamplemousse *m.* grapefruit

panne *f.* (*mechanical*) breakdown; **être/tomber en panne** to have a (*mechanical*) breakdown

panneau *m.* road sign

panorama *m.* view; panorama

pantalon *m.* (pair of) pants, trousers

pantoufle *f.* slipper

papa *m., fam.* dad, daddy

papier *m.* paper; **feuille** (*f.*) **de papier** sheet of paper; **papier de riz** rice paper

Pâques *f. pl.* Easter

paquet *m.* package

par *prep.* by, through, with; **par cœur** by heart; **par écrit** in writing; **par exemple** for example; **par jour (semaine, etc.)** per day (week, etc.); **par rapport à** in relation to; **par terre** on the ground

paragraphe *m.* paragraph

paraître (*like* **connaître**) *irreg.* to appear

parapluie *m.* umbrella

parc *m.* park

parce que *conj.* because

pardonner to pardon

pareil(le) *adj.* similar

parent(e) *m., f.* parent; relative; **beaux-parents** mother- and father-in-law; **grands-parents** grandparents; **parents célibataires** single parents; **parents proches** close relatives

parenthèse *f.* parenthesis; **entre parenthèses** in parentheses

paresseux/euse *adj.* lazy

parfait *adj.* perfect; **plus-que-parfait** *m., Gram.* pluperfect (tense)

parfois *adv.* sometimes

parisien(ne) *adj.* Parisian; **Parisien(ne)** *m., f.* Parisian (*person*)

parking *m.* parking lot

parler (à, de) to speak (to, of); to talk; *m.* speech

parodie *f.* parody

part *f.* share, portion; **quelque part** somewhere

partager (nous partageons) to share; to divide

partenaire *m., f.* partner

parti *m.* (*political*) party

participant(e) *m., f.* participant

participe (présent, passé) *m., Gram.* (present, past) participle

participer à to participate in

particulier/ière *adj.* particular, special; private; **en particulier** particularly

particulièrement *adv.* particularly

partie *f.* part; game, match; **faire partie de** to be part of

partiel(le) *adj.* partial; **à temps partiel** part-time

partir (*p.p.* **parti**) (**à, pour, de**) *irreg.* to leave (for, from); **à partir de** *prep.* starting from; **partir à la recherche de** to go look for; **partir en vacances** to leave on vacation

partitif/ive *adj., Gram.* partitive

partout *adv.* everywhere

paru (*p.p. of* **paraître**) *adj.* appeared

pas (ne... pas) not; **ne... pas du tout** not at all; **ne... pas encore** not yet; **n'est-ce pas** isn't it (so); **pas du tout** not at all; **pas mal** not bad(ly)

passé *m.* past; *adj.* past, gone, last; **l'année** (*f.*) **passée** last year; **conditionnel** (*m.*) **passé** *Gram.* past conditional; **infinitif** (*m.*) **passé** *Gram.* past infinitive; **participe** (*m.*)

passé *Gram.* past participle; **passé composé** *Gram.* past tense (compound tense); **passé simple** *Gram.* past tense (*literary*); **subjonctif** (*m.*) **passé** past subjunctive

passeport *m.* passport; **passeport en règle** valid passport

passer to pass, spend (*time*); to put through to (*by phone*); to show, play (*a film, record*); **passer (par)** to pass (by, through); **passer au rouge (au vert)** to turn red (green) (*traffic light*); **passer la douane** to go through customs; **passer l'aspirateur** to vacuum; **passer les vacances** to spend one's vacation; **passer un coup de téléphone à** to call, phone; **passer une nuit blanche** to stay awake all night; **passer un examen** to take an exam; **passer un film** to be showing a film; **qu'est-ce qui se passe** what's happening, what's going on; **se passer** to happen, take place

passif/ive *adj.* passive; **voix** (*f.*) **passive** *Gram.* passive voice

passionnant *adj.* fascinating

passionnément *adv.* passionately

pâté *m.* liver paste, pâté

pâtes *f. pl.* pasta, noodles; **pâtes fraîches** fresh pasta

patiemment *adv.* patiently

patient *m., f.* (*hospital*) patient; *adj.* patient

patin *m.* skate, ice skate; **patins** (*pl.*) **en ligne** in-line skates

patinage *m.* skating; ice skating; **faire du patinage** to ice skate; **patinage artistique** figure-skating; **patinage de vitesse** speed-skating

patiner to skate

patineur/euse *m., f.* skater

pâtisserie *f.* pastry; pastry shop

pâtissier/ière *m., f.* pastry shop owner; pastry chef

patrimoine *m.* legacy, patrimony

patron(ne) *m., f.* boss, employer

patte *f.* (*animal*) foot; paw

pauvre *adj.* poor; unfortunate

pauvreté *f.* poverty

payer (je paie) to pay, pay for

pays *m.* country, nation

paysage *m.* landscape; scenery

paysan(ne) *m., f.* peasant, farmworker

peau *f.* skin

pêcheur/euse *m., f.* fisherman (-woman)

peigner to comb; **se peigner** to comb one's hair

peindre (*like* **craindre**) *irreg.* to paint

peine *f.* punishment; trouble; **valoir la peine** to be worth the trouble

peint (*p.p. of* **peindre**) *adj.* painted

peintre (femme peintre) *m., f.* painter

peinture *f.* painting; paint(s); **faire de la peinture** to paint; **peinture à l'huile** oil painting

pelle *f.* shovel

se pencher to lean

pendant *prep.* for, during; **pendant les vacances** during vacation; **pendant que** *conj.* while

pénible *adj.* painful; hard, difficult

Pennsylvanie *f.* Pennsylvania

pensée *f.* thought; idea

penser to think; to reflect; to expect, intend; **penser + inf.** to plan on (*doing s.th.*); **penser à** to think of, think about; **penser de** to think of, have an opinion about; **qu'en penses-tu** what do you think about it

penseur/euse *m., f.* thinker

perdre to lose; to waste; **perdre du poids** to lose weight; **perdre son temps** to waste time; **se perdre** to get lost

perdu *adj.* lost; wasted

père *m.* father; **beau-père** father-in-law; stepfather; **grand-père**

grandfather; **père célibataire** single father; **père Noël** Santa Claus

péril *m.* danger; **espèces** (*f. pl.*) **en péril** endangered species

période *f.* period (*of time*)

périodique *m.* periodical

permettre (*like* **mettre**) (**de**) *irreg.* to permit, allow, let

permis *m.* permit, license; **permis de conduire** driver's license; *p.p. of* **permettre**

perroquet *m.* parrot

persil *m.* parsley

personnage *m.* (fictional) character; personality, celebrity

personnalité *f.* personality

personne *f.* person; **ne... personne** nobody, no one

personnel(le) *adj.* personal

pertinent *adj.* relevant

petit *adj.* little; short; very young; *m. pl.* young ones; little ones; **petit(e) ami(e)** *m., f.* boyfriend, girlfriend; **le Petit Chaperon rouge** Little Red Riding Hood; **petit déjeuner** *m.* breakfast; **petites annonces** *f. pl.* classified ads; **Petit Poucet** *m.* Tom Thumb; **petits-enfants** *m. pl.* grandchildren; **petits pains** *m. pl.* rolls; **petits pois** *m. pl.* peas

pétrolier/ière *adj.* petroleum, oil (-related)

peu *adv.* little; few; not very; hardly; **il est peu probable que** + *subj.* it's doubtful that; **un peu** a little; **un peu (de)** a little (of)

peuple *m.* nation; people (*of a country*); the masses, the lower class

peur *f.* fear; **avoir peur (de/que)** to be afraid (of)

peut-être *adv.* perhaps, maybe

pharmacien(ne) *m., f.* pharmacist

philosophie *f.* philosophy

photocopie *f.* photocopy

photocopier to photocopy

photographe *m., f.* photographer

photo(graphie) *f.* photography; picture, photograph; **appareil-photo** *m.* (*still*) camera; **prendre des photos** to take photos

photographier to photograph

phrase *f.* sentence

physique *adj.* physical

physiquement *adv.* physically

pianiste *m., f.* pianist

piano *m.* piano; **jouer du piano** to play the piano

pièce *f.* piece; play; room (*of a house*); coin; **pièce de théâtre** (*theatrical*) play

pied *m.* foot; **(aller) à pied** (to go) on foot; **faire une randonnée à pied** to go hiking

piège *f.* trap; trick

piéton(ne) *m., f.* pedestrian; **rue** (*f.*) **piétonne** pedestrian zone

piloter to pilot (*a plane*)

pinceau *m.* paintbrush

pique-nique *m.* picnic; **faire un pique-nique** to go on a picnic

pire *adj.* worse; **le/la/les pire(s)** the worst

piscine *f.* swimming pool

pittoresque *adj.* picturesque

placard *m.* cupboard

place *f.* place; position; (public) square; seat; **à la place de** instead of; **prendre place** to take place; **réserver une place** to reserve a seat

placer (**nous plaçons**) to place, put; **se placer** to be placed

plage *f.* beach

se plaindre (*like* **craindre**) *irreg.* to complain

plaint (*p.p. of* **plaindre**)

plaire (*p.p.* **plu**) *irreg.* (**à**) to please; **s'il te (vous) plaît** *interj.* please

plaisir *m.* pleasure; **faire plaisir à** to please

planche *f.* board; **planche à roulettes** skateboard; **planche à voile** sailboard

planète *f.* planet

plante *f.* plant

planter to plant

plastique *m., adj.* plastic; **arts** (*m. pl.*) **plastiques** visual arts

plat *m.* dish (*type of food*); course (*meal*); **plat principal** main course

plateau *m.* plateau; tray

plein (de) *adj.* full (of); complete; **à plein temps** full-time; **en plein air** outdoors; **faire le plein (d'essence)** to fill it up (*gas tank*); **sports** (*m. pl.*) **en plein air** outdoor sports

pleurer to cry, weep

pleuvoir (*p.p.* **plu**) *irreg.* to rain; **il pleut** it's raining

plier to fold

plombier *m.* plumber

plongée *f.* diving; **faire de la plongée sous-marine** to go skin diving, scuba diving

plonger (**nous plongeons**) to dive, plunge

plu (*p.p. of* **plaire**; *p.p. of* **pleuvoir**)

pluie *f.* rain

plume *f.* pen (*for writing*); **dessiner à la plume** to draw in pen

plupart: la plupart (de) most (of), the majority (of)

pluriel *m., Gram.* plural

plus (de) *adv.* more; plus; **de plus, en plus** in addition; **de plus en plus** more and more; **le/la/les plus** + *adj.* most; **le plus** + *adv.* most; **ne... plus** no longer, no more; **plus... que** more . . . than; **plus tard** later

plusieurs (de) *adj., pron.* several (of)

plus-que-parfait *m., Gram.* pluperfect

plutôt *adv.* instead; rather

pneu *m.* tire

poche *f.* pocket; **argent** (*m.*) **de poche** allowance, pocket money

poète (poétesse) *m., f.* poet

poids *m. s.* weight; significance; **perdre (prendre) du poids** to lose (gain) weight; **poids lourd** heavyweight

point *m.* point; spot; **point de repère** benchmark, milestone; **point de vue** point of view

pointe *f.* touch, hint; **heures** (*f. pl.*) **de pointe** rush hours

pois *m. pl.* peas; dots; **petits pois** peas; **soupe** (*f.*) **aux pois** pea soup

poisson *m.* fish

poivrer to pepper

poivron *m.* bell pepper

pôle (*m.*) **Nord (Sud)** North (South) Pole

poli *adj.* polite; polished

police *f.* police; **agent** (*m.*) **de police** police officer

policier/ière *adj.* pertaining to the police; **film** (*m.*) **policier** detective movie, mystery

poliment *adv.* politely

politesse *f.* politeness

politicien(ne) *m., f.* politician

politique *f.* politics; policy; *adj.* political; **faire de la politique** to go in for politics; **homme (femme) politique** *m., f.* politician

polluant *m.* pollutant; *adj.* polluting

polluer to pollute

pollueur/euse *m., f.* polluter

pollupostage *f.* spamming (*e-mail*); **faire du pollupostage** to spam, do spamming

polo: cheval (*m.*) **de polo** polo pony

pomme *f.* apple; **pomme de terre** potato

pop: musique (*f.*) **pop** pop music

populaire *adj.* popular

porc *m.* pork

portable *m.* cellular phone; laptop computer

portatif/ive *adj.* portable

porte *f.* door; entrance, gate

porter to wear; to carry; **porter sur** to focus on; **se porter bien (mal)** to be well (ill)

poser to put (down); to state, pose; to ask; **poser une question** to ask a question

posséder (je possède) to possess

possesseur/euse *m., f.* owner

possessif/ive *adj.* possessive

possibilité *f.* possibility

possible *adj.* possible; **il est possible que** + *subj.* it's possible that

postal *adj.* postal, post; **carte** (*f.*) **postale** postcard

poste *m.* position; employment

postérieur *adj.* posterior, back

pot *m.* pot, can; **prendre un pot** *fam.* to have a drink

poterie *f.* pottery; **faire de la poterie** to do ceramics

poubelle *f.* garbage can

pouce *m.* thumb; inch

poucet *m.*: **Petit Poucet** Tom Thumb

poulet *m.* chicken

poupée *f.* doll

pour *prep.* for, in order to; **pour cent** percent; **pour que** + *subj.* in order to

pourboire *m.* tip, gratuity

pourquoi *adv., conj.* why

pourtant *adv.* however, yet, still, nevertheless

pouvoir (*p.p.* **pu**) *irreg.* to be able to, can; *m.* power; strength; **il se peut que** + *subj.* it's possible that

pratique *f.* practice, use; *adj.* practical

pratiquer to practice, exercise (*sport*)

précédent *adj.* preceding

précéder (je précède) to precede

précieux/euse *adj.* precious

précis *adj.* precise, fixed, exact

précisément *adv.* precisely, exactly

préciser to state precisely; to specify

précision *f.* precision; piece of information

préférable *adj.* preferable, more advisable; **il est préférable que** + *subj.* it's preferable that

préféré *adj.* favorite, preferred

préférence *f.* preference

préférer (je préfère) to prefer, like better

premier/ière *adj.* first; **matière** (*f.*) **première** raw material; **premier ministre** *m.* prime minister

premièrement *adv.* first (of all)

prendre (*p.p.* **pris**) *irreg.* to take; to have (to eat, to drink); to order; **prendre des mesures** to take measures; **prendre des notes** to take notes; **prendre des vacances** to take a vacation; **prendre du poids** to gain weight; **prendre l'autobus (le bus)** to take the bus; **prendre l'avion** to take a plane; **prendre le bus** to take the bus; **prendre le petit déjeuner** to have breakfast; **prendre rendez-vous avec** to make an appointment (date) with; **prendre un bain de soleil** to sunbathe; **prendre une décision** to make a decision; **prendre une douche (chaude/froide)** to take a (hot/cold) shower; **prendre une photo** to take a photo; **prendre un goûter** to have a snack; **prendre un pot** *fam.* to have a drink

préoccupé *adj.* worried, preoccupied

préparer to prepare; **se préparer (à)** to prepare oneself, get ready (for)

près (de) *adv.* near, close to; **de près** closely

présent *m.* present (*time*); *adj.* present; **participe** (*m.*) **présent** present participle

présenter to present; to introduce; **se présenter** to appear, show up

préserver to preserve, conserve

président(e) *m., f.* president

présider to preside
presque *adv.* almost, nearly
presse *f.* press (*media*)
pressé *adj.* in a hurry, rushed
se presser de to hurry to
pression *f.* pressure; **faire pression sur** to pressure, put pressure on
prêt *adj.* ready
prêter (à) to lend (to)
preuve *f.* proof; **faire preuve de** to prove
prévoir (*like* **voir**) *irreg.* to foresee, anticipate
prévu (*p.p. of* **prévoir**); *adj.* expected, anticipated
prier to pray; to beg, entreat; to ask (*s.o.*)
prime *f.* gift; allowance
principal *adj.* principal, main, most important; **personnage** (*m.*) **principal** main character; **plat** (*m.*) **principal** main course
printemps *m.* spring; **au printemps** in the spring; **rouleau** (*m.*) **de printemps** spring roll
priorité *f.* priority
pris *adj.* occupied, busy; *p.p. of* **prendre**; **être pris(e) au sérieux** to be taken seriously
prise *f.* taking
prisonnier/ière *m., f.* prisoner
privé *adj.* private
prix *m.* price; prize; **menu** (*m.*) **à prix fixe** meal at a fixed price
probable *adj.* probable; **il est peu probable que** + *subj.* it's doubtful that; **il est probable que** + *indic.* it's probable that
problème *m.* problem
procédé *m.* process, method
prochain *adj.* next; **la semaine prochaine** next week
proche (de) *adj., adv.* near, close (to); **futur** (*m.*) **proche** *Gram.* immediate (near) future
proclamer to proclaim
procurer to procure, garner
producteur/trice *m., f.* producer
produit *m.* product

professeur (*fam.* **prof**) *m.* professor, instructor (*male or female*)
professionnel(le) *adj.* professional
profil *m.* profile; outline
profiter de to take advantage of, profit from; to enjoy
profond *adj.* deep
profondément *adv.* deeply, profoundly
programmation *f.* programming
programme *m.* program; design; plans; agenda
progrès *m.* progress; **faire des progrès** to make progress
progressiste *adj.* progressive (*politics*)
projet *m.* project; *pl.* plans; **projets d'avenir** future plans
projeter (je projette) to project
promenade *f.* walk; ride; **faire une promenade** to take a walk
promener (je promène) to take out walking, take for a walk; **se promener** to go for a walk (drive, ride), take a walk
promettre (*like* **mettre**) **(de)** *irreg.* to promise (to)
promis (*p.p. of* **promettre**) *adj.* promised
pronom *m., Gram.* pronoun; **pronom adverbial (démonstratif, disjoint, indéfini, interrogatif, négatif, objet, personnel, possessif, réfléchi, relatif, sujet)** *Gram.* adverbial (demonstrative, disjunctive, indefinite, interrogative, negative, object, personal, possessive, reflexive, relative, subject) pronoun
pronominal *adj., Gram.* pronominal; **verbe** (*m.*) **pronominal** *Gram.* pronominal, reflexive verb
prononcé *adj.* pronounced
prononciation *f.* pronunciation
propos *m.* talk; utterance
proposer to propose

proposition *f.* proposal; **proposition principale (subordonnée)** principal (subordinate) clause
propre *adj.* own; clean
protéger (je protège, nous protégeons) to protect
provençal *adj.* Provençal, from Provence
province *f.* provinces (*France, outside Paris*)
provision *f.* supply; *pl.* groceries
provoquer to provoke
prudemment *adv.* carefully
prudent *adj.* careful, prudent
psychologie *f.* psychology
pu (*p.p. of* **pouvoir**)
public (publique) *adj.* public; *m.* public; audience
publicitaire *adj.* publicity
publicité (*fam.* **pub**) *f.* commercial, advertisement; advertising
publier to publish
pucelle *f.* virgin; **La Pucelle** Joan of Arc
puis *adv.* then, next; besides; **et puis** and then; and besides
puisque *conj.* since, as, seeing that
puissant *adj.* powerful

Q

quai *m.* quay; platform (*train station*)
qualificatif/ive *adj.* qualifying; modifying
qualifier to qualify, modify
qualité *f.* quality; characteristic
quand *adv., conj.* when
quantité *f.* quantity
quarante *adj.* forty
quart *m.* quarter; fourth; quarter of an hour; **et quart** quarter past (the hour); **moins le quart** quarter to (*the hour*)
quartier *m.* quarter, neighborhood; **Quartier latin** Latin Quarter (*district in Paris*)

quatre *adj.* four

quatrième *adj.* fourth

que (qu') what; that, which; whom; **ne... que** *adv.* only; **parce que** because; **qu'est-ce que** what (*object*); **qu'est-ce que c'est** what is it; **qu'est-ce qui** what (*subject*)

québécois *m.* Quebecois (*language*); *adj.* from (of) Quebec; **Québécois(e)** *m., f.* Quebecois

quel(le)(s) *interr. adj.* what, which; what a; **quel âge avez-vous** how old are you; **quel temps fait-il** how's the weather

quelque(s) *adj.* some, any; a few; somewhat; **quelque chose** *pron. m.* something; **quelque chose (de)** + *adj.* something; **quelque part** *adv.* somewhere

quelquefois *adv.* sometimes

quelques-uns/-unes (de) *pron., pl.* some, a few

quelqu'un *pron., neu.* someone, somebody

question *f.* question; **mettre (tout) en question** to question (everything); **poser une question (à)** to ask a question

queue *f.* line (*of people*); **faire la queue** to stand in line

qui *pron.* who, whom; that, which; **qu'est-ce qui** what (*subject*); **qui est-ce que** whom (*object*); **qui est-ce qui** who (*subject*)

quinze *adj.* fifteen

quinzième *adj.* fifteenth

quitter to leave (*s.o. or someplace*); **se quitter** to separate, leave one another

quoi (à quoi, de quoi) *pron.* which; what; **après quoi** after which

quotidien(ne) *adj.* daily, everyday; *m.* daily paper

R

raconter to tell, relate

radical *m., Gram.* radical, root

radio *f.* radio; **émission** (*f.*) **de radio** radio program

radioactif/ive *adj.* radioactive

raison *f.* reason; **avoir raison** to be right

ralentir to slow down

ramener (je ramène) to bring back

randonnée *f.* hike; **faire une randonnée à pied (à vélo, à cheval)** to go hiking (biking, horseback riding)

ranger (nous rangeons) to tidy (up), organize

rapidement *adv.* quickly

rappel *m.* reminder; recollection

rappeler (je rappelle) to remind; **se rappeler** to recall, remember

rapport *m.* relation; *pl.* relationship; **par rapport à** relative to, in relation to

rapporter to bring back; to return; to report; to relate

rarement *adv.* rarely

se raser to shave (oneself)

raté *adj.* wasted; spoiled

rater to miss, not find; to fail (*an exam*)

rattacher to attach, link

rattraper to recapture; **rattraper son retard** to catch up

ravi (de) *adj.* thrilled, delighted (with)

réagir to react

réalisateur/trice *m., f.* film director, filmmaker

réaliser to carry out, fulfill; to create; to realize; **se réaliser** to happen; **réaliser un film** to make a film

réalisme *m.* realism

réalité *f.* reality; **en réalité** in reality

récapitulation *f.* review, recapitulation

récemment *adv.* recently, lately

recette *f.* recipe

recevoir (*p.p.* **reçu**) *irreg.* to receive

réchauffer to reheat

recherche *f.* (*piece of*) research; search; **à la recherche de** in search of; **faire des recherches** to do research; **moteur** (*m.*) **de recherche** search engine

rechercher to seek; to search for

réciprocité *f.* reciprocity

réciproque *adj.* reciprocal

réclamation *f.* complaint, demand; **bureau** (*m.*) **de réclamations** customer service

recommandation *f.* recommendation

recommander to recommend

récompense *f.* reward, recompense

reconnaître (*like* **connaître**) *irreg.* to recognize

reconnu (*p.p. of* **reconnaître**) *adj.* recognized

recopier to copy, recopy

recouvrer la santé to recover, regain one's health

reçu (*p.p. of* **recevoir**) *adj.* received; *m.* receipt

recyclable *adj.* recyclable

recyclage *m.* recycling

recycler to recycle

rédaction *f.* writing, preparing (*documents*)

réduire (*like* **conduire**) *irreg.* to reduce

réduit (*p.p. of* **réduire**) *adj.* reduced

réel(le) *adj.* real, actual

refaire (*like* **faire**) *irreg.* to make again; to redo

refait (*p.p. of* **refaire**) *adj.* remade

référence *f.* reference

se référer (à) (je me réfère) to refer (to)

réfléchi *adj., Gram.* reflexive (*verb, pronoun*)

réfléchir (à) to reflect (upon); to think (about)

refléter (je reflète) to reflect, mirror

réflexion *f.* reflection, thought

refrain *m.* chorus, refrain

refroidir to get cold

réfugié(e) *m., f.* refugee

refuser (de) to refuse (to)

regarder to look at, watch; **se regarder** to look at oneself, at each other

régent(e) *m., f.* regent (*royal administrator*)

régime *m.* diet; régime; **régime équilibré (intensif, allégé)** balanced (crash, lowfat) diet; **se mettre au régime** to go on a diet; **suivre un régime** to be on a diet

régional *adj.* local, of the district

règle *f.* rule; **en règle** in order; **passeport** (*m.*) **en règle** valid passport

règne *m.* reign

regrettable *adj.*: **il est regrettable que** + *subj.* it is regrettable that

regretter to regret, be sorry

régulier/ière *adj.* regular

régulièrement *adv.* regularly; **faire de l'exercice régulièrement** to exercise regularly

reine *f.* queen

rejeter (je rejette) to reject

rejoindre (*like* **craindre**) *irreg.* to (re)join

rejoint (*p.p. of* **rejoindre**)

relais *m.* inn; stopover

relatif/ive *adj.* relative; **pronom** (*m.*) **relatif** *Gram.* relative pronoun

relation *f.* relation; relationship

relativement *adv.* relatively

relier to tie, link

religieux/euse *adj.* religious

relire (*like* **lire**) *irreg.* to re-read

relu (*p.p. of* **relire**)

remarquable *adj.* remarkable

remarque *f.* remark, comment

remarquer to notice

remède *m.* remedy; treatment

remercier (de) to thank (for)

se remettre (*like* **mettre**) *irreg.* to recover (*from an illness*)

remonter to go up again

remplacer (nous remplaçons) to replace

remplir to fill (in, out, up)

rencontre *f.* meeting, encounter

rencontrer to meet, encounter; **se rencontrer** to meet; to get together

rendez-vous *m.* meeting, appointment; date; meeting place; **avoir rendez-vous avec** to have a meeting (date) with; **donner rendez-vous à** to make an appointment with; **faire (prendre) rendez-vous** to make an appointment

rendre to give (back), return; to hand in; to render, make; **rendre malade** to make (*s.o.*) sick; **rendre visite à** to visit (*s.o.*); **se rendre à** to go to; **se rendre compte de** to realize

renforcer (nous renforçons) to reinforce

renommé *adj.* renowned

renoncer (nous renonçons) à to give up, renounce; **renoncer à ses coutumes** to abandon one's customs

renseignement *m.* (*piece of*) information

renseigner to inform; **se renseigner (sur)** to get information, ask (about)

rentrée *f.* beginning of the school year

rentrer to return, go home

renverser to hit; to knock down

renvoyer (*like* **envoyer**) *irreg.* to refer; to send back

répandre to spread

réparer to repair

repas *m.* meal

repère: point (*m.*) **de repère** landmark, reference point

répertoire *m.* repertory, list

répéter (je répète) to repeat

répétition *f.* rehearsal; repetition

réplique *f.* reply; line (*theater*)

répondre (à) to answer, respond

réponse *f.* answer, response

reportage *m.* reporting; commentary; **faire un reportage** to do a story

se reposer to rest

repousser to push back

reprendre (*like* **prendre**) *irreg.* to take (up) again

représentant(e) *m., f.* representative

représentation *f.* performance; **assister à une représentation** to attend (go to) a performance

représenter to represent

repris (*p.p. of* **reprendre**)

reprise *f.* repeat; reshowing

se reproduire to be reproduced

république *f.* republic

requête *f.* request

réseau *m.* network

réservation *f.* reservation; **faire une réservation** to make a reservation

réservé (à) *adj.* reserved (for)

réserver to reserve; **réserver une place** to reserve a seat

résidence *f.* residence; apartment building; **résidence universitaire** dormitory building

résigné *adj.* resigned

résolu (*p.p. of* **résoudre**) *adj.* solved, resolved

résoudre (*p.p.* **résolu**) *irreg.* to solve, resolve

respecter to respect, have regard for

respirer to breathe

responsabilité *f.* responsibility

responsable *adj.* responsible

ressemblance *f.* resemblance

ressembler à to resemble; **se ressembler** to look alike, be similar

ressource *f.* resource

restaurant *m.* (*fam.* **resto**) restaurant; **restaurant universitaire** (*fam.* **le restau-U**) university cafeteria

reste *m.* rest, remainder

rester to stay, remain; to be remaining

résultat *m.* result

résumer to summarize

retard *m.* delay; **être en retard** to be late; **rattraper son retard** to catch up

retardataire *m., f.* latecomer

retour *m.* return; **être de retour** to be back; **l'aller-retour** *m.* round-trip ticket

retourner to return; to go back

retrouver to find (again); to regain; **se retrouver** to meet (again)

réunion *f.* meeting; reunion

réunir to unite, join; to meet; **se réunir** to get together, to hold a meeting

réussir (à) to succeed (at), be successful (in); to pass (*a test*)

réussite *f.* success, accomplishment

réutilisable *adj.* reusable

rêve *m.* dream; **faire de beaux rêves** to have nice dreams; **vacances** (*f. pl.*) **de rêve** a "dream" vacation

réveil *m.* alarm clock

réveiller to wake, awaken (*s.o.*); **se réveiller** to awaken, wake up

révéler (je révèle) to reveal

revendication *f.* demand; claim

revenir (*like* **venir**) *irreg.* to return; to come back (*someplace*)

revenu (*p.p. of* **revenir**) *adj.* returned

rêver (de, à) to dream (about, of)

rêverie *f.* daydreaming

révision *f.* review; revising

revoir (*like* **voir**) *irreg.* to see again; **au revoir** good-bye

révolte *f.* rebellion, revolt

révolution *f.* revolution

revue *f.* magazine; review; journal

rhume *m.* (head) cold; **attraper un rhume** to catch a cold

ri (*p.p. of* **rire**)

richesse *f.* wealth

ridicule *adj.* ridiculous

rien (ne... rien) *pron.* nothing

rigueur: de rigueur obligatory

rire (*p.p.* **ri**) *irreg.* to laugh; *m.* laughter

risque *m.* risk

rivière *f.* river, tributary

riz *m.* rice

robe *f.* dress

rocher *m.* rock, crag

rocheux/euse *adj.* rocky

roi *m.* king; **le Roi-Soleil** the Sun King, Louis XIV

rôle *m.* part, character, role; **à tour de rôle** in turn, by turns; **jouer le rôle de** to play the part of

rollers *m. pl.* roller blades; **faire du roller** to go rollerblading

romain *adj.* Roman; **Romain(e)** *m., f.* Roman

roman *m.* novel

romantisme *m.* romanticism

se rompre (*p.p.* **rompu**) *irreg.* to break

rompu (*p.p. of* **rompre**) *adj.* broken

rosbif *m.* roastbeef

rôtir to roast

rouge *adj.* red; **Croix-Rouge** (*f.*) Red Cross; **feu** (*m.*) **rouge** red light; **le Petit Chaperon rouge** Little Red Riding Hood

rouleau (*m.*) **de printemps** spring roll

rouler to drive (*in a car*); to travel along

roulette *f.*: **planche** (*f.*) **à roulettes** skateboard; **faire de la planche à roulettes** to go skateboarding

Roumanie *f.* Romania

route *f.* road, highway; **code** (*m.*) **de la route** rules of the road; **en route** on the way, en route; **la bonne (mauvaise) route** the right (wrong) road

routier/ière *adj.* (pertaining to the) road; **carte** (*f.*) **routière** road map

roux (rousse) *m., f.* redhead; *adj.* redheaded; red (*hair*)

royaume *m.* kingdom, realm

rubrique *f.* column; heading

rude *adj.* rough, tough

rue *f.* street; **rue piétonne** pedestrian mall

rugir to roar

ruine *f.* ruin

russe *adj.* Russian; *m.* Russian (*language*); **Russe** *m., f.* Russian (*person*)

Russie *f.* Russia

S

sa *adj., f. s.* his; her; its; one's

sac *m.* sack; bag; handbag; **sac à dos** backpack; **sac de sport** gym bag

sacrer to crown (*king, queen*)

sain *adj.* healthful, wholesome; healthy

sainement *adv.* in a healthy way; **manger sainement** to eat right

saison *f.* season

salade *f.* salad; lettuce

salaire *m.* salary; **salaire minimum interprofessionnel de croissance (S.M.I.C.)** minimum wage (*in France*)

salé *adj.* salty

saler to salt

salle *f.* room; auditorium; theater; **salle de bains** bathroom; **salle de classe** classroom; **salle (non-)fumeurs** smoking (nonsmoking) area

salon *m.* living room

salut *interj.* hi; bye; **l'Armée du salut** the Salvation Army

samedi *m.* Saturday

sandales *f. pl.* sandals

sans *prep.* without; **association** (*f.*) **sans but lucratif** non-profit organization; **sans domicile fixe (SDF** *m., f., inv.***)** homeless; **sans doute** probably; **sans que** + *subj.* without

santé *f.* health; **à votre (ta) santé** *interj.* cheers, to your health; **en bonne (mauvaise) santé** in good (bad) health; **recouvrer la santé** to regain one's health

satisfaisant *adj.* satisfying

satisfait *adj.* satisfied; pleased

sauce *f.* sauce; gravy; salad dressing

saucisse *f.* sausage

sauf *prep.* except

sauvage *adj.* wild, untamed

sauvegarder to save (*electronic file*)

sauver to save, rescue

savant(e) *m., f.* learned person, scientist

saveur *f.* taste; flavor

savoir (*p.p.* **su**) *irreg.* to know (how)

savoir-faire *m.* knowledge, expertise

scandale *m.* scandal; **journal** (*m.*) **à scandales** tabloid newspaper

scénario *m.* screenplay

scénariste *m., f.* scriptwriter

scène *f.* stage; scenery; scene; **metteur/euse** (*m., f.*) **en scène** stage director; **sur scène** on stage

sceptique *adj.* skeptical

sciences éco *f. pl., fam.* economics

scientifique *adj.* scientific

scolaire *adj.* pertaining to schools, school, academic; **année** (*f.*) **scolaire** school year; **livre** (*m.*) **scolaire** textbook

sculpter to sculpt

sculpteur (femme sculpteur) *m., f.* sculptor

SDF (les) *m., f., inv.* homeless (**sans domicile fixe**)

se (s') *pron.* oneself; himself; herself; itself; themselves; to oneself, etc.; each other

sec (sèche) *adj.* dry

sécher (je sèche) to dry

secondaire *adj.* secondary

seconde *f.* second

secouer to shake

secours *m. s.* help, assistance; **au secours** *interj.* help

secrétaire *m., f.* secretary

secrétariat *m.* administrative office(s)

secteur *m.* sector

sécurité *f.* safety; security

séduisant *adj.* attractive; seductive

sein *m.* breast

seize *adj.* sixteen

seizième *adj.* sixteenth

séjourner *m.* to stay (*at a hotel*)

sel *m.* salt

selon *prep.* according to

semaine *f.* week; **la semaine prochaine (passée)** next (last) week; **une fois par semaine** once a week

semblable (à) *adj.* like, similar (to)

sembler to seem; to appear; **il semble que** + *subj.* it seems that

semestre *m.* semester

Sénégal *m.* Senegal

sénégalais *adj.* Senegalese; **Sénégalais(e)** *m., f.* Senegalese (*person*)

sens *m.* meaning; sense

sensation *f.*: **nouvelles** (*f. pl.*) **à sensation** sensationalistic news

sensationnalisme *m.* sensationalism

sensationnel(le) *adj.* sensationalistic

senti (*p.p. of* **sentir**) *adj.* felt, sensed

sentir (*like* **partir**) *irreg.* to feel, sense; to smell; **sentir bon (mauvais)** to smell good (bad); **se sentir** to feel

séparer to separate

sept *adj.* seven

septembre September

série *f.* series

sérieusement *adv.* seriously

sérieux/euse *adj.* serious; **être pris(e) au sérieux** to be taken seriously

serpent *m.* snake

se serrer la main to shake hands

serveur/euse *m., f.* waiter, waitress

servi (*p.p. of* **servir**) *adj.* served

service *m.* favor; service; serve (*tennis*); **service (non) compris** service charge, tip

(not) included; **station-service** *f.* service station

servir (*like* **partir**) *irreg.* to serve; **servir à** to be of use in, be used for; **se servir de** to use

serviteur *m.* servant, courtier (*at royal court*)

ses *adj. m., f. pl.* his; her; its; one's

seul *adj.* alone; single; only; **sortir seul(e)** to go out alone

seulement *adv.* only

sévère *adj.* severe; stern, harsh

shopping: faire du shopping to go shopping

short *m.* (*pair of*) shorts

si *adv.* so (very); so much; yes (*response to negative question*); **si (s'il/ils)** *conj.* if; whether; **même si** even if

sida (SIDA) *m.* AIDS

siècle *m.* century

siège *m.* seat; place; headquarters

sien(ne)(s): le/la/les sien(ne)(s) *pron., m., f.* his/hers

signaler to indicate, point out

signer to sign

significatif/ive *adj.* meaningful, significant

signification *f.* meaning

signifier to mean

similaire *adj.* similar

similarité *f.* similarity

simultané *adj.* simultaneous

simultanéité *f.* simultaneity

singulier/ière *adj.* singular; *m., Gram.* singular (*form*)

sirop *m.* syrup; **sirop d'érable** maple syrup

situé *adj.* situated, located

situer to situate, find; **se situer** to be situated; to be located

sixième *adj.* sixth

ski *m.* skiing; ski; **faire du ski** to ski, go skiing; **station** (*f.*) **de ski** ski resort

skier to ski

skieur (skieuse) *m., f.* skier

S.M.I.C. (le) minimum wage in France (**le salaire minimum interprofessionnel de croissance**, *approx. 41 FF or 6.20 euros per hour in 2000*)

snob *adj. inv.* snobbish

société *f.* society; organization

sœur *f.* sister; **belle-sœur** sister-in-law; **demi-sœur** half-sister; stepsister

soi (soi-même) *pron., neu.* oneself

soif *f.* thirst; **avoir soif** to be thirsty

soigner to take care of; to treat

soigneusement *adv.* carefully

soir *m.* evening; **ce soir** tonight, this evening; **ce soir-là** that evening; **demain (hier) soir** tomorrow (yesterday) evening; **du soir** in the evening, at night; **le lundi (le vendredi) soir** on Monday (Friday) evenings; **tous les soirs** every evening

soirée *f.* party; evening

soit... soit *conj.* either . . . or

solaire *adj.* solar; **crème** (*f.*) **solaire** sunscreen

soldat *m.* soldier

soleil *m.* sun; **bain** (*m.*) **de soleil** sunbath; **lever** (*m.*) **du soleil** sunrise; **le Roi-Soleil** the Sun King (Louis XIV)

Somalien(ne) *m., f.* Somalian, from Somali

somme *f.* sum, amount; **en somme** in brief, in short

sommeil *m.* sleep; **avoir sommeil** to be sleepy

sommelier/ière *m., f.* sommelier, wine steward(ess)

somptueux/euse *adj.* sumptuous

son *adj., m. s.* his; her; its; one's; *m.* sound

sondage *m.* opinion poll

songe *m.* dream

songer (nous songeons) à to dream, daydream about

sonner to ring (*telephone*)

sonore *adj.* sound; **bande** (*f.*) **sonore** soundtrack

sorcier/ière *m., f.* sorcerer, witch

sorte *f.* sort, kind; manner; **toutes sortes de** all kinds of

sorti (*p.p. of* **sortir**)

sortir (*like* **dormir**) *irreg.* to leave; to take out; to go out; **sortir seul(e) (à deux, en groupe, avec quelqu'un)** to go out alone (as a couple, in a group, to date s.o.)

souche *f.* log, stump

soudain *adv.* suddenly; *adj.* sudden

souffert (*p.p. of* **souffrir**)

souffrir (*like* **ouvrir**) *irreg.* to suffer

souhait *m.* wish, desire

souhaiter to wish, desire

souligné *adj.* underlined, emphasized

souligner to underline, emphasize

soupe *f.* soup; **soupe aux pois** pea soup

souplesse *f.* flexibility, suppleness

sourd(e)-muet(te) *m., f.* deaf-mute (*person*)

sourire (*like* **rire**) *irreg.* to smile

souris *f.* mouse

sous *prep.* under, beneath; in (*rain, sun*); **plongée** (*f.*) **sous-marine** skin diving, scuba diving; **sous-chef** *m.* assistant chef, cook; **sous-marin** *adj.* underwater; **sous-titres** *m. pl.* subtitles

soutenir (*like* **tenir**) *irreg.* to support; to assert

soutenu (*p.p. of* **soutenir**) *adj.* sustained, supported

souterrain *adj.* underground

soutien *m.* support

souvenir *m.* memory, recollection; souvenir

se souvenir (*like* **venir**) **de** *irreg.* to remember

souvent *adv.* often

souvenu (*p.p. of* **se souvenir**)

spationaute *m., f.* astronaut

speakerine *f.* woman TV announcer

spécial *adj.* special; **effets** (*m. pl.*) **spéciaux** special effects

spécialisé *adj.* specialized

spécialiste *m., f.* specialist

spécialité *f.* specialty (*in cooking*)

spécifié *adj.* specified

spécifique *adj.* specific

spectacle *m.* show; (live) performance

spectaculaire *adj.* spectacular

spectateur/trice *m., f.* viewer, spectator

spontané *adj.* spontaneous

sport *m.* sport(s); **centre** (*m.*) **des sports** gym; rec center; **faire du sport** to do, participate in sports; **sac** (*m.*) **de sport** gym bag; **sports** (*pl.*) **d'hiver (en plein air, nautiques)** (winter, outdoor, water) sports

sportif/ive *adj.* athletic; sports-minded

stade *m.* stadium

station *f.* resort (*vacation*); station; **station balnéaire** seaside resort; **station de métro** subway station; **station de radio** radio station; **station de ski** ski resort; **station-service** *f.* service station, garage

stimulant *adj.* stimulating

stocker to stock, store

stressé *adj.* stressed (out)

strict *adj.* bare, basic; **le strict nécessaire** bare necessities

studio *m.* studio apartment

stupide *adj.* stupid; foolish; **il est stupide que** + *subj.* it's idiotic that

style *m.* style; **style de vie** lifestyle

stylo *m.* pen

su (*p.p. of* **savoir**)

subjectif/ive *adj.* subjective

subjectivement *adv.* subjectively

subjectivité *f.* subjectivity

subjonctif *m., Gram.* subjunctive (*mood*); **subjonctif/ive** *adj.* subjunctive

subordonné *adj., Gram.* subordinate

substituer to substitute

subventionner to support, back (*financially*)

succès *m.* success; **avoir du succès** to be a hit

successif/ive *adj.* successive

succession *f.* series, succession

sucre *m.* sugar; **canne** (*f.*) **à sucre** sugar cane

sucré *adj.* sweet; sweetened

sud *m.* south; **Caroline** (*f.*) **du Sud** South Carolina; **pôle** (*m.*) **Sud** South Pole; **sud-ouest** southwest

suffi (*p.p. of* **suffire**)

suffire (*like* **dire**) *irreg.* to suffice, be sufficient

suffisamment *adj.* enough, sufficiently

suffisant *adj.* sufficient

suffrage: au suffrage universel by popular vote

suggéré *adj.* suggested

suggérer (je suggère) to suggest

se suicider to commit suicide

Suisse *f.* Switzerland; **suisse** *adj.* Swiss; **Suisse** *m., f.* Swiss (*person*)

suite *f.* result; continuation; follow-up, sequel; **tout de suite** immediately

suivant *adj.* following

suivi (de) (*p.p. of* **suivre**) *adj.* followed (by)

suivre (*p.p.* **suivi**) *irreg.* to follow; to take (*a class, a course*); **suivre un régime** to be on a diet

sujet *m.* subject; topic

super *adj. inv., fam.* super, fantastic

superficiel(le) *adj.* superficial

supériorité *f.* superiority

superlatif *m., Gram.* superlative; **superlatif/ive** *adj.* superlative

supermarché *m.* supermarket

supporter to tolerate, put up with

supprimé *adj.* deleted, suppressed

suprême *adj.* supreme

sur *prep.* on, on top (of); over; out of; about

sûr *adj.* sure, certain; safe; **bien sûr** of course; **il est sûr que** + *indic.* it is certain that; **je suis sûr(e) que** + *indic.* I am sure that

surf (*m.*) **des neiges** snowboarding

surfer to surf (*the Web*)

se surmener (je me surmène) to overwork

surprenant *adj.* surprising

surpris *adj.* surprised; **je suis surpris(e) que** + *subj.* I am surprised that

surréalisme *m.* surrealism

surréaliste *adj.* surrealist

surtout *adv.* especially; above all

survécu (*p.p. of* **survivre**)

survivre (*like* **vivre**) *irreg.* to survive

suspect(e) *m., f.* suspect

syllabe *f.* syllable

symbole *m.* symbol

sympathique (*fam., inv.* **sympa**) *adj.* nice, friendly

symphonie *f.* symphony

synonyme *m.* synonym; *adj.* synonymous

système *m.* system

T

ta *adj., f. s., fam.* your

tabac *m.* tobacco

table *f.* table; **à table** at (to) the table

tableau *m.* (chalk)board; painting; chart

tablier *m.* apron

tajine *m.* tajine (*North African stew*); cooking pot

tambour *m.* drum

tandis que *conj.* while; whereas

tant *adj.* so much; so many; **tant de** so many, so much

tante *f.* aunt

tard *adv.* late; **plus tard** later; **trop tard** too late

tarte *f.* tart; pie; **tarte aux fraises** strawberry tart

tas *m.*: **des tas de** lots of, piles of

tasse *f.* cup; **une tasse de** a cup of

taux *m.* rate

Tchad *m.* Chad

te (t') *pron., s., fam.* you; to you, for you

technicien(ne) *m., f.* technician

technique *adj.* technical

technologie *f.* technology

tee-shirt (*pl.* **tee-shirts**) *m.* T-shirt

teinturier *m.* dry cleaners

tel(le) *adj.* such

télécarte *f.* telephone calling card

téléchargement *m.* downloading

télécharger (nous téléchargeons) to download (*Internet*)

téléphone *m.* telephone *f.*; **coup** (*m.*) **de téléphone** phone call; **numéro** (*m.*) **de téléphone** telephone number

téléphoner (à) to phone, telephone; **se téléphoner** to call one another

téléphonique *adj.*: **conversation** (*f.*) **téléphonique** phone conversation

télévisé *adj.* televised

téléviseur *m.* television set

télévision (*fam.* **télé**) *f.* television; **à la télé** on TV; **chaîne** (*f.*) **de télévision** TV channel

tellement *adv.* so; so much

temps *m., Gram.* tense; time; weather; **à mi-temps** part-time; **à plein temps** full-time; **à temps partiel** half-time; **avoir le temps de** to have time to; **dans le temps** in the past; **depuis combien de temps** since when, how long; **de temps en temps** from time to time; **emploi** (*m.*) **du temps** (personal) schedule; **en même temps** at the same time; **il est temps de/que** it's time to; **le bon vieux temps** the good old days; **le temps libre** free time, leisure time; **passer du temps** to spend time; **perdre du temps** to waste time

tendance *f.* tendency; trend; **avoir tendance à** to have a tendency to

tendre *adj.* tender, affectionate; sensitive

tenir (*p.p.* **tenu**) *irreg.* to hold; to keep; **se tenir au courant** to stay up to date, in the know

tennis *m.* tennis; **balle** (*f.*) **de tennis** tennis ball; **chaussures** (*f. pl.*) **de tennis** tennis shoes

tenter to tempt

tenu (*p.p. of* **tenir**) *adj.* held

terme *m.* term; expression

terminaison *f.* ending

terminer to end; to finish; **se terminer par** to end with

terrain *m.* field; ground; **terrain de football** soccer field

terrasse *f.* terrace, patio

terre *f.* land; earth; the planet Earth; **par terre** on the ground; **pomme** (*f.*) **de terre** potato; **terre cuite** terra cotta; **tomber par terre** to fall down

terrestre *adj.* Earth, terrestrial

tes *adj., m., f. pl., fam.* your

tête *f.* head; **avoir mal à la tête** to have a headache; **en tête de** at the head of, first; **perdre la tête** to lose one's head, lose control

texte *m.* text; passage

TGV (le) (Train à Grande Vitesse) *m.* French high-speed train, bullet train

thaï *m.* Thai (*language*)

thé *m.* tea

théâtre *m.* theater; **faire du théâtre** to act; **pièce** (*f.*) **de théâtre** (*theatrical*) play

thème *m.* theme

thon *m.* tuna; **thon à l'huile** tuna in oil

thym *m.* thyme

ticket *m.* ticket (*subway, movie*)

tien(ne)(s): le/la/les tien(ne)(s) *pron., m., f., fam.* yours

tiers *m.* one-third; *adj.* third; **tiers-monde** *m.* Third World

timbre *m.* stamp; postage stamp

timide *adj.* shy; timid

tir (*m.*) **à l'arc** archery

tiré (de) *adj.* drawn, taken (from)

tirer to draw (out); to pull

tisane *f.* herbal tea, infusion

tissu *m.* fabric, cloth

titre *m.* title; **gros titre** headline; **sous-titre** *m.* subtitle

toi *pron., s., fam.* you; **et toi** and you; **toi-même** *pron.* yourself

toile *f.* canvas; painting

toilette *f.:* **faire sa toilette** to wash and get ready

tolérer (je tolère) to tolerate

tomate *f.* tomato; **jus** (*m.*) **de tomate** tomato juice

tombeau *m.* tomb

tomber to fall; **tomber amoureux/euse (de)** to fall in love (with); **tomber en panne** to have a (*mechanical*) breakdown; **tomber malade** to become ill; **tomber par terre** to fall down, on the ground

ton *adj., m. s., fam.* your

tôt *adv.* early

toujours *adv.* always; still

tour *f.* tower; *m.* walk, ride; turn; tour; trick; **à tour de rôle** in turn, by turns; **faire le tour du monde** to go around the world; **faire un tour (en voiture)** to take a walk (ride); **la tour de Pise** the Tower of Pisa; **la tour Eiffel** the Eiffel Tower

tourisme *m.* tourism; **faire du tourisme** to go sightseeing

touriste *m., f.* tourist

touristique *adj.* tourist

tournage *m.* making, shooting (*a movie*)

tourner (à) to turn; **s'arrêter de tourner** to stand still; **tourner un film** to make a movie

tousser to cough

tout(e) (*pl.* **tous, toutes**) *adj., pron.* all, every; everything; each; any; **tout** *adv.* wholly, entirely, quite, very, all; **à tout à l'heure** see you soon; **de toute façon** in any event; **ne... pas du tout** not at all; **tous (toutes) les deux** both (of them); **tous les jours** every day; **tout à fait**

completely, entirely; **tout de suite** immediately; **tout d'un coup** suddenly, all at once; **toutes sortes de** all kinds of; **tout le monde** everybody, everyone; **tout le temps** always, the whole time

toxique *adj.* toxic

traditionnel(le) *adj.* traditional

traduction *f.* translation

traduire (*like* **conduire**) *irreg.* to translate

traduit (*p.p. of* **traduire**) *adj.* translated

train *m.* train; **billet** (*m.*) **de train** train ticket; **en train** by train; **être en train de** to be in the process of; **prendre le train** to take the train; **rater son train** to miss one's train; **Train à grande vitesse (TGV)** French high-speed train, bullet train

traiter to treat

trajet *m.* trip; distance

tranche *f.* slice

trancher to slice, cut up

tranquille *adj.* quiet, calm

transfert *m.* transfer

transformer to transform, change

transmettre (*like* **mettre**) *irreg.* to transmit, convey

transmis (*p.p. of* **transmettre**) *adj.* transmitted

transport(s) *m. (pl.)* transportation

travail (*pl.* **travaux**) *m.* work; project; job; employment; **mettre les gens au travail** to put people to work; **travaux domestiques, ménagers** *pl.* housework

travailler to work; **travailler dur** to work hard

travailleur/euse *m., f.* worker; *adj.* hardworking

traverser to cross

très *adv.* very; most; very much; **très bien** very well (good)

tribunal *m.* court

trimestre *m.* trimester; quarter (*academic*)

tripler to triple

triste *adj.* sad

troisième *adj.* third

tromper to deceive; **se tromper (de)** to make a mistake; to be wrong

trompette *f.* trumpet

trop (de) *adv.* too; too much (of); too many (of)

trottoir *m.* sidewalk

trou *m.* hole

troubler to trouble, disturb

trouver to find; to deem; to like; **se trouver** to be located, situated, found

T.S.F. *f.* radio (**télégraphie sans fil**)

tu *pron., s., fam.* you

tuer to kill

Tunisie *f.* Tunisia

typique *adj.* typical

U

un(e) (*pl.* **des**) *art., adj., pron.* one; **un(e) autre** another; **un jour** someday; **un peu** a little; **une fois** once; **une fois par semaine** once a week

uni *adj.* united; **Etats-Unis** *m. pl.* United States

unifier to unify

union *f.* union; marriage; **Union européenne (UE)** European Union (EU)

unique *adj.* only, sole; **un fils (une fille) unique** only son (daughter)

uniquement *adv.* only

unir to unite

univers *m.* universe

universitaire *adj.* (*of or belonging to the*) university; **résidence** (*f.*) **universitaire** dormitory; **restaurant** (*m.*) **universitaire** (*fam.* **le restau-U**) university cafeteria

université *f.* university

urbain *adj.* urban, city

urgent *adj.* urgent; **il est urgent que** + *subj.* it's urgent that

usage *m.* use; custom; **faire usage de** to make use of

usagé *adj.* used

usé *adj.* worn (out)

utile *adj.* useful; **il est utile que** + *subj.* it's useful that

utilisation *f.* use

utiliser to use, utilize

V

vacances *f. pl.* vacation; **aller/partir en vacances** to leave on vacation; **passer les vacances** to spend one's vacation

vache *f.* cow

vague *f.* (ocean) wave

vaincre (*p.p.* **vaincu**) *irreg.* to conquer, vanquish

vaisselle *f.* dishes; **faire la vaisselle** to wash (do) the dishes

valeur *f.* value; worth; **mettre en valeur** to point out, emphasize

valise *f.* suitcase

valoir (*p.p.* **valu**) *irreg.* to be worth; **il vaut mieux que** + *subj.* it is better that

valse *f.* waltz

valu (*p.p. of* **valoir**)

vanille *f.* vanilla

vaniteux/euse *adj.* vain

vapeur *f.* steam; **cuit(e) à la vapeur** steamed (*cooking*)

varié *adj.* varied

variété *f.* variety, type

vécu (*p.p. of* **vivre**) *adj.* lived

vedette *f.* star, celebrity (*male or female*); **en vedette** starring, featuring

végétal *adj.* plant; vegetable

végétarien(ne) *m., f., adj.* vegetarian

véhicule *m.* vehicle

veille *f.* the day (evening) before; eve

vélo *m., fam.* bike; **à/en vélo** by bike; **faire du vélo** to go cycling; **faire une randonnée à vélo** to go on a bike trip

vélomoteur *m.* scooter, motorbike

vendange *f.* grape harvest

vendre to sell; **à vendre** for sale

vendredi *m.* Friday; **le vendredi soir** on Friday evenings

venir (*p.p.* **venu**) *irreg.* to come; **venir de** + *inf.* to have just (*done s.th.*); **venir en aide à quelqu'un** to assist someone

vente *f.* sale

ventre *m.* abdomen, belly; stomach

venu (*p.p. of* **venir**)

verbe *m.* verb

vérifier to verify, check

véritable *adj.* true; real

vérité *f.* truth

verre *m.* glass; **un verre de** a glass of

vers *prep.* around, about (*with time expressions*); toward(s), to; about

version *f.* version; **en version originale (doublée)** original (dubbed) version (*movie*)

vert *adj.* green; (*politically*) "green"; **feu** (*m.*) **vert** green light; *****haricots** (*m. pl.*) **verts** green beans

veste *f.* sports coat, blazer

vestiaire *m.* coatroom

veston *m.* suit jacket

vêtement *m.* garment; *pl.* clothes, clothing; **vêtements** (*pl.*) **de marque** designer clothes

vexé *adj.* annoyed, vexed

viande *f.* meat

victime *f.* victim (*male or female*)

victoire *f.* victory

vidéo(cassette) *f.* video(cassette); *adj.* video; **jeu** (*m.*) **vidéo** video game

vie *f.* life; **avoir la vie dure** to have a hard, difficult life; **le coût élevé de la vie** the high cost of living

vieux (vieil, vieille) *adj.* old; **le bon vieux temps** the good old days

vif (vive) *adj.* lively; bright; **brûler vif (vive)** to burn alive

ville *f.* city; **centre-ville** *m.* downtown; **en ville** in town, downtown

vin *m.* wine; **carte** (*f.*) **des vins** wine list

vinaigrette *f.* vinaigrette (*oil and vinegar dressing*)

vingt *adj.* twenty; **vingt et un (vingt-deux...)** *adj.* twenty-one (twenty-two . . .)

vingtième *adj.* twentieth

Virginie *f.* Virginia

virtuel(le) *adj.* virtual

virus *m.*: **attraper un virus** to catch a virus

visage *m.* face

visite *f.* visit; **rendre visite à** to visit (*s.o.*); **visite guidée (commentée)** tour

visiter to visit (*a place*)

visiteur/euse *m., f.* visitor

vison *m.* mink

vite *adv.* quickly, fast, rapidly

vitesse *f.* speed; **patinage** (*m.*) **de vitesse** speed-skating; **Train** (*m.*) **à grande vitesse (TGV)** French high-speed train, bullet train; **vitesse autorisée, limitation** (*f.*) **de vitesse** speed limit

vitrail (*pl.* **vitraux**) *m.* stained-glass window

vivant *adj.* living; alive

vivement *adv.* brightly, in a lively manner

vivre (*p.p.* **vécu**) *irreg.* to live

vocabulaire *m.* vocabulary

vœu *m.* wish; greeting; **carte** (*f.*) **de vœux** greeting card

voici *prep.* here is/are

voie *f.* way, road; course; lane; railroad track; **en voie de disparition** endangered (*species*); **pays** (*m.*) **en voie de**

développement developing nation

voilà *prep.* there is/are

voile *f.* sail; **planche** (*f.*) **à voile** sailboard, windsurfer

voir (*p.p.* **vu**) *irreg.* to see

voisin(e) *m., f.* neighbor

voiture *f.* car, automobile; **aller en voiture** to go by car; **garer la voiture** to park the car

voix *f.* voice; **à *haute voix** aloud, out loud; **voix passive** *Gram.* passive voice

vol *m.* flight; **vol complet** full flight

volant: objet (*m.*) **volant non identifié (O.V.N.I.)** unidentified flying object (UFO), flying saucer

voleur/euse *m., f.* thief

volley-ball (*fam.* **volley**) *m.* volleyball

volontaire *m., f.* volunteer

volonté *f.* will, willingness

vos *adj., m., f. pl.* your

voter to vote

votre *adj., m., f.* your

vôtre(s): le/la/les vôtres *pron., m., f.* yours; *pl.* your close friends, relatives

vouloir (*p.p.* **voulu**) *irreg.* to wish, want; **vouloir bien** to be willing; to agree; **vouloir dire** to mean

voulu (*p.p. of* **vouloir**)

vous *pron.* you; yourself; to you; **vous-même** *pron.* yourself

voyage *m.* trip; **agent** (*m.*) **de voyages** travel agent; **chèque** (*m.*) **de voyage** traveler's check; **faire un voyage** to take a trip; **faire un voyage de noces** to go on a honeymoon

voyager (nous voyageons) to travel; **voyager dans le monde entier** to travel the world; **voyager léger** to travel light

voyageur/euse *m., f.* traveler

voyant(e) *m., f.* fortune-teller, medium

voyelle *f., Gram.* vowel

vrai *adj.* true, real; **il est vrai que** + *indic.* it's true that

vraiment *adv.* truly, really

vu (*p.p. of* **voir**) *adj.* seen

vue *f.* view; panorama; sight; **point** (*m.*) **de vue** point of view

vulgaire *adj.* vulgar

W

wagon *m.* train car

Web *m.* Web

week-end *m.* weekend; **ce week-end** this weekend; **le week-end** on weekends

western *m.* western (*movie*)

wolof *m.* Wolof (*West African language*)

Y

y *pron.* there; **il y a** there is (are); ago

yaourt *m.* yogurt

yeux (*m. pl. of* **œil**) eyes

Z

zéro *m.* zero

zone *f.* zone, area

zoologique *adj.* zoological; **jardin** (*m.*) **zoologique** (*fam.* **zoo**) zoological gardens, zoo

zoologue *m., f.* zoologist

zut *interj.* darn, shoot

Index

Credits

Photos

Page 2 Stone; *4* Claude Hout; *7* Y.A. Bertrand/Explorer/Photo Researchers Inc.; *13* Claudia Parks; *17* Bill Bachman/Photo Researchers Inc.; *28* Ulrike Welsch/Photo Researchers Inc.; *30* Alain Nogues/Corbis Sygma; *38* Joan Liftin/Actuality Inc.; *39* Robert van der Hilst/Corbis; *53* Reuters NewMedia Inc./Corbis; *54* Ulrike Welsch/Photo Researchers Inc.; *56* Giraudon/Art Resource; *60* John Shaw/Eye Ubiquitous/Corbis; *76* (*top left*) Noboru Komine/Photo Researchers Inc.; *77* Gouvernement du Québec Ministère des Relations internationales; *78* Hugh Rogers/Monkmeyer Press Photo; *84* Mark Antman/The Image Works; *85* Gabor Demjen/Stock Boston; *95* Christopher Johnson/Stock Boston; *98* Nathan Benn/Corbis; *116* © Owen Franken/Corbis; *118* Owen Franken/Corbis; *134* Inge Yspeert/Corbis; *143* Courtesy of Ann Williams-Gascon; *144* Courtesy of Ann Williams-Gascon; *154* Jonathan Blair/Corbis; *160* Courtesy of Myrna Bell Rochester; *172* AFP/Corbis; *175* Ulrike Welsch/Photo Researchers Inc.; *181* Reuters NewMedia Inc./Corbis; *187* Nik Wheeler/Corbis; *204* Wolfgang Kaehler/Corbis; *206* Reuter/Corbis Bettmann; *209* Owen Franken/The Liaison Agency; *221* The Tate Gallery, London/Art Resource; *222* Giraudon/Art Resource; *224* Corbis Bettmann; *234* Courtesy of Ann Williams-Gascon; *237* Philip Gould/Corbis

Color Photographs

Malestroit © Chip Peterson and Rosa Maria de la Cuerva Peterson
Gordes © Peter Menzel/Stock Boston
Paris © Owen Franken/Corbis
Port-au-Prince © Chip Peterson and Rosa Maria de la Cuerva Peterson
Edgar Degas: Les repasseuses Four by Five
Québec © Stuart Cohen/Comstock

Realia

Page 11 DaimlerChrysler AG. Photographer: Uwe Hetzner. Advertising Agency: Weber, Hodel, Schmidt; *22* Photo Service; *23* Christiane Charillon, Paris; *25* FNAC; *29* Club Internet; *34* Lanvin; *44* Union Conseil; *55* © CNAF 1999; *64* © McDonald's France; *68, 73* ® TRIVIAL PURSUIT, Horn Abbot International Limited. Used with permission; *76* (*clockwise from top middle*) Jean Vertut, © Michael Holford, Feher, (*bottom middle and bottom left*) from *L'Histoire de France* by G. Labrune (Paris: Editions F. Nathan); *83* © Horingue/Agence Roger Viollet; *88* Illustration by François Boutet, Jardin Zoologique du Québec; *89* Bonneterre; *97* Restaurants du Cœur; *101* Courtesy of Rôtisserie Fusée, Montréal; *106* Verrière Cristallerie d'Arques; *108 Cuisine Actuelle*/Prisma Press; *117 Cuisine Actuelle*/Prisma Press; *123* Pacha Tours; *133* SNCF; *148 Télérama*; *152* Jean-Jacques Sempé, *Face à face*, 1972. © Editions Denoël; *155* TV 2M; *156* Clé International; *164* "Austin Powers: The Spy Who Shagged Me" Copyright 1999, New Line Productions, Inc. All rights reserved; *165* © Old Port of Montréal Corporation; *166 Télérama*; *166* (*bottom*) PCF Video; *171 Pariscope*; *176* J. L. Rigaux; *179* © A.L.I. Brussels; *183* (*clockwise from top left*) Luc-Vincent Savard/Centre d'Escalade au Québec, Centre d'Escalade au Québec, G. Girard/Centre d'Escalade au Québec, Centre d'Esclade au Québec; *188 Geo*; *191* © Danny Izzo/Nouveau Photeau; *196* "Guadeloupe" Collection Guides Bleus, 1988, © Hachette Livre; *198* Chérie FM; *212* Xavier Ellie; *229* Copyright by the New York Times Company

About the Authors

Lucia F. Baker holds a Diplôme de Hautes Etudes from the Université de Grenoble and an M.A. from Middlebury College, and did graduate work at Radcliffe College and Yale University. She is retired from the University of Colorado (Boulder) where she taught French language courses and coordinated the Teaching Assistant Training Program, which includes methodology training and course supervision. Professor Baker received two Faculty Teaching Excellence awards and was honored by the Colorado Congress of Foreign Language Teachers for unusual service to the profession.

Ruth A. Bleuzé holds an M.A. in International Relations from the University of Pennsylvania and a Ph.D. in French from the University of Colorado (Boulder). She taught language, literature, history, and civilization at the University of Colorado (Boulder and Denver), Loretto Heights College, and Dartmouth College. She received a Graduate Student Teaching Excellence award and has been listed in *Who's Who in American Colleges and Universities*. Dr. Bleuzé is now director of training for Prudential Relocation Intercultural Services, a management consulting firm providing cross-cultural and language training.

Laura L. B. Border received her Ph.D. in French from the University of Colorado at Boulder, where she taught French language courses for many years. At Boulder she received the Graduate Student Teaching Excellence award. As an undergraduate at the Université de Bordeaux she studied French language, literature, and culture, and later taught English language and phonetics there. Dr. Border is now director of the Graduate Teacher Program at the Graduate School of the University of Colorado at Boulder.

Carmen Grace is the coordinator of *Collage, Cinquième édition*. She holds an M.A. in French from the University of Colorado at Boulder where she teaches literature, language, civilization, and methodology. At Boulder, she directed the first-year Teaching Assistant Program and now coordinates the Intermediate Language Program and supervises teaching certification candidates. Professor Grace has also taught English at the Université de Bordeaux. She has received a French Government Fellowship to the Sorbonne and the University of Colorado Teaching Excellence Award.

Janice Bertrand Owen received her Ph.D. in French Literature from the University of Colorado at Boulder. She teaches language and literature at the Boulder and Denver campuses. She has directed the University of Colorado Study Abroad Program in Chambéry, and has designed and taught an intensive course for secondary teachers of French in the Boulder Valley Schools.

Ann Williams-Gascon is professor of French at Metropolitan State College of Denver, where she teaches French language, literature, and culture. She regularly presents conference papers and writes on the teaching of culture. Dr. Williams-Gascon participated in the Summer Seminar on Contemporary French Culture sponsored by the French government; she received an Excellence in Teaching Award (Golden Key Honor Society) and the Young Educator Award (Colorado Congress of Foreign Language Teachers). Her Ph.D. is from Northwestern University, and she has a Diplôme d'Etudes Approfondies from the Université de Lyon II.

KIM ✓   DAN ✓
BRY ✓   TOBY ✓
T. RAC ✓   JO
SOFI ✓   JANINO ✓
NICOLE   ~~JEFFY~~
BETH.   SEABASS ✓
ISA   PHILIPE
DANIELA.   CHICO
               NEMO.